廣韻三家校勘記補釋

范祥雍 補釋

上海古籍出版社

圖書在版編目(CIP)數據

廣韻三家校勘記補釋 / 范祥雍補釋. —上海：上海古籍出版社，2019.3
ISBN 978-7-5325-9152-7

Ⅰ.①廣… Ⅱ.①范… Ⅲ.①《廣韻》—注釋 Ⅳ.①H113.3

中國版本圖書館 CIP 數據核字(2019)第 048831 號

廣韻三家校勘記補釋

范祥雍　補釋

上海古籍出版社出版發行

（上海瑞金二路 272 號　郵政編碼 200020）

（1）網址：www.guji.com.cn

（2）E-mail：guji1@guji.com.cn

（3）易文網網址：www.ewen.co

蘇州市越洋印刷有限公司印刷

開本 850×1168　1/32　印張 12.125　插頁 5　字數 278,000

2019 年 3 月第 1 版　2019 年 3 月第 1 次印刷

ISBN 978-7-5325-9152-7

H·205　定價：58.00 元

出版説明

范祥雍先生（一九一三——一九九三），祖籍浙江鎮海，生於上海南市，著名古籍整理專家，尤精於版本文獻之學。先生自學成才，而蜚聲學界。一九五六年由陳子展、胡厚宣、章巽三教授聯名推薦，受聘於復旦大學中文系，復任教於江西大學中文系、東北文史研究所，一九七八年後任中華書局、上海古籍出版社特約編輯，一九八六年聘爲上海文史研究館館員。

先生著述頗豐，經他編訂、點校、校證、補疏整理的典籍蔚爲大觀，歷史類有《古本竹書紀年輯校訂補》、《戰國策箋證》，歷史地理類有《洛陽伽藍記校注》、《大唐西域記匯校》（原收入季羡林等校注《大唐西域記校注》）、《山海經補疏》，宗教類有《釋迦方誌》、《宋高僧傳》、《廣弘明集》（未完稿），文學類有《陳子展詩經直解校閲》、《陳子展楚辭直解校閲》，藝術譜録類有《法書要録》，筆記類有《管城碩記》、《東坡志林廣證》，音韻訓詁類有《廣韻三家校勘記補釋》等。而文史通貫、無徵不信、博觀約取、敏而有斷之學風則一以貫之，允稱精深，堪爲楷法。所惜「文革」浩劫，其著作如《山海經補疏》、《東坡志林廣證》等，多有散失，亦可扼腕浩歎。

早在上世紀五十年代，我社前身古典文學出版社就出版了先生的《洛陽伽藍記校注》，一九七八年修訂重版，本世紀初又出版了歷劫復得之《戰國策箋證》。兹將范先生古籍整理之心血結晶，都爲

《范祥雍古籍整理匯刊》結集出版，内含《古本竹書紀年輯校訂補》、《戰國策箋證》、《洛陽伽藍記校注》、《大唐西域記匯校》、《釋迦方誌》、《宋高僧傳》、《法書要録》、《管城碩記》、《廣韻三家校勘記補釋》，其中《廣韻三家校勘記補釋》屬首次發表。忻逢盛世，文化昌盛，梨棗馨香，以慰先賢。

上海古籍出版社

二〇一一年二月

目録

自序

今年春天我在蘇州得到一部過臨顧千里校本的《廣韻》（書爲張氏澤存堂刊本），全書以朱墨二筆謄録，細楷寫的很工整。審其内容，除顧氏的自校外，尚有過臨惠定宇、段懋堂二校本，此本實際爲三種校勘的集合。前後有顧氏跋語八則（見附録甲）。過臨者不知爲何人。此校本未見有人引及（周祖謨氏《廣韻校勘記》引段校，與此本有出入，説見後），則傳録似亦不廣。爲了保存前賢的遺作，我很想把它整理出來，别録成爲校勘記，以便將來有機會可以流通。顧頡剛先生看到原書，頗贊同這意見，希望我完成此工作。五月間，我决意開始整理，逐條别録。初意這是件輕易順利的事情。不久，問題陸續發現，覺得不是依照原文迻寫，即算了事，於是改變計劃，增做補釋，文字就擴大了好幾倍。化了三個多月光景，匆匆完稿。存在缺點很多，只好留待將來補訂。現在我將整理此書的經過分爲三部份略述於後。

（甲）校記的考異：據我所知，顧氏的校本流傳有二種，其一見於《士禮居題跋記續録·廣韻校本跋》。跋説：

道光壬午仲夏，坊友以李子仙手臨顧澗蘋所録惠松崖、段若膺兩先生校定本《廣韻》示余，謂新得諸子仙學徒蔣約人家。驗其字迹果然。臨本在嘉慶丁巳，蓋在二十年前矣，故書不及近歲之工。茲擇其與姓氏有證佐及《廣韻》向未載其姓者，自補書一二，摘録於余所輯《廣韻姓氏考》上。有云「惠云」者，松崖先生説也。不繫某某云者，未知誰何。其中載顧澗蘋説一條，又載璣寅案，雖未詳其姓，以同時求之：璣者費士璣也；寅者，同時有兩人名寅者，一蔣寅，一顧寅，未敢定誰何耳。「福云」者，子仙也。惟若膺説不見姓名，或前云不繫某某者或段説耳。段、李皆作古人，澗蘋又交絶，無可訪問矣！（案江標的《黄蕘圃年譜》此文作「《廣韻姓氏考》原稿跋」，二書同爲一人所編，標題互異。原本不可見，未敢强定，但從文義上看來，以作「《廣韻》校本跋」爲是，今從《題跋記》。）

此李本爲何人所獲，續録未提及，不知今在何處。以顧氏跋語（見附録甲）考之，顧氏臨惠、段二氏的校本爲乾隆乙卯（一七九五年），李氏臨顧本爲嘉慶丁巳（一七九七年），相距僅二年，所以李本是據顧臨初本，亦即爲惠、段二氏的校本（顧氏按語祇有一條），與此本時間前後不同。黄跋所云惠氏校語作「惠云」者，此本不然，我猜想李本或以一色筆過臨，所以補「惠云」以别於段校，顧氏原本未必如此。李氏和費士璣的校語，此本亦有之（有福案三條璣案一條）。大概顧氏與李費二人爲朋友，偶有所見，彼此互録，故二本相同（黄跋中稱寅的，此本未見）。李、費二人名不顯，我將他們的簡歷介紹後面。

李子仙福字備五，吴縣人，嘉慶丙午舉人，擅詩詞及行楷，書宗褚河南，圓勁多姿。（《墨林今話》十）

李福字備五，爲諸生，以科舉教授鄉里中。及門多高第，而福晚年始預鄉薦。屢上春官不

第，就職州同以卒。生平最工書，書法在虞、褚之間。（《蘇州府志》八十四）

費士璣字玉衡，一字在軒，少穎悟，過目成誦，五經三禮註疏背誦無遺，古禮同異之辨，言之如指掌。受業於王鳴盛、錢大昕之門，得其指授，於鳴盛之學尤能篤信。以歲貢舉嘉慶五年順天鄉試第二，大挑以知縣分發貴州，署都勻通判，歸卒於家。（《蘇州府志》一〇八。又見《國朝先正事略·王鳴盛傳》後）

還有一本見於《思適齋集外書跋》。澤存堂本《廣韻》跋二則，與附録甲第五、第六兩跋相同，而無其他各跋，理殊不可解。疑編者未曾見到原書，從他處來。我遇陳乃乾先生，曾以此詢之。據説二跋是由他鈔送給蔣祖詒的，原書確未寓目，跋從何處抄來，因日久記憶不清。則是否爲顧氏原本，或爲過臨本，有無其他跋語，只好存疑。此外，其他傳鈔本當有不少，可惜我都未見到，不能與此本一校異同。

從周祖謨氏《廣韻校勘記》，知道涵芬樓藏有黄丕烈過臨的段氏校本。查《涵芬樓燼餘書目》有此書，爲澤存堂刊本，並録段、黄二氏跋四則。文很重要，全抄如下：

段氏跋

《廣韻》，句容裴生名玉字蘭珍物也。乾隆戊子，予館於裴。此書相隨三十餘年，手訂譌字極多，後之人將取於此。嘉慶壬戌四月十四日，玉裁記於下津橋朝山墩之枝園。

竹汀云，《廣韻》卷首云「凡二萬六千一百九十四言」，《唐韻》序乃云「前後總加四萬二千三百八十三言」，不應《唐韻》轉倍《廣韻》，意兼注中字而言耳。玉裁謂孫愐「上陳天心」以上，愐自謂也；以下謂元青、吉成所爲。《雲谷雜記》所謂《廣唐韻》，盖即此與？愐所爲以開元三十年爲限，元青、吉成所爲成於天寶十載，疑本是二書，此序恐非愐原文也。俟更考之。丁卯十一月玉裁識。

黄氏跋

是書爲段若膺先生手校本，有朱墨兩筆。卷首跋語兩通。首墨次朱，恐先後所校，故以朱墨識别也。先生手校書甚夥，身後以白鏹三千金歸諸婿家龔闇齋觀察。先生有令似兩人：伯氏安貧，依然儒素；仲氏與乃姊丈關部事，頗以多財著；並徙而他宅，不復守枝園舊宅矣。伯氏余與之蹤迹亦殊疏闊。今夏持先生墓誌文過余，余亦遂往答之。遂及伊家事，始知楹書俄空，爲烟雲之散。詢以手澤，因出此《廣韻》相示，并許見借。暑天無暇，入秋來天氣漸凉，從事校勘，悉照校語臨之。中有朱墨圈及尖角在每字旁者，不知命意所在，姑於上平聲悉臨之，卒茫乎未有知也，遂輟而不臨。先生於韻學甚精，著有成書，此必其所自爲記認之處。傳授無人，不能悉其綱領，唯就正譌之處，纖悉臨摹，已見校勘此書之精無逾是本矣。時道光甲申秋閏七月十三日，古吴黄丕烈識。

望後一日覆勘一過，自二卷至五卷有校語及勘正處，悉録之。大字及小字之○△，不盡臨矣。老蕘。

案段氏第一跋壬戌爲嘉慶七年（一八〇二年），與顧臨段校本（一七九五年）相差七年，第二跋丁卯爲嘉慶十二年（一八〇七年），與顧本相差十二年。段氏歿在嘉慶二十年（一八一五年），距第二跋又後八年，而與顧本相差二十年。二十年中當然有不少訂補。顧氏後與段氏失和，自亦不會借臨。段氏原本不知是否存天壤間，則惟有從黃臨本可以知道他的最後定論。我没有看到黃本，即從周氏《校勘記》所引與此本逐條對勘（好在周氏將段校全録），發現周本有而此本無的一百三十餘條，此本有而周本無的二百餘條，增多的校語是應有的，但爲什麽有些地方最後校本會比初本減少呢？黃本未見，不敢武斷。但我以爲總不外乎下列幾點原因。一、段氏晚年修正自己的見解，將不要之處删掉（此例引見於後）。二、黃氏臨本或有脱漏。黃氏臨校此書時已六十二歲，又值秋初，暑氣未消，年老天炎，細字臨寫，雖經覆勘，錯誤恐總難免的。三、周氏《校勘記》所據爲王静安先生臨本，並非直接録自黃本，書經三寫，很容易有脱譌。黃本爲段氏最後的校本，而此本可爲補證和參攷之用，並由此看出前賢治學的進修過程，是非常重要的。段氏校此書有以○△符號注在字旁，此本無之，黃本未全録，可惜。

（乙）校記整理的方法　如上所述，我無法見到這幾種原書以與此本較其異同，因之，要整理只好從本書解決。可是問題不太簡單。

首先，此本全書分爲朱、墨兩色筆所寫，不標姓名（僅極少數幾條有廣圻案、璣案、福案等字），三家的校記怎樣區別呢？第一步驟先得解決此問題。查顧氏第一跋爲過臨惠校，是用朱筆寫的。第二跋爲過臨段校，是用墨筆寫的。其他跋語，除第六條用墨筆外，均以朱筆寫的。因之，我決定朱筆爲惠氏，墨筆爲段氏（亦有例外，如去聲卦韻「[illegible]」字，朱筆改作「[illegible]」，顧氏朱筆眉批説：「段校未是。」又如一卷十九葉四條、三十一葉二條、三十七葉四條等都爲朱筆，據黄臨段校本亦有之，當爲段校。但此類並不多，只二十條左右，我已逐條更正，故原則上仍爲無礙）。顧氏校語分見於朱、墨二筆。問題算解決一部份，但惠、顧與段、顧之間又怎樣區别呢？還得查考顧氏跋語。顧氏過臨惠、段二氏校語，均在乾隆乙卯，此後都爲自校。嘉慶乙丑以《集韻》勘，道光辛巳用洪鈐庵家藏宋本校，皆見於跋語。我就確定整理的原則如下：

一、凡標明名氏如廣圻案者；

二、凡有年月誌明在乙卯後者；

三、凡以宋本校者，第五卷以曹本校者；

四、凡以《集韻》校者；

五、凡前後别出，而有相同之點可以推定者；

六、凡於惠、段二氏校語有所補正者。

這類都屬於顧氏，而從朱、墨二筆中勾稽出來。餘下的朱筆屬於惠氏，墨筆屬於段氏。這方法存在着很多缺點，如顧氏校語不以前列各方式表示，就將它蒙上旁人名字，豈不厚誣古人？但我想不出更完善的辦法（既無原本可從前後字跡的不同來辨别，又乏他本以資證佐），與其憑主觀的判斷歸屬何人，寧願這樣，比較減少妄測，不至十分錯誤。

其次，此本過臨，字雖工整，但錯誤仍不少。中國文字形體複雜，點畫長短，即生歧異，字書尤其容易謬譌，則校訂工作是不可輕忽的。這方面我定下三項原則：（一）錯誤顯明的，逕行改正，而注其原文於下；（二）懷疑不能決定的，則注當作某字於下，以待後證；（三）錯誤而無旁證可稽的，則照録原文，存爲闕疑，不敢臆斷。

段氏校語我常參用黄氏臨本（周祖謨《校勘記》所引）作爲考訂，但黄臨本所有，爲此本所無的各條，不以補入，以免亂例。

（丙）補釋的起因　我原意將此書校語别録爲校勘記，不打算作什麽補充。爲了對某些地方發生懷疑，就找尋原始材料，作進一步瞭解，隨手劄記下來，不久，積了很多條，細繹全書，覺得有作補釋的必要，試述其理由。

第一，校記文字樸質，他們原爲自己參考之用，并不想到流傳行世，所以例證和根據往往都省掉，簡單地改作某字，或説「當作某字」和「某字之誤」。没有注釋，一般人很難明悉理由之是否充足和校訂之是否精確，而會發生懷疑。

第二，段氏的校記，此本所據，不是他的最後定本，前面已講過。有些地方與後來見解很有出入。若單憑此書，不作全瞭解，未爲恰當。我以黄臨本考訂文字外，主要地參考他的名著《説文解字注》，碰到歧異，則注明於下。因爲《説文注》開始刻的時期爲嘉慶癸酉（一八一三年），刻成在嘉慶乙亥（一八一五年）五月，即段氏歿年，此書爲他一生精力貫注之作，刻成又最後，可以視爲段氏於音韻訓詁學的定論。例如本書上平聲䰟韻「䰟」字，段氏據《説文》大徐本改作「魂」字（本書一卷五十四葉六條），但《説文注》魂字，段氏却據小徐本、《廣韻》《韻會》和《字鑑》等書改爲「䰟」字，是段氏最後的定論，《廣韻》的「䰟」字爲不誤（黄臨本無此條，可見後爲段氏所删）。此類不可不予以釋明。

第三，《廣韻》的本子，在惠、段二氏時，只有三種不同的刊本：（一）張士俊澤存堂刻本；（二）曹寅揚州詩局刻本；（三）明經廠本和顧炎武刻本是同一源的，爲簡本。顧校所據的有一宋本，即曹寅刻的祖本（他還看見元刻本，見《思適齋集跋》内，爲簡本。可惜没有據做校勘）。而我們現有的《廣韻》除了上述三種本子外（顧據的宋本是否存在，不知），有《古逸叢書》覆刻的宋本和元泰定本（簡本），《四部叢刊》的景宋巾箱本，傅沅叔舊藏的北宋殘本（存上平、上、去聲三卷），上海圖書館藏的南宋刻本，日本金澤文庫藏的北宋刊本等，已較前人所見爲多。還有燉煌發現的《切韻》殘卷三種，燉煌和故宫的王仁昫《刊謬補缺切韻》二種，唐寫本的《唐韻》殘卷等，更爲從前所夢想不及的，可以資助校勘很大，而於三氏的校語亦有所互證，這是不能不加以補充的。所憾我能力薄弱，上述各種書未全見到，不能完全採用，這點自己亦很感不滿。

第四，前人習於暗誦，九經四史往往不翻原書，就憑記憶寫下，尤其是眉批劄記。這樣，錯誤是難免的。我們若不查根尋源，加以訂正，以誤傳誤，於前賢、於讀者都是不應當的。這工作我認爲不可省掉。

第五，考據學問往往後來占優，這並不是後人勝於前賢，而是因爲印刷術進步，新材料發見，工具書增多，和方法的不斷改進，種種客觀有利條件所造成的。前賢受了時代的限制，有些地方没有見到，我們須加以補充或改正，這也是必要的。

基於這些理由，我認爲將校勘記作一補釋尚不至會視爲多餘的事或浪費紙墨，補釋的目的不敢説翼贊前賢，只求於一般讀者可以幫助瞭解而已。狗尾續貂，恐總不免要貽譏大方。

惠、段、顧三先生在清代都爲第一流學者，著述閎富。治學謹嚴，爲後世大家所公認。他們於《廣韻》一書都化了很大精力。段氏自云：「相隨三十餘年，手訂譌字極多。」(見黃臨本段跋。黃本與顧臨本相距七年，則此校本亦幾近三十年了)顧氏治此書很勤，據跋語前後亦達二十五年。惠氏的年份雖不可知，但這是他晚年的校本，亦爲成熟階段的作品。因之，其中勝義懸解，隨手可遇，不勝枚舉，無須再來贅述，書的本身價值可無懷疑。如有錯誤，或由我的淺陋所致，希望讀者有以教之。這裏我只將自己整理此書的經過一談。

補釋部份我自知瑕疵百出，而最感到慊然的是北宋本、南宋本、明刊本、故宮印的王仁昫《切韻》和劉半農、羅莘田二先生編的《十韻彙編》都未見到，只好留待日後補充吧。

一九五四年九月十一日上海

頃讀王欣夫大隆所輯《思適齋書跋》卷一《廣韻》校本跋六則，與此本附録跋前六則相同，而無七、八兩則。疑是遺去，或所據又一别本歟？

一九五四年十二月廿七日記

補釋例言

一、此書以惠、段、顧三家的校本爲主，如有愚見一得爲校語所不及的，概不列入。

二、原書爲張氏澤存堂刊本，此書據之。參校的本子爲(一)曹寅刻本；(二)《古逸叢書》覆宋本；(三)《古逸叢書》覆元本；(四)《四部叢刊》景印宋巾箱本。旁證的同類韻書爲(一)敦煌的《切韻》殘卷三種；(二)敦煌的王仁昫《刊謬補缺切韻》；(三)蔣斧印唐寫本《唐韻》殘卷。

三、曹寅刻本簡稱爲曹本，《古逸叢書》覆宋本簡稱爲黎本，後附的宋本札記簡稱爲黎原本，覆元本簡稱爲元本，《四部叢刊》景印宋巾箱本簡稱爲宋巾箱本。其次敘先巾箱本，繼之爲曹本、黎本、黎原本、元本，因元本爲簡本故列在後。《切韻》殘卷三種簡稱爲切一、切二、切三，敦煌的王仁昫《切韻》簡稱爲燉煌王韻，蔣斧印的《唐韻》殘卷簡稱爲《唐韻》。

四、所據各本只列異字，有與張本相同的不重出。

五、黄丕烈臨段氏校本，我所據的爲周祖謨《校勘記》所引，簡稱爲黄臨段校本或黄臨本，不別標周氏書名。

六、顧氏校記，原文有時附注年月，以其與本文無關。此併删去。

七、校記原文有譌謬者，隨文訂正，加注於下，以○標明，别於自注。

八、補釋以《廣韻》各本校其異同，而以《切韻》等書作爲輔助之用。

九、補釋以《廣韻》正文與校語並重，如所據的正文，有校語不及而須要補充者，則詳證之。

十、此書有時徵引周氏《校勘記》語，必標明姓氏，不敢掠美。

廣韻三家校勘記補釋卷一

惠定宇棟　先生校本
段若膺玉裁先生校本　後學范祥雍補釋
顧千里廣圻先生校本

一葉

重刊廣韻序朱彝尊序

自平水劉淵淳祐中始併爲一百七韻於是合殷于文合隱于吻合焮于問　顧氏云：「宋：文（欣同用）、吻（隱同用）、問（獨用）、焮（獨用）。張、曹皆如此。」又云：「宋：平聲鹽（添同用）、咸（銜同用）、嚴（凡同用）。（上聲）琰（忝、儼同用）、豏（檻、范同用）。（去聲）豔（㮇同用）、陷（鑑同用）、釅（梵同用。案：梵，原書作凡，誤。去聲韻目校記作梵，是也，今正）。張、曹去聲皆改而張尤不同。」

補釋　顧氏言「宋」者謂洪鈐庵藏宋小字本也（見附録甲跋七）。以下言「宋」者皆倣此。平聲欣韻之「欣」，切二目作「殷」，蓋宋人避宣祖諱改「殷」爲「欣」也。朱氏所云：「合殷于文，合隱于吻，合焮于問。」今以各本校之，焮、問均注獨用，隱、吻均注同用，殷、文唯元本别注獨用，餘本均注同用。案文、吻、問不應與殷、隱、焮同用，詳見顧寧人炎武《音論》中，兹不具，朱氏蓋據之而言，非張氏本欣、文等六韻不合也。戴東原震書《廣韻》目録後二云：「後有吴下張刻《廣韻》，文注欣同用，吻注隱同用。曹刻宋本《廣韻》同。皆景祐《禮部韻略》頒行後塗改之本，非《廣韻》舊注也。」（《文集》四）平聲鹽、添六韻合爲三，上聲琰、忝六韻合爲二，各本皆同，惟《禮部韻略》《集韻》平聲六韻合爲二，作鹽（添、嚴通）、咸（銜、凡通）。去聲六韻，宋巾箱本、張本、黎本、元本均作五十五豔（㮇、釅同用）、五十八陷（鑑、梵同用），與《禮部韻略》同。曹本目録作五十五豔（㮇同用）、五十七釅（鑑同用）、五十九鑑（梵同用）。本韻作豔（㮇同用）、釅（梵同用）、陷（鑑同用）。（戴東原云：「蓋舊次陷第五十七，是以有鑑同用之注，釅第五十九，是以有梵同用之注。景祐後塗改陷、鑑、釅三字，而注未改也。」）錢辛楣大昕《論唐宋韻同用獨用不同》云：「《廣韻》殷、隱、焮、迄、廢五部皆獨用，嚴與凡同用，儼與范同用，釅與梵同用，業與乏同用，此唐時相承之韻，而昌朝（案：謂賈昌朝）輒請改之，鹽、添、咸、銜、嚴、凡本三部而輒并爲二。（自注：上去入皆準此。）宋韻異於唐韻蓋自此始。後來平水韻特因其同用之部而合之，非有改作也。」（《十駕齋養新録》五）戴東原《考定廣韻獨用同用四聲表》：文、吻、問與欣、隱、焮均注獨用；上聲琰注忝同用，豏注檻同用，儼注范同用；去聲豔注㮇同用，陷注鑑同用，釅注梵同用。（《聲韻考》二）顧氏所據宋本上聲儼、范雖已併于琰、賺兩韻，然去聲六韻合爲三，與錢戴二氏所論合，當猶爲唐時舊注也。說又詳附録乙顧跋。

三　葉

魏著作謂法言曰向來論難疑處悉盡何不隨口記之我輩數人定則定矣　惠氏云：「數人之學不逮揚雄、鄭玄（案：玄，原書作「元」，蓋避清聖祖諱，今正）、許慎、高誘而言若此，（誘）〔誇〕譀甚矣。」

分別黍累　累，段氏改作「絫」。

補釋　案：累，《說文》作「絫」，在厽部，段氏注云：「絫之隸變作累，累行而絫廢。」本書去聲紙韻累爲絫之同字。黍，切一作「乘」，誤。

四　葉

盪櫛行披魯魚盈貫　盪，段氏云：「疑當作『璗』。」

補釋　案：《爾雅·釋器》云：「黃金謂之璗。」《說文》璗字云：「金之美者，與玉同色。」璗櫛猶金櫛也，恰與上文「銀鉤創闋」成對偶，如作「盪」，義不通，故段疑作「璗」，是也。

安尒安禾　尒，段改作「禾」。

補釋　尒，《掇瑣》乙本作「尔」，元本作「尒」。案上文「從木從才，著亻著亻，施殳施攴」，皆以字形近似而言，「尒」與「禾」形不近，不合上例，且《説文》偏旁中無「尒」字，亦與木、才等字例不合，故段氏改作「禾」。

七　葉

上平聲

韻目

○一東

八　葉

䶜　段氏改作「鼕」。顧氏云：「《集韻》有䶜，《類篇》同。」

補釋　案：方成珪《集韻考正》云：「嚴厚民杰謂疑『鼘』誤。」嚴氏蓋以䶜字不合諧聲，疑作從鼓角聲，甚是，惟無佐證。查《龍龕手鑑》有鼘字，爲䶜之正字，可證嚴説之碻，當據改正。《手鑑》并出䶜字者，疑當時「鼘」已譌爲「䶜」，世俗流行，故併收之。寖假而䶜行鼘廢，鼘字遂不復見，惟後人猶能從形聲中審知其不然也。鼕字《集韻》爲䶜之或體，故段氏據之。鼕見本書冬韻。

九　葉

弓（又姓魯大夫叔弓之後）　惠氏云：「又複姓，《東觀漢記》有騎都尉弓里游。」

補釋　案：《古今姓氏書辨證》二有弓里氏，云：「《後漢·獨行傳》：建封二年，騎都尉弓里戍將兵平定幽州。謹案：弓里當爲戍之字。」「建封」誤，當從《後漢書》作「建武」。章懷注云：「弓里，姓也。」此惠氏補《廣韻》所不録也。下例倣此。

融　融（上同）　融，顧氏云：「當是𩰫。」

補釋　融融，曹本作「融融」。案：融、融爲楷書體勢之變，並非有異。《說文》「融」籀文作「𩰫」，《集韻》「𩰫」爲「融」之或字，顧校據之。

十　葉

戰國策齊威王時有左執法公旗蕃　顧氏云：「此衍『策』字。」

補釋　《古今姓氏書辨證》二云：「《世本》：齊威王時有執法公旗蕃。《姓源韻譜》曰：齊悼公子子旗之後。」姚寬以爲《戰國策》逸文，見《戰國策後序》。

山陽公堵恭　公堵，惠云：「一作『公緒』，見《黨錮傳》。」又云：「《後漢》有護烏桓校尉公綦稠，見《靈帝紀》。」

補釋　公堵，《姓解》三作「公緒」，與《後漢書》同。公綦，複姓，《古今姓氏書辨證》二云：「謹案：後漢中平四年，漁陽人張純殺護烏丸校尉公綦稠。則公綦人氏也。姓書未收，今增入。」惠氏與之同。

十一葉

文字志云　惠氏云：「《文字志》，王愔撰。」

補釋　王愔《文字志》三卷見《舊唐書·經籍志》。

峣　惠氏云：「峣，另紐，見下。」

補釋　按：峣又見江韻五江切下。

《左傳》衛大夫鴻聊魋　聊，惠氏删。（〇案：鴻聊魋，《左傳·昭公二十年》作「鴻聣魋」，「聊」非衍文。疑惠氏改「聊」爲「聣」，「聣」字爲迻録者脱去耳。聣，《釋文》音留，或作「駵」。）

十二葉

鏓（大鑿平木器）　注「平」字，段氏改作「中」。顧氏云：「《集韻》：一曰大鑿，一曰平木劀。」

補釋　案《說文》鋆字云：「大鑿平木器。」「平」字段氏改作「中」，注云：「鑿非平木之器。馬融《長笛賦》：『鋆硐隤墜。』李注云：『《說文》曰：鋆，大鑿中木也。然則以木通其中皆曰鋆也。』中讀去聲。」此校與之同。

䁬（䁬白皃）　䁬，顧氏云：「䁬，《集韻》《類篇》。」

○二冬

苳（草名）笗（竹名）　顧氏云：「苳、笗可正今本《集韻》之譌。」

補釋　今本《集韻》笗字云：「《說文》：草也。」（《說文》作「苳」）此誤合苳、笗二字爲一也。《類篇》苳見艸部，笗見竹部，不誤。

嗀　顧氏云：「嗀，《集韻》引《說文》。」

補釋　案：《說文》在殳部，作「嗀」。

十三葉

○三鍾

炂（熱化也）　注文，顧氏云：「《集韻》《類篇》：喝仆也。『化』當作『仆』。」又云：「宋『仆』，不誤。」

淞(涷落皃)　淞，段氏改作「凇」。顧氏云：「凇，涷洛也。《集韻》。又蜙紐淞。《字林》：涷洛也。」

補釋　淞，《玉篇》《韻略》《韻會》均作「凇」。又本韻蜙紐下作「淞」，注云：「涷落之皃。」段氏改作「凇」，是也。注「落」字，《韻會》作「洛」，與《集韻》同。案：洛，《玉篇》二十云「澤冰皃」。涷洛猶涷也。故《韻略》「凇」注云：「涷也。」涷落義不順。《玉篇》「凇」注亦譌作「落」。《字林》文見《集韻》「凇」字注引。

十四葉

點額流血水謂丹色也　謂，段氏改作「爲」。

補釋　案《玉篇》二十二「尌」字注作「水爲之丹色也」。

重　惠氏云：「《後漢》有重異。注云：『重姓，異名。』見《耿弇傳》。《姓譜》曰：『南正重之後。』」

補釋　案：《元和姓纂》一有重姓，云：「《風俗通》重黎之後，少昊時南正重司天，以官爲氏。」

十五葉

韛(牽乾也)　注「牽」字，段氏改作「革」。

陸以恭、蜙、樅等入冬韻非也　顧氏云：「陸法言撰本。」

補釋　案：樅字切二在三鍾，不入冬韻，且樅在恭紐前，次不當在後，當是「樅」字之譌。恭、蜙、樅三紐下字切二均在二冬韻內，可證。

共　惠氏云：「共，姓。後漢有宦者從官史共普。」

補釋　案：《元和姓纂》一有共姓，云：「共工氏之後。或云鄭共叔段後，今河內共城是其地也。」共普見《後漢書·竇武傳》。

瞛（光也張景陽七命曰怒目雷瞛）　瞛，顧氏云：「瞛，《集韻》。」

補釋　按《文選·七命》作「瞛」，李注云：「瞛，光也。」

○四江

十六葉

五㟪山名在蜀　段氏云：「《蜀都賦》五屼。」

補釋　《文選·蜀都賦》云：「躡五屼之蹇滻。」劉淵林注云：「五屼，山名也。一山有五重，在越嶲，當犍爲南安縣之南也。」按：本書入聲没韻「屼」字注云「五屼，山名，在犍爲」，與劉注合。「屼」與「㟪」聲形不相近，五㟪疑别爲一山。

涳（又音䅬）　注「䅬」字，段氏改作「羫」。

補釋　案：本韻苦江切下有「涳」字（《玉篇》十九「涳」字音口東、口江二切），段校是也。「䅬」字誤。

瓨　顧氏云：「當作『瓨』。」又云：「宋『缸』。」○案：「缸」疑爲迻録之譌，上文爲「缸」，此不應再作「缸」，當是「瓨」字。

補釋　曹本作「缸」。《集韻》缸、瓨爲一字，顧校據之。

逄䧛䛎䰒　段氏云：「此四字皆從夅，音轉入江韻。」

䑖腔䯍骨　䯍，段氏改作「尻」。

補釋　䯍，曹本、元本作「尻」，與《集韻》《類篇》同。

○五支

十七葉

觶（本音寘今作奞觶字）　惠氏云：「未詳。」

補釋　案：去聲寘韻「觶」字注云：「爵，受四升。」疑去聲「觶」字爲觶之本義，平聲「觶」字則引伸爲「奞觶」之「觶」，義不相同。猶「衣」字平聲之與去聲不同，《集韻》注二義已溷，不能別矣。

則爲移書蔑表之類也　蔑，惠氏云：「疑。」

補釋　蔑，黄録段氏校本改作「篾」，云：「與《韻會》所引合。」

漢有弘農太守移良　惠氏云：「見《楊震傳》。」

⿰禾施　段氏改作「椸」。顧氏云：「椸，《集韻》。」

補釋　元本作「椸」（切一同）。案：「椸」見《説文》新附字，《韻略》《韻會》同。段校據之。

嫣（又姓）　惠氏云：「《後漢》有尚書郎嫣皓，見《竇武傳》。」

直垂切又大果切　「大果切」下，惠氏云：「脱『三』字。」顧氏云：「宋有。」

補釋　宋巾箱本、曹本、元本「大果切」下均有「三」字，與本書例合，當補。

十八葉

⿰市支（木別生也）　顧氏云：「《類篇》《集韻》皆無『⿰市支』，《集韻》仍作『枝』。」又云：「『⿰市支』，即《蜀都賦》『峻岐』字。」

補釋　案：《玉篇》市部有「⿰市支」字，注同。《文選·蜀都賦》云：「羲和假道於峻岐。」顧以「岐」即「⿰市支」字。

許羈切十九　惠氏云：「今止十八。」顧氏云：「宋『八』，不誤。」

補釋　宋巾箱本、曹本、元本均作「十八」，與本切字數合，是也。

桸（朽也）　注「朽也」，顧氏云：「《類篇》《集韻》『勺也』。『朽』當『杓』誤。宋『杓』，不誤。」

補釋　注「朽」字，宋巾箱本、曹本、黎本、元本均作「杓」。《韻會》「桸」注云：「勺也。或作『𪏭』。王莽建華蓋，立斗𪏭。師古音犧，斗魁及杓末，如勺之形。」

䠡（一隻）　顧氏改作「踦（一隻）」，「䠡」下脱注，云：「踦（旁注：此在羈紐），《集韻》：『《字林》：隻也，謂一身。』即此。又按《玉篇》：『䠡，丘奇切，側身也。』《類篇》同。《集韻》無『䠡』，當是脱。《廣韻》『䠡，一隻』，正文與注不合，當是『䠡』下脱注，『一隻』上脱正文。『十一』是『十二』。」

補釋　案：「䠡」字《集韻》誤作「踦」，注云：「側耳也。」非脱去，顧氏偶失檢耳。「踦」見本韻居宜切下，注云：「踦，身單皃。」顧氏既據《集韻》補「踦」字，故本切下字數亦改作十二。

十九葉

鄿（地名在徐）　顧氏在注「地名」下補「也」字，在「徐」下補「州」字，云：「宋有。」

補釋　曹本注作「地名也，在徐州」。

顏師古曰提封者大舉其封疆也　段氏云：「《文選注》臣瓚案舊説云：『提，撮也。言大舉頃畝也。』師古本瓚説。」

補釋 案：師古説見《漢書·溝洫志》注，臣瓚説見《文選·西都賦》注。《匡謬正俗》五云：「凡言提封者，謂舉封疆大數以爲率耳。」

柢(碓衡) 柢，顧氏云：「可正《類篇》《集韻》之誤。」

補釋 《集韻》《類篇》作「柢」。案：「柢」字見上聲薺韻都禮切下，注云：「本也，根也。」與此「柢」字不同。故知《韻》《篇》爲譌。

匈奴傳有谷蠡也又音鹿 也，惠氏改作「王」。又段氏改作「谷」，云：「見一屋。」顧氏云：「『又』字在宋時已誤，八戈可證。」

補釋 「也」字，入聲屋韻盧谷切下「谷」字注作「王」，與《史記·匈奴傳》合，惠校據之。又《集解》引服虔云：「谷音鹿。蠡音離。」《韻會》注云：「谷蠡，匈奴君長號。史音鹿黎。」本書入聲屋韻谷在禄紐，故段氏據之校改，是也。「蠡」字又見下平聲戈韻落戈切下，注云：「又禮、鹿二音。」案：屋韻禄紐無「蠡」字，疑涉此注而譌也。

鄐城名在海北 海北，段氏改作「北海」。

補釋 海北，燉煌王韻作「北海」。案：《韻會》云「杜預曰：『北海都昌縣西有訾城，即鄐城也。』」(杜注見《左傳·莊公元年》)段改是也。

䮴(馬絆也) 注「絆」字，顧氏云：「宋『紂』。」

二十葉

蔡邕胡太傅碑有太傅椽鴈門卑整　椽，惠氏改作「掾」。

補釋　椽字，宋巾箱本、曹本作「掾」，《蔡中郎集》胡公碑同，惠改是也。卑整，胡公碑作「鴈門畢整」。案：《元和姓纂》二有卑姓，云：「鴈門：後漢太尉掾卑耋。」疑「卑耋」即「卑整」，「耋」爲「整」字之譌。是卑字不誤。後人習見畢姓，罕見卑姓，畢、卑又形聲相近，遂改《中郎集》之「卑整」爲「畢整」，此可正其誤。《後漢書·順烈梁皇后本紀》有議郎卑整，當爲一人。李注云：「《風俗通》曰：卑氏，鄭大夫卑諶之後，漢有卑躬，爲北郡太守。」

痺（下也）　痺，顧氏云：「庳，《集韻》《類篇》。」

補釋　痺，元本作「庳」。案：本書上聲紙韻便俾切下作「庳」，云：「下也。又音卑。」《說文》在广部作「庳」，云：「中伏舍。一曰屋庳。」（段氏依《韻會》改作「卑」。）當據改正。

廛　廬　顧氏云：「宋廬上廛下。」

補釋　曹本次與宋本同。

敀（說文敤也）　注「敤」字，顧氏云：「敷，《集韻》引。」

補釋　注「敤」字，《說文》作「敷」。「敷」即「敷」字，《尚書·顧命》云：「用敷遺後人。」《說文》引「敤」作「敷」。此注當從《說文》作「敷」。

爾雅曰螺蛅蟴　螺，顧氏云：「宋『螺』。」

補釋　螺，宋巾箱本、曹本、黎本均作「蠈」，與《爾雅·釋蟲》合，當從。

瞘（瞘汗面皃）　瞘，顧氏云：「瞘，《集韻》《類篇》。」

補釋　案：「瞘」，《玉篇》在目部作「瞘」，《集韻》《類篇》疑誤。注「汗」字，《玉篇》《集韻》《類篇》均作「汙」。

擟（擟拘山名）　兩「擟」字，顧氏云：「欐，《類篇》《集韻》。」

補釋　案：「擟」字《玉篇》在手部作「擟」，注同。《山海經》有勾欐山。郝蘭皋懿行云：「《玉篇》云：『擟拘，山名。』疑擟拘即勾欐，誤倒其文耳。」

二十一葉

眥（小腸）　注文，惠氏云：「疕紐云：子腸。」

補釋　案：本韻疕紐作「觜」，同。《玉篇》七、《集韻》均注云：「人子腸。」疕紐「觜」注亦同。小字殆誤。

可以割黍　黍，段氏改作「桼」。

補釋　段校本《說文》。

𪱕（笑容皃也）　注「笑」字，顧氏云：「《類篇》《集韻》，美容。」

補釋　案：《玉篇》四「灦」字注云：「美容皃。」此注「笑」字疑爲「美」之譌。

直離切十四　惠氏云：「今上十三。」顧氏云：「宋三不誤。」

補釋　宋巾箱本、曹本、元本均作「十三」，與本切字數合，是。

鳺(鷒鳺鳥名)　注「鷒鳺」，顧氏云：「當作『鷤鳺』，見《博雅》。」

補釋　注「鷒鳺」，切三作「鷤鳺」。案：《集韻》「鳺」注云：「子規鳥名。或作『鳺』、『嶲』。」又同書齊韻「鷤」注云：「《博雅》：鷤鳺，子鳺也。」今《廣雅》作「鷤鴂」。(本書齊韻「鷤」字注云：「鷤鴂，鳥也。」與今本《廣雅》合。)王懷祖念孫云：「鷤鴂、杜鵑，一聲之轉。」顧説據之。又案：本書寒韻徒干切下「鷤」字注云：「鸛鷤。」《爾雅》《説文》並作「鸛鷒」。鷤、鷒當爲一聲之轉，本可通用。

㶌　段氏改作「㶌」。

補釋　曹本作「㶌」，與《集韻》同。元本作「𤒃」。

岥　顧氏云：「見鈹紐下，《集韻》不另重。」

二十二葉

〇六脂

泜(水名)　泜，顧氏云：「泜(〇原書作「泜」，誤，今正。)《集韻》。下墀紐同。此誤。」

補釋　泜，曹本、元本作「泜」，與《説文》合，是也。

唯東夷從大人俗仁而壽　段氏改作「唯東夷從大，大，人也。」

補釋　案：《説文》「羌」字云：「唯東夷從大，大，人也。」段校據之。《韻會》「夷」注云：「唯東夷从大从弓，俗仁而壽。」从大从弓係據《説文》「夷」字文，與此注不同。

珆　顧氏云：「《集韻》在七之，與珀爲一字。」

蟣蛦蟲名　蟣，惠氏改作「蟣」。

補釋　蟣，切二、切三作「蟣」。案：《玉篇》二十五、《集韻》亦作「蟣」。

鶇鵗一名飛生　鵗，惠氏改作「鴺」。

補釋　案：鶇鵗，《集韻》作「鶇鴺」，惠校據之。《爾雅·釋鳥》云：「鼯鼠夷由。」郭注云：「狀如小狐，似蝙蝠，飛且乳，亦謂之飛生。」鶇鴺即夷由也。

獅（犬生二子）　注「二」字，顧氏云：「宋『三』。」

補釋　注「二」字，曹本作「三」。

鉟（犂館別名）　注「館」字，顧氏云：「《集韻》『錧』。」

補釋　案：《韻會》亦作「犂錧」。本書齊韻匹迷切下「鉟」注云：「鉟箭。」

二十三葉

䞶(盜視) 䞶,惠氏云:「疑䁇。」

補釋 故宫王韻作䁇。案:此字从朿聲,於諧聲不合,《説文》「䁇」字云:「䁇䚔,闚觀也。从見朿聲。」《玉篇》四作「䁇」字云:「此咨切,盜視皃也。」與此注合,惠氏疑作「䁇」,是也。

後漢有茨光 光,惠氏云:「當作『充』。」

補釋 案:茨充見《後漢書·循吏傳》。《古今姓氏書辨證》三作「茨充」,是也。

秦有尸佼 段氏云:「裴駰曰:『尸佼,晉人,秦相衛鞅客也。』」

補釋 案:裴駰説見《史記·孟荀列傳》集解。

蛜蝛蝝負蟲也 蝛下,惠氏疑有脱文。

補釋 案《爾雅·釋蟲》云:「伊威,委黍。」《説文》云:「蛜威,委黍。委黍,鼠婦也。」此注「蝛」下當脱「委」字。負蟲即負蟠,鼠婦也。《爾雅·釋蟲》云:「蟠,鼠負。」「負」與「婦」通。

二十四葉

䴵黎餅也 䴵,顧氏云:「本韻中無『䴵』,蓋脱。」

補釋 案:䴵見支韻符支切下。《集韻》本韻頻脂切下有「䴵」字,爲麮之同字,故顧氏疑本韻脱去。

大戴禮曰田蟲三百六十四神龜爲之長　田，段氏改作「甲」。

補釋　田，元本作「甲」。《大戴禮·易本命》篇云：「有甲之蟲三百六十而神龜爲之長。」(《韻會》引亦作「三百六十」。)段校據改，是也。「四」字是衍文，當删。

𪚦　顧氏云：「𪚦，《集韻》。」

補釋　案：《説文》「龜」古文作「𪚦」，顧校是也。

維　惠氏云：「維，姓。後漢有卷人維汜，見《馬援傳》。」

補釋　案：《古今姓氏書辨證》宋本目有維姓。今本脱去，但卷三惟姓下云：「謹案：惟、維二字皆吴氏所增。」吴氏，謂吴氏《千姓編》。

蟦蠙神蛇　蟦，段氏改作「蜰」。

補釋　案：蟦，去聲未韻扶弟切下有「蟦」字，注同。上聲尾韻平聲微韻有「蜰」字，注：「蟲名。」《集韻》均作「蜰」。《玉篇》無「蟦」字，「蠙」字注作「肥蠙」，與《山海經·西山經》《北山經》合。肥、蜰相同，段校據之。按本書「蟦」字各本皆同，字又别出，殆非形譌。蓋「蟦」字从服，與「肥」同聲相通，不必改也。

二十五葉

覗(淫視)　注「淫」字，顧氏云：「當作『注』。《集韻》引《説文》『注目視』。」

補釋　案：《説文》「覬」字云：「注目視也。」《玉篇》四「覬」字云：「目駐視也。」駐與注同。覬又見本書微韻丘韋切下，注云：「視也。」

溦　顧氏云：「溦，《集韻》。」

補釋　案：《爾雅·釋丘》作「溦」。「溦」殆爲「溦」之省文。

𢉖(姿𢉖)𢊁(上同)　顧氏云：「《集韻》『𡝯𡝯』，當即此。」

補釋　案：本切下有「𡝯」字，在「倠」字下注云：「上同。」「倠」注云：「仳倠，醜面。」《集韻》本切下無「𢉖」、「𢊁」二字，「𡝯」字注云：「《説文》『姿𡝯姿也。一曰醜也。或作𡝯』。」義與𢉖同，亦與倠同，當爲同聲相通。

紕(繒欲壞也)𢻫䋟(二同)　𢻫，顧氏云：「《類篇》支部有，引《方言》。按此即五支『𤿍』字也。《集韻》作『𢼊』，更出(篇夷切有)，云：『器破也。』不以爲『紕』重文。」又云：「《玉篇》攴部有『𢻫』，器破也。皮部有『𤿍』，器破。《集韻》兩見所本也。」

補釋　《集韻》「紕」、「䋟」爲一字，注與本注同。「𢻫」字作「𢼊」，注云：「器破也。」案：「𢻫」字又見本書上聲旨韻符鄙、匹鄙二切下，注云：「《方言》云：器破而未離，南楚之間謂之𢻫。」(𢻫，《方言》六作「𢼊」，郭傳云：「方美反，一音圮塞。」)支韻敷羈切下「𤿍」字注云：「器破而未離。」(旨韻符鄙切下之「𢻫」疑即爲支韻敷羈切下「𤿍」字之上聲。)兩義相同，故知爲一字，而與紕義稍不同。(紕，《方言》六云：「理也。秦晉之間曰紕。」《詩·鄘風》云：「何以紕之。」毛傳云：「紕所以織組也。」《説文》「紕」云：「氐人𦅾也。」是「紕」本爲織繝義，故字从糸，引伸而爲紕繆，又爲繒壞義。「跂」字雖同有壞義，而从糸从攴，稍有不同。）「跂」字當從《玉篇》作「跂」，形似誤也。「紕絓」又與「詿性」通。（原本《玉篇》「詿」字云：「《字書》或『絓』字也。絓，縷并也，在丝部。或爲『性』字。性，誤也，謬也。在心部。」）

𡰥　顧氏云：「阢，《集韻》《類篇》。」

○七之

瓵（甀瓵甎也）　注「甀瓵」，顧氏云：「《集韻》《類篇》『甈瓵』。」

補釋　《玉篇》十六「瓵」注云：「余之切，瓶也。」與此異。（燉煌王韻「瓵」注云：「甀。」）

梔（船飲水斗）　注「飲」字，段氏改作「舀」。

補釋　梔，《掇瑣》、王韻作「枱」。案：《集韻》「梔」爲「枱」之或體，注云：「《博雅》云：㳂斗謂之枱。所以抒水。」（《廣雅·釋器》「枱」作「梔」。）「飲」字於義不合。《說文》「舀」字云：「抒舀也。」段校作「舀」，與《廣雅》義合，是也。（慧琳《音義》七十六云：「《考聲》：抒舀也。或作欿、抗（原書作『扻』，誤，今正）。」是此「飲」字當是「欿」之譌。）

二十六葉

𦣝（說文曰顫也）　注「顫」字，顧氏云：「宋『頣』。」

補釋　注文，曹本無「曰」字。顛，元本作「頷」。案：《説文》作「顛」。

淮南子曰蠶餌絲則商弦絶　餌，惠氏乙其旁。

補釋　案：「餌」字誤，《淮南子・覽冥訓》作「咡」，高注云：「『咡』或作『珥』，弄絲于口也。」當據改正。

禗(不安欲去)　禗，顧氏云：「宋『禗』。」

補釋　禗，切二、切三均作「禗」。案：《玉篇》在示部作「禗」，注云：「不安也，欲去意也。」(《集韻》同)作「禗」是，當從。

楚大夫涉其帑　惠氏云：「《左傳》云『藍尹亹涉其帑』，杜注不以爲大夫。」

補釋　《古今姓(氏)書辨證》四十云：「《姓書》多曰：《世本》楚大夫有涉其氏，《春秋》涉其帑是也。謹案《春秋・定五年傳》，吴入楚，楚昭王奔隨，將涉於成臼。藍尹亹涉其帑，不與王舟。及寧，王欲殺之。子西曰：「子常惟思舊怨以敗，君何效焉。」王曰：「善。」然則藍尹亹自以舟送其妻子濟水，非有人姓涉其名帑者。請削此姓，以正其誤。」《十駕齋養新録》十二所辨略同，不具。案：杜注云：「亹，楚大夫。」「涉其帑」無注，惠氏謂杜注不以爲大夫，是也。《楚語》下云：「吴人入楚，昭王出奔，濟於成臼，見藍尹亹載其孥。」是涉其帑即載其孥也。「帑」與「孥」同，《左傳・文公六年》云：「宣子使臾駢送其帑。」杜注：「帑，妻子也。」

昳　顧氏云：「《集韻》昳另紐，與『眣』爲一字。」

二十七葉

檽隭轜臑　顧氏云：「《集韻》四字皆從需，當是丁度所改。」

補釋　燉煌王韻亦皆从需。

⿰亻䫏　顧氏云：「《集韻》『僛』、『⿰亻䫏』爲一字。」

⿰多鳥(廣雅云多)　⿰多鳥，顧氏云：「⿰多其，《集韻》《類篇》。」

補釋　⿰多鳥，元本作「⿰多其」。案：今《廣雅》無此文，王懷祖據《廣韻》《集韻》《類篇》所引補作「⿰多其」。是王氏亦以《廣韻》之「⿰多鳥」當作「⿰多其」也。此字从多，欺省聲，作「⿰多其」爲是。

梩(從土舉出六韜)　注「從」字，段氏改作「徙」。

補釋　案：梩，《説文》爲「相」之或文，云：「徙土輂。」段校據之。

蝠　顧氏云：「當作『⿰虫⿱屮回』。《集韻》《類篇》作『⿰虫甾』。」

補釋　案：本切下字都從菑聲。「⿱屮回」爲「甾」之俗字，「⿰虫⿱屮回」即是「⿰虫甾」字。如作「蝠」，於諧聲不合。《龍龕手鑑》一作「⿰虫⿱屮回」，云：「俗。」體雖稍誤(右下回，誤作田)，然右上之屮尚在，可證顧校之碻。

泰山郡有茬縣　有茬縣，顧氏云：「《集韻》《類篇》『有茬山』。」

補釋　案：茬縣見《漢書·地理志》，在泰山郡，注云：「應劭曰：茬山在東北。」茬縣茬山在同地，均可。茬字又見本韻士之切下，注云：「濟北有茬平縣。俗作『茌』。」是又一地也。

欰(喜笑)　顧氏云：「即《文賦》『受欰』字。」

補釋　案：《説文》「欰」字云：「欰，戲笑皃。」段氏注云：「此今之『嗤笑』字也。《廣韻》畫欰、嗤爲二字，殊誤。其云『嗤』又作『歖』，不知皆『欰』之俗耳。《文賦》曰：『或受欰於拙目。』李善曰：『欰，笑也。與嗤同。』今本轉寫乖謬。」「欰」字《文選》《文賦》及李注均作「欰」，段以爲轉寫之譌，顧説與之合。

治　惠氏云：「治，姓。後漢有弘農都尉治折，見《五行志》注。」

補釋　案：《元和姓纂》二有治姓，云：「出《何氏纂要》文。」

二十八葉

瞀　顧氏云：「宋『瞀』。」

補釋　宋巾箱本作「瞀」。

黲(染黑)　注「染」字，顧氏云：「《集韻》《類篇》『深』。」

補釋　案：《玉篇》二十一「黲」字云：「黑也。」

抾　顧氏云：「在欺紐，《集韻》。不另見。」

○八微

微（少也）　注「少」字，顧氏云：「宋『小』。」

補釋　注「少」字，宋巾箱本作「小」。

婔　顧氏云：「按『婔』字當本在霏紐，誤在上。《集韻》併見『斐』字注中。」

補釋　案：本切下字都从韋聲，與「婔」字从非聲不合，故知當在霏紐，顧校是也。切二、切三王非反下，燉煌王韻兩非反下，均無「婔」字，（芳非反下有「斐」字，無「婔」字。「斐」與「婔」同。）可證。

褢（褱也）　褢，顧氏云：「《集韻》『褢』併見『禋』注中。」

夓　段氏改作「夓」。顧氏云：「夔（○原書作「夔」，今據《集韻》改正），《集韻》引《說文》。《類篇》交部同。」

補釋　案：《說文》作「夓」，段校據之。

㹃（姓左傳晉有㹃豹）　㹃，顧氏云：「㹃，《集韻》。《類篇》大部同。」

補釋　㹃，切二作「㹃」，切三作「斐」。案：此字又見本書上聲尾韻作「㹃」，注云：「大也。」《玉篇》在大部亦作「㹃」。《元和姓纂》二㹃姓云：「《左傳》有㹃豹。」（今《左傳·襄公二十三年》作「斐豹」。）當據改正。

賁（又布昆彼義符文三切）　注「羲」字，惠氏云：「疑『義』。」

補釋　案：本書去聲寘韻彼義切下有「賁」字。此注「羲」爲「義」字之譌，當改正。

二十九葉

爾雅云强蚚　惠氏云：「又見隊韻。」

補釋　案：「蚚」又見去聲隊韻胡輩切，引《爾雅》同。（《爾雅》文見《釋蟲》。）

香衣切十一　惠氏云：「今有十二。」顧氏云：「宋『二』，不誤。」

補釋　宋巾箱本、曹本、黎本、元本均作「十二」，與本切下字數合，當從。

郼（殷國名也）　惠氏云：「『衣』與『郼』，古字通，即『殷』字也。高誘、鄭玄説。」惠説又見《九經古義》十四。

補釋　案：《吕氏春秋·慎大覽》云：「夏民親郼如夏。」高注云：「『郼』讀如『衣』，今兖州人謂『殷氏』皆曰『衣』。」《禮記·中庸》云：「壹戎衣而有天下。」鄭注云：「『衣』讀如『殷』，聲之誤也。齊人言『殷』聲如『衣』，今姓有『衣』者。」惠説據之。（《淮南子·原道訓》云：「雖伊尹造父弗能化。」高注云：「伊尹名摯，郼湯之賢相也。」「郼」即「殷」字。）

⿱亼月　段氏改作「肙」。

補釋 元本作「肙」，亦誤。案：《説文》作「月」，段校據之。

即犪牛也 犪，顧氏云：「宋『夔』。」

補釋 犪，曹本作「夔」。案：《爾雅·釋畜》注作「犪」，《山海經·中山經》作「夔」。犪、夔通用。

歸 顧氏云：「歸，姓。當改。」

補釋 案：《集韻》「歸」字注與本注略同，惟多「亦姓」一義，此疑脱逸。《元和姓纂》二有歸姓。

○九魚

三十葉

渠（又姓） 惠氏云：「後漢有尚方監渠穆，見《何進傳》。」

⿱耳䖵（説文云⿱耳䖵⿰虫巢也） 注「⿰虫京」字，惠氏改作「⿰虫京」。

補釋 注「⿰虫京」字，元本作「⿰虫京」。（曹本作「⿰虫巢」，亦誤。）案：《説文》作「⿰虫京」，惠校是也。

澳（水名） 顧氏云：「即上『澳』，《集韻》不重。」

補釋 曹本兩字均作「澳」。案：一字在同切下，音義無殊，例不當重出。此衍文也。切

二、切三、燉煌王韻「瀕」字均不重，可證。顧說是也。

胥（又姓）　惠氏云：「前漢有胥君安，見《華陽國志》。」

補釋　胥君安見《華陽國志》十二。

俗作胥　胥，惠氏改作「胥」。

補釋　胥，宋巾箱本作「胥」。案《龍龕手鑑》四有「胥」字，與「胥」爲一字。今所見唐人書「胥」字常作「胥」，惠校是也。

三十一葉

樗　段氏云：「《詩》作『樗』。」

補釋　案：《集韻》「樗」、「樗」爲一字。《韻會》「樗」字注云：「本作『樗』，从木虖聲，今文作『樗』。」「樗」見《詩·豳風》，云：「采荼薪樗。」

摴蒲戲　蒲，段氏改作「蒱」。

補釋　蒲，曹本作「蒱」。案：模韻「蒱」字注云：「摴蒱戲也。」段校是。

疏（所葅切）　注「葅」，顧氏云：「宋『逋』。」

補釋　注「葅」，曹本作「逋」。案：「逋」在模韻，於例不合，非。「葅」字不誤。

脈（青疏）　脈，段氏云：「當是『䟽』。」

補釋　元本作「𤕟(疏窗)」。案：《説文》「𤕟」字云：「門户疏窗也。讀若疏。」(段氏注據此注疏上補「青」字。)《玉篇》七「𤕟」云：「門户青疏窗也。」與此注合，(《集韻》亦作「𤕟」，注云：「通作『疏』。」)段校是也。

文字志云後漢有蜀郡林閭翁孺　惠氏云：「案《華陽國志》，林閭字翁孺。以爲複姓者非也。亦見《法言》，後漢人。王愔誤也。」段氏云：「林閭翁孺見揚雄《答劉歆書》。」

補釋　案：林閭翁孺亦見應劭《風俗通序》。《元和姓纂》五林姓下云：「漢有林閭，善古學，揚雄師之。見《雄集》。」似亦以爲非複姓。揚雄《答劉歆書》云：「獨蜀郡有嚴君平、臨邛有林閭翁孺者，深好訓詁。」與嚴君平對舉，以文義審之，則林閭當爲複姓。(《姓解》二、宋本《古今姓氏書辨證目》皆作複姓。)

周威王時有匡俗廬君　君，惠氏云：「當是『居』。」

補釋　案：《白氏六帖》二引周景彧《廬山記》云：「匡俗，周威王時，生而神靈，廬此山，世稱廬君，故山取號焉。」是君字不誤，惠氏失考。

藷(薯預別名)　注「預」字，顧氏云：「宋『蕷』。」

補釋　注「預」字，宋巾箱本、曹本、元本均作「蕷」。案：本韻署魚切下「藷」字注作「薯蕷」，此當同。(《集韻》作「署預」，薯蕷與署預同。)

後漢有儲太伯　惠氏云：「儲太(〇原書作『大』，今正。)伯見《鮑永傳》。」

三十二葉

菹 蘊(上同) 蘊，顧氏云：「《集韻》『蘊』。」

補釋 案：《廣雅·釋器》云：「葢謂之蘊。」又云：「葢，葅也。」「葅」即「菹」字。此文當從《集韻》作「蘊」。「蘊」亦即「薀」字，《説文》「蘊」字云：「醢也。从血菹聲。」

拏(牽引) 拏，段氏改作「挐」，云：「《説文》：挐，牽引也。」

補釋 案：「挐」字《説文》大徐音女加切，本書在下平聲麻韻女加切。「挐」字从手如聲。《漢書·揚雄傳》云：「熊羆之挐攫。」注：「師古云：挐，牽引也。」是挐亦有牽引義，不必改也。(切二「㲻」注云：「又作『拏』。」切三作「拏」，云：「犬多毛。」是「拏」又與「㲻」通。)慧琳《音義》八十引《淮南子》許注云：「拏，亂也。」亦與牽引義近。

○十虞

武夫切二十一 惠氏云：「今有廿二。」顧氏云：「宋『二』。」

補釋 曹本、元本作「二十二」，與本切下字數合，當從。

三十三葉

袁紹大將軍淳于瓊　顧氏云：「淳于長見班《書》，在三國前多矣。」

補釋　案：淳于瓊見《三國志・袁紹傳》，定陵侯淳于長見《漢書・外戚恩澤侯表》。

雩（又沉于切）　注「沉」字，段氏改作「況」。

補釋　切三作「又況于反」。案：「雩」字又見本韻況于切下，段校是也。

煦瞙笑皃　瞙，顧氏云：「煦嘍笑也。宋『嘍』。」

補釋　瞙，宋巾箱本、曹本作「嘍」。案：煦嘍疊韻，作「嘍」是也。「瞙」字誤，當正。

風俗通織毛褥謂之氍毹　風俗通，段氏改作「通俗文」。

補釋　案：《韻會》「毹」字注引此文作「通俗文」。《玄應音義》二云：「《通俗文》『織毛褥曰氍毹』。」段校是也。（慧琳《音義》七十九引《考聲》云：「氍毹織毛爲布文彩，亦名罽，爲出罽賓國毛布也。」）

昫（晡也）　顧氏云：「朐，脯也。《集韻》《類篇》。」（○原書無「也」字，今補。）

補釋　昫，曹本作「朐」。注「晡」字，宋巾箱本、曹本、黎本、元本均作「脯」。切三作「朐」，云：「脯。」案：《韻略》《韻會》亦作「朐」，訓爲脯。顧校是也。（《說文》「朐」字云：「脯挺也。」大徐音其俱切。與本字音義合，可證。）

獁(本作狗)　注「狗」字，惠氏云：「豿，《爾雅》：狗。」又云：「《釋文》：狗，舍人本作『狗』。『狗』當『豿』，誤也。」

補釋　《爾雅・釋畜》云：「後足皆白，狗。」《玉篇》二十三「獁」字云：「亦作『狗』。」

三十四葉

⿰句向　段氏改作「朐」。顧氏云：「《集韻》『朐』或作『⿰句向』，正本此。段改大誤。《類篇・句部》：⿰句向，權俱切，脯挺也。一曰地名，亦姓。」

補釋　王靜安國維云：「『昫』實『朐』之誤，既譌爲『昫』，於是此下又加『⿰句向』字，注云：『脯名。』蓋此字(○原書誤作『時』，今正。)宋初已誤矣。」周祖謨《校勘記》引。

盬　顧氏云：「《集韻》作『盬』，在于紐，與此不同。」

補釋　黎本作「盬」。

荀卿子曰問娶之媒　段氏改作「閭娶子奢莫之媒」。顧氏云：「《集韻》：『《荀卿子》有閭娶子奢。』兩見，又諏紐同。」

補釋　案：段校據《荀子・賦篇》，「娶」作「娵」。楊注云：「閭娵，古之美女，子奢當爲子都，鄭之美人。娵，子于反。」(《楚策》四姚宏本作「閭姝子奢」。)

列(列殺字從歺又五割切)　段氏改作「殊」。(殊殺字從歺。歺，五割切。)列，顧氏云：

「《集韻》無。」

補釋　案：「列」字在入聲薛韻良薛切下，音義均不合，故段氏以爲「殊」字之誤，(「殊」字見本韻市朱切下，注云：「死也。」)當重出。殊殺猶殊死也。(《匡謬正俗》八云：「殊死者身首分離，死内之重也。」)入聲易韻五割切下無「列」字(可證「列」字之譌)，有「歹」字，故知注「又」字爲「歹」之誤，段改是。桂未谷《札樸》七云：「《廣雅》：『㦸，殺也。』《廣韻》『㦸』與『列』同陟輸切，注云：『列殺字从歹。』馥案：此言列與《説文》从𣦵之剶異也。《經典》以誅爲殺。《説文》：『誅，討也。』《廣韻》：『誅，責也。』無殺意，《經典》假借誅字也。當作『列』，或作『㦸』。《説文》形似之字多爲人削除，故刀部有『剶』無『列』，《廣韻》定非無據。」

殳(釋名曰有所墥挃於車上)　注「墥」字，段氏改作「撞」。

補釋　注「墥」字，宋巾箱本、曹本、元本作「撞」。案：《釋名・釋兵》作「撞」，段校據之。

舜典有殳折　折，段氏改「斨」。

補釋　折，宋巾箱本、曹本、黎本作「斨」。案：《尚書・舜典》作「斨」，段校據之。

愉(和也樂也)　注「樂」字，顧氏云：「宋『所』。當作『忻』。」

三十五葉

蕍　顧氏云：「《集韻》《類篇》，蕍。」又云：「『蕍』字出《玉篇》。」

秼（詛也）　秼，顧氏云：「宋『袾』。」

補釋　秼，曹本、元本作「袾」。案：《玉篇》在示部作「袾」，注云：「詛也。」《集韻》《類篇》《韻會》同。當從。

⿰夫支　顧氏云：「⿰夫支，《類篇》支部。《類篇》支部無。《玉篇》支部有，支部無。」又云：「宋『⿰夫支』。不誤。」

補釋　案：《說文》「扶」字，古文作「⿰夫攴」，云：「古文扶从支。」顧說是也。

晉有苻洪武都互人　互，段氏改作「互」。

補釋　案：苻洪，氐人，見《晉書》一一二。「互」即「氐」之俗字，與「互」形似，易誤。段改是。

坿（白石英也）　惠氏云：「又坿墻。」

補釋　案：《文選·子虛賦》云：「雌黃白坿。」李注云：「蘇林曰：白坿，白石英也。」爲此注所本。《吕氏春秋·七月紀》云：「坿墻垣。」高注云：「坿讀如符，坿猶培也。」《說文》「坿」字云：「益也。」此惠氏補義之所本。

痡　顧氏云：「《集韻》『痡』在十一模。」

三十六葉

祑（祭也）　顧氏云：「《集韻》無，《類篇》示部無。」

補釋 案：《玉篇》示部有「祑」字，注云：「祭疏也。」

尪 顧氏云：「《集韻》《類篇》『尩』。按此筆勢之變耳，餘同。」

○十一模

三十七葉

𦞣（亦雉有𦞣肉也） 注「有」字，顧氏云：「《集韻》『脣』。」

蒲（草名） 惠氏云：「毛萇曰：草也。」

補釋 切三「蒲」字注云：「水草。」毛説見《詩·王風·揚之水》傳。

𪕬鼩 𪕬，段氏改作「𪖈」。

補釋 案：《玉篇》二十五作「𪖈」，云：「𪖈鼲。」「𪖈」字見本書下平聲咸韻，注云：「鼠名。」

胍肫大腹 肫，段氏改作「𦙶」。顧氏云：「𦙶胍，《集韻》。」

補釋 案：本韻當孤切下「𦙶」字注、去聲暮韻「𦙶」字注同作「胍𦙶大腹」。段校據之，是也。（去聲暮韻「𦙶」注作「𦙶胍」，段氏亦改作「胍𦙶」，從段校。宋祁《筆記》上云：「國朝有骨朵子，直衛士之親近者。予嘗修日曆，未曾究其義。閲中人謂腹大者爲胍𦙶，上孤下都，俗因謂杖頭大者亦爲胍肔，後訛爲骨朵。朵從平聲，然朵難得音，今爲軍額，固不可改矣。」亦可證「肫」當作「肔」，去聲暮韻之「肔胍」當作「胍肫」也。）

同都切三十　惠氏云：「今有卅一。」顧氏云：「宋有。」（○謂宋有卅一。）

補釋　宋巾箱本、曹本、黎本、元本均作「三十一」，是也。

風俗通云漢諫議大夫塗（禪）〔惲〕　段氏云：「『塗惲』疑作『塗惲』。」

補釋　案：塗惲見《漢書·儒林傳》及《後漢書·賈逵傳》。《通志·氏族略》五引《風俗通》正作「塗惲」，段說是也。

駼（騊駼馬）⿰牛余（黃牛虎文）　顧氏云：「可正《集韻》合二字爲一之誤。」

補釋　案：《説文》《玉篇》「駼」、「⿰牛余」二字異義，訓同本注。《集韻》脱去「⿰牛余」字，合注文於「駼」下，誤也。

菟丘地名　丘，惠氏改作「裘」。

補釋　案：《集韻》作「菟裘」，見《左傳·隱公十一年》。

⿰余阝（下邑地名）　段氏改作「⿰余阝，郲下邑，地名」。

補釋　案：段校據《説文》。《集韻》引《説文》亦有「郲」字。

三十八葉

爾雅曰⿱余鳥⿸广鳥鷵　⿱余鳥，惠氏改作「⿱敘鳥」。

補釋 案：「鶩」字《爾雅・釋鳥》作「鷔」，惠校據之。《玉篇》二十四「鷔」字注云：「一名唐屠。」

蘇(滿也悞也) 惠氏云：「當有誤。『悞』疑『快』。」

三十九葉

左傳齊大夫烏枝鳴 段氏云：「今《左傳》作『烏枝鳴』。」枚，顧氏云：「宋『枝』。」

補釋 案：烏枝鳴見《左傳・昭公二十一年》。

庯(屖上平) 注「上」字，顧氏云：「《集韻》『不』。」

補釋 案：本韻「庩」字注云：「庯庩，屋不平也。」《集韻》「庯」、「庩」兩字注同。惟《玉篇》二十二「庯」字注亦云：「屋上平。」

苦胡切十 惠氏云：「今有十一。」顧氏云：「宋有。」

補釋 宋巾箱本、黎本、曹本、元本均作「十一」，是。

峹(山名) 惠氏云：「峹當即嵞。」

補釋 案：「峹」字《集韻》無。「嵞」與「嵞山」之「嵞」爲一字，見本韻同都切下。惠氏以此爲「嵞」之重出。

梌(鋭也) 顧氏云：「梌，《集韻》十虞，客朱切，刺木也。即此。」

闉闍城上重門　上，顧氏云：「當作『曲』。」

補釋　案：「上」字，真韻「闉」字注與此同，《説文》《玉篇》《集韻》均作「内」。段氏注《説文》改「内」作「曲」，云：「《鄭風》曰『出其闉闍』，傳曰：『闉，曲城也。闍，城臺也。』正義曰：『闍是城上之臺，謂當門臺也。闍既是城之門臺。』則知闉是門外之城，即今之門外曲城是也。按許意説字从門之恉，有城門故必有曲城，其上爲門臺，即所謂城隅也。城曲、曲城意同。」顧説據之。

肐胍大腹　肐胍，顧氏云：「《集韻》『胍肐』。」

補釋　已見本卷卅七葉四條。

陠（衺也）　注「衺」字，顧氏云：「《集韻》《類篇》引《博雅》『衺』。」

補釋　注「衺」字，宋巾箱本、元本作「衺」。案：《廣雅·釋詁》作「衺」，當從。

○十二齊

四十葉

魏略曰皇甫隆爲燉煌太守教民作樓犂也　樓，惠氏云：「當『耬』。見《齊民要術》。」

補釋　案：《齊民要術》一云：「燉煌不曉作耬犂，及種，人牛功力既費，而收穀更少。皇巿隆乃教作耬犂。」

俗作伍二十二　下「二」字，顧氏云：「宋『三』。」

補釋　宋巾箱本、曹本、元本作「二十三」，與本切字數合，是。

膌腿强脂　膌，顧氏改作「膌」。

補釋　膌，墩煌王韻「腿」注云：「膌。」（宋巾箱本作「膌」，黎本作「膌」，均誤，但厂上無、，是。）案：《玉篇》七「膌」注云：「膌腿强脂。」爲此注所本，《集韻》《類篇》同，顧校據之。

揥（指也）　注：顧氏改作「捐」。

補釋　案：《集韻》「揥」字注云：「捐也。」顧校據之。《文選·文賦》云：「意徘徊而不能揥。」李注云：「揥或爲禘，禘猶去也。」與捐意相同。（《詩·鄘風·君子偕老》云：「象之揥也。」毛傳云：「揥，所以摘髮也。」）

剅剆以刀解物　剅，顧氏改作「剄」。

補釋　刀，曹本作「力」。案：《集韻》「剆」字注云：「剄也。」顧校據之。《玉篇》十七「剆」字注云：「剅也。」剅、剆爲雙聲，且剅有割義（《集韻》侯韻「剅」字注），不當改也。

鵃　顧氏云：「鵃，上有。《集韻》不重。」

徲　顧氏云：「《集韻》『徲』。」

腿（遠視也）　顧氏云：「睼（迎視也），《集韻》《類篇》。」

補釋　膍，元本作「瞔」，燉煌王韻同。案：《説文》目部「瞔」字云：「迎視也。」《玉篇》同，音徒奚切。此《集韻》《類篇》所本也，當從。「膍」字見本韻都奚切下，義異。

婢䶔短皃　䶔，惠氏改作「䶔」。

補釋　䶔，元本作「䶔」。案：本韻相稽切下「䶔」字注云：「婢䶔。」《玉篇》十七亦作「婢䶔」。當從。

四十一葉

鍇　顧氏云：「《集韻》『鍇』。」

補釋　曹本作「鍇」。案：《廣雅·釋詁》《玉篇》十八均作「鍇」，「鍇」當是「鍇」字之省。

㼖（痛聲）　顧氏云：「《集韻》㼖、㼖爲一字。㰦，痛聲。此當有誤。」

補釋　案：《玉篇》四㼖、㼖爲一字，注云：「黄病色。」欠部無「㰦」字。（切三「㼖」字訓與本注同。）

日在西方而鳥西　下「西」字，段氏眉注云：「棲。」

補釋　案：《説文》「西」字，段氏注云：「上『西』即下文『東西』之『西』也。下『西』，西之本義也。」

秦師西乞術　師，段氏改作「帥」。

補釋　案：秦帥西乞術見《左傳·僖公三十三年》，段校是。

王符潛夫論姓氏志曰如有東門西郭南宮北郭皆是因居也　西郭，惠氏云：「疑。」

補釋　案：《潛夫論·志氏姓》云：「東門西門南宮東郭北郭，所謂居也。」汪繼培云：「西門，《意林》作『西都』。《通志·氏族略》五、鄧名世《古今姓氏書辨證》四并同。《廣韻》『西』字注、《通鑑》一注又引作『西郭』。『東郭』疑衍。」《元和姓纂》三有西門氏，西都、西郭均無。

棲（説文或从木西）　注「或从木西」，段氏改作「西或从木妻」。

補釋　段校本《説文》。

四十二桊

鳖　段氏改作「鳖」。

補釋　案：《説文》作「鳖」，《集韻》同。顧校據之。（《玉篇》十四亦誤作「鼈」。）

爾雅云枕繫梅　枕，段氏改作「朹」。

補釋　案：段校本《爾雅·釋木》。（宋巾箱本作「枕」，亦誤。）

又孟子曰六十四黍爲一圭十圭爲一合　段氏云：「《經典釋文》有孟子注《老子》二卷，或云孟康也。康字公休。」

補釋　案：黄録段氏校本，「子」字改作「康」。《漢書·律曆志》注引孟康云：「六十四黍爲圭。」與此注合，段説是也。（《集韻》引此文改爲一曰，蓋以《孟子》無此文，不詳所本也。）

鮭（漢複姓漢有博士鮭陽鴻）　顧氏云：「《集韻》别見鮭。」

補釋　案：《集韻》「鮭」見涓畦切下，傾畦切下無之。《元和姓纂》三鮭姓不作複姓，云：「後漢有鮭陽鴻。」以漢人名無二字例之，當爲複姓，《姓纂》殆誤。（《古今姓氏書辨證》五作鮭陽複姓云：「後漢牟融代鮭陽鴻爲大司農，鴻字孟宗。注曰：鮭陽，姓也。」）

户圭切二十四　四，顧氏云：「宋『三』。」

補釋　宋巾箱本、黎本、元本作「二十三」，與本切字數合，是。

驨（似馬一角）䳚（子䳚鳥出蜀中）巂（上同）　「䳚」字及注，顧氏云：「宋無。」「巂」字注下，顧氏云：「宋『又子䳚鳥出蜀中』七字，在『巂上同』下。」

補釋　宋巾箱本、黎本、元本均作「驨（似馬一角）巂（上同，又子巂鳥出蜀中）」，無「䳚」字。（切三「巂」字云：「似馬而一角。」與宋本同，當從。案：《集韻》「䳚」爲「巂」之或字。「驨」字注云：「通作『巂』。」）

廣雅云挑剜刲劘削　削，段氏改作「剈」。顧氏云：「《集韻》：削也。」

補釋　案：「削」字《廣雅·釋言》作「剈」，段校據之。《玉篇》十七「劘」字亦云：「削也。」

移（又余氏以支二切）　「切」字下，顧氏補「一」字，云：「宋有。」

補釋　宋巾箱本、曹本、黎本、元本均有「一」字。

○十三佳

四十三葉

蕐（蕐雜斜絶）　蕐，顧氏改作「菲」。又云：「蕐，今《周禮》仍作『華』。」

補釋　案：蕐，《集韻》《類篇》均作「菲」，（「菲」見本書皆韻古懷切下，與「乖」同。）顧校據之。《周禮·夏官·形方氏》云：「無有華離之地。」鄭注云：「杜子春云：『離』當爲『雜』，書亦或爲『雜』。玄謂『華』讀爲『㼌哨』之『㼌』，正之使不㼌邪離絶。」段氏《周禮漢讀考》云：「杜意『離』字之誤，鄭不從也，華㼌古音同在第五部，鄭易『華』爲『㼌』，釋經之『㼌離』爲『㼌邪離絶』。㼌邪謂地偏長則去國遠。離絶謂若間以他國之地，逾境而治之。皆爲邦國之不便。華，苦哇反，音同夸。《廣韻》《集韻》作『蕐』，非是。」此注當從鄭注作「蕐斜離絶」。蕐斜即㼌邪。（下文「奊」字注云：「奊斜。」「奊」爲「華」之誤。）

鼃　顧氏云：「後人所增。」

補釋　案：「鼃」字已見本韻烏媧切下，爲「蛙」之重文。《集韻》不重出，故知爲後人所增。

○十四皆

蝔（蟲名淮南子曰蝔知雨至蝔蟲大如筆管長三寸代謂之猥狗知天雨則於草木下藏其身）　段氏云：「今《淮南》作『鶤日知晏，陰蝔知雨』。」

補釋　案：《淮南・繆稱訓》云：「鵲巢知風之所起，獺穴知水之高下，暉日（今本作『目』，此據宋本）知晏，陰諧知雨。」高注云：「暉日，鴆鳥也。陰諧，暉日雌也。天將雨則鳴。」《廣雅・釋鳥》云：「鴆鳥其雄謂之運日，其雌謂之陰諧。」（本書去聲沁韻「鴆」字注與之同。）均與此注不合。《集韻》「蝔」字注云：「蟲名。猥狗也，知雨則翳葉。」又雄皆切下云：「蟲名，將雨輒出，淮南呼爲雨母。」亦以蝔爲蟲名，非鴆鳥也。王懷祖云：「案《繆稱訓》四句各舉一物，四物各爲類。鵲與獺非牝牡，暉日與陰諧非雌雄也。遍考諸書，言鴆别名者多矣，皆言運日，而不及陰諧，亦可知鴆鳥無陰諧之號，而《繆稱訓》注非確詁矣。今按《御覽》引《淮南子》逸文曰：『蝔知將雨。』又引高誘云：『蝔，蟲也，大如筆管，長三寸餘。』《廣韻》蝔云云，《集韻》蝔云云。然則蝔與諧同音，陰諧即是蝔，舉其本命則謂之蝔，能知陰雨，則又謂之陰諧，陰諧之義猶雨母耳。」

四十四葉

搋（揩摩） 搋，段氏改作「攡」。顧氏云：「宋『攡』，不誤。」

補釋 搋，曹本作「攡」。（元本誤作「攡」。）案：《廣雅·釋詁》云：「攡，拭也。」又云：「摩也。」《玉篇》六同。《集韻》以「搋」爲「攡」之或字。）

筵籭古以爲玉柱 段氏改作「筵籭古以玉爲柱」。

娾 顧氏云：「廣圻案：《集韻》收『娾』在『厓』下，在十三佳。」

俙 段氏云：「《說文》作『俙』。」顧氏云：「《集韻》『俙』。」

〇十五灰

簸 段氏改作「簸」。

補釋 曹本作「簸」。（切三作「簸」，誤。）案：《玉篇》十四作「簸」，《集韻》《類篇》同。

邜（鄉名在潍陽） 邜，顧氏云：「《集韻》《類篇》『郱』。」

補釋 案：《玉篇》二作「邜」。注「潍陽」，燉煌王韻作「睢陽」，與《玉篇》《集韻》同。

四十五葉

鑘（劍首飾也亦作櫑）　鑘，顧氏云：「《集韻》作『⿰衤畾』。《類篇》衣部。又《類篇》木部亦有。」

補釋　《玉篇》金部「鑘」字注云：「劍首飾也。」爲此注所本。案：此字从畾聲，从金从木从衣，與訓劍首飾義均可。

縗（喪衣長六寸傅四寸）　注「傅」字，段氏改作「博」。

補釋　注「傅」字，曹本、元本作「博」。案：《説文》作「博」，段校據之。

⿰巾憂　段氏改作「⿰巾㥑」。

補釋　案：《説文》「⿰巾憂」字云「憂聲，讀若水温䨀也。」段氏改作「⿰巾㥑，㥑聲。讀若水温䨀也。」注云：「按許讀如䨀，大徐據《唐韻》乃昆切。《玉篇》奴昆切。蓋古『温䨀』之『䨀』讀乃昆切。《玉篇》、曹憲《廣雅音》《廣韻》又乃回、奴回切，則乃昆之轉，脂、文之合。《莊子釋文》引《漢書音義》音温，與乃昆一音相近。韋昭乃回反，則乃回一音之所本也。乃昆之音，因於㥑聲，而非憂聲，明甚。」「㥑」乃古「婚」字，與乃昆切音合，故段氏改「⿰巾憂」爲「⿰巾㥑」。（本書魂韻奴昆切下無「⿰巾憂」字。）

○十六咍

痦　顧氏云：「宋『痦』在『⿰𠃊殳』下。」

補釋　曹本、元本「㾾」在「𨸝」下。

𨸝（𣪉𨸝笑聲也）　𨸝，顧氏改作「𣪉」，云：「案《集韻》：𣪉，𣪉𨸝，剛卯也。」又云：「『𣪉』（○案《集韻》作『吹』，此疑誤。）與『欰』同字。欰，戲笑聲。此當有脱誤。《類篇》與《集韻》同。」

補釋　𨸝，本韻「𣪉」字注亦作「𣪉𨸝」。案：《集韻》本切下有「欰」字，注云：「欰，戲笑聲。或作『吹』。」（《廣雅·釋詁》云「吹，笑也」。「欰」見本書之韻許其切下，注云：「喜笑。」）與本注「笑聲也」相同。而𨸝訓「𣪉𨸝」，（《説文》「𣪉」字云：「𣪉改，大剛卯也。以逐精魅。」段作「改」。）於義不侔，故顧氏以爲有脱誤。疑𨸝、改形相似，誤并爲一。「𣪉」又譌爲「𨸝」，蓋不可辨。此文當爲「𣪉（𣪉𨸝，剛卯也）改（笑聲也）」，燉煌王韻𨸝字已與此注同誤。

四十六葉

呂氏春秋云開方衛公　段氏云：「『公』下脱『子』字。」

補釋　案：《呂氏春秋·知接篇》作「衛公子」，段校據之。（《管子·大匡篇》亦作「衛公子開方」。）

𣪉𨸝　𨸝，段氏改作「𣪉」。

陔姟　顧氏云：「宋『陔』在『姟』下。」

補釋　曹本與宋本同。

濈　顧氏云：「《集韻》『濈』。」

補釋　案：本韻祖才切下有「濈」字。（濈水見《尚書・禹貢》。）

鶆鳩鷹　鷹，顧氏云：「宋『鷹』。」

補釋　鷹，宋巾箱本、曹本、元本作「鷹」。案：《爾雅・釋鳥》云：「鷹鶆鳩。」（《集韻》引《字林》亦作「鷹」。）當從。

棓（姓出姓苑）　顧氏云：「棓，《集韻》仍作『棓』，《類篇》無『棓』。宋『脴』。」

補釋　棓，宋巾箱本、曹本、元本作「脴」。案：《古今姓氏書辨證》六有棓姓，云：「出《姓苑》。」「棓」字見本書灰韻薄回切下。

四十七葉

懛剴失志皃　剴，顧氏改作「敳」。

補釋　剴，元本作「愷」。案：《集韻》作「敳」，顧校據之。案：愷剴，叠韻，剴、敳音同相通，不必改也。

○十七真

蒖（茚也）　注「茚」字，顧氏改作「茾」，云：「廣圻案：《集韻》云：『一曰蒖莢實。』當作此字。」

補釋　注「茚」字，元本作「茆」。案：本書鍾韻「茾」字注云：「蒖荚實也。」（《廣雅·釋草》云：「茾，蒖也。」）與《集韻》此注合。故顧氏以爲「茾」字之誤。

闉闍城上重門　上，顧氏云：「廣圻案：此『曲』字誤。《集韻》『内』，亦誤。」

補釋　案：見本卷三十九葉六條校釋。

敐　惠氏云：「當从攴。」顧氏云：「宋『敐』，不誤。」

補釋　曹本、元本作「敐」。案：本韻側鄰切下「敐」，注云：「擊也。又音辰。」（《集韻》兩切下均作「敐」，又注云：「或从攴。」《類篇》攴部有「敐」字。）此字當據作「敐」。

礥𡅅　顧氏云：「《集韻》無『𡅅』，即『礥』。」又云：「在一先。」

四十八葉

𣌭　惠氏改作「㬰」。

補釋　案：《玉篇》六作「㬰」，云：「古文『申』字。」（《集韻》作「𣌭」。）惠校據之。《說文》「中」字籀文作「𠁩」。此字从申，作「㬰」是也。

䍊（獸名）　段氏云：「郭景純《山海經》傳云：䍊音『屋棟』之『棟』。」

補釋　案：郭傳見《山海經·北山經》。「䍊」已見本書東韻德紅切下，注云：「又音陳、音楝。」(《玉篇》辣音都弄切。)又見去聲送韻多貢切下。

濜(惠氏云:「按當作『盡』。」顧氏云:「《集韻》『盡』,或書作『盡』,亦誤。」

補釋 案:「濜」字在去聲震韻徐刃切下,注云:「水名。」(《玉篇》十九「濜」云:「助謹切。濜湏,水勢。」)與此不合。《玉篇》血部作「盡」,云:「子仁切,氣液也。」與《集韻》同,惠校是也。

說文作闉闘也 闉,段氏改作「闉」。

補釋 案:段校本《說文》。「闘」字亦當從作「鬭」。

四十九葉

輑(車軸相逢) 注「逢」字,顧氏改作「連」。

補釋 案:「輑」字《集韻》在諄韻,云:「車軸也,連曰輑。」(《方言》九云:「輑謂之軸。」)

顧校據之。

鋠鋭 鋭,顧氏改作「稅」。

補釋 《集韻》「鋠」爲「錔」之或字,錔訓爲箅稅,顧校據之。案:《玉篇》十八「鋠」字云:「鋠,鐵葉。」《集韻》本韻彌鄰切下「鋠」字注云:「鐵也。」此「鋭」字疑爲「鐵」字之譌。

汃(西方極遠之國) 惠氏云:「見《爾雅》。」

補釋　案：《説文》「汃」字云：「西極之水也。《爾雅》曰：西至於汃國，謂之四極。」（今《爾雅·釋地》作西至於邠國。）「汃」即「邠」字。

霦（璘霦玉光色）　霦，顧氏云：「《集韻》無『霦』，《類篇》雨部亦無，即『虨』。」

補釋　案：《玉篇》雨部有「霦」字，注云：「玉光色。」與此注合，是「霦」字不誤。「虨」字本切下别出，義不同。顧氏偶誤。

○十八諄

五十葉

棆　顧氏云：「《集韻》引《説文》『棆』。」

論（有言理）　注文，段氏改作「言有理」。

補釋　案：《集韻》「論」字注作「言有理也」。

魏志孫文懿臣綸直　「孫」字上，惠氏補「公」字。

補釋　何義門焯云：「綸直以諫公孫淵叛魏與賈範皆被殺，事見《晉書·宣紀》，《魏志》無之。『志』即『公』字之誤。」（周祖謨《校勘記》引）

周禮曰凡邦工入山林掄材而不禁　掄材而不禁，段氏改作「而掄材不禁。」顧氏云：「宋『而掄材』。」

補釋　宋巾箱本「而」字在「掄」上。案：段校據《周禮・地官・山虞》。

春秋説題曰　「題」字下，段氏補「辝」字。

補釋　案：《經義考・毖緯》四有「《春秋説題辭》」。

鈞（二十斤也）　注「二」字，段氏改作「三」。顧氏云：「宋『三』。」

補釋　注「二」字，宋巾箱本、曹本、黎本作「三」。案：三十斤爲鈞，見《説文》《周禮・大司寇》鄭注。（經傳都以三十斤爲鈞，不具。）此注「二」字誤，當改正。

○十九臻

五十一葉

○二十文

湞（水名在南陽一曰在美陽）　注「美」字，段氏改作「蔡」。（○原書作「義」，迻寫之誤，今正。）

補釋　案：《説文》「湞」字云：「湞水出南陽蔡陽，東入夏水。」《水經注》三十一云：「湞水出蔡陽縣，東南過隨縣西，又南過江夏安陸縣西，又東南入于夏。」段校據之。

蕡　蒀（古文）　蒀，顧氏云：「《集韻》無，當是『葩』誤。」

補釋　《集韻》「葩」、「𧄼」爲一字，注云：「通作『蕡』。」

五十二葉

𤸳（痺也）　注「痺」字，段氏改作「痺」。

補釋　案：「𤸳」字又見删韻五還切下，注云：「𤸳痺。」《玉篇》十一、《集韻》注均作「痺」。段校是也。

鮊（蟲名水鮊如魚乘焉）　注「焉」字，顧氏云：「宋『馬』。」

補釋　注「焉」字，曹本作「馬」。案：《玉篇》二十四「鮊」字云：「蟲似魚也。」《集韻》云：「水鮊，蟲名，似魚。」無乘馬義。

氛侵妖氣　侵，顧氏云：「宋『祲』。」

補釋　侵，曹本作「祲」。案：《國語·晉語》一云：「獻公田，見翟柤之氛。」韋注云：「氛，祲氛，凶象也，凶曰氛。」

○二十一欣

五十三葉

○二十二元

原即與厵同　厵，段氏改作「厡」。

補釋　案：段校本《說文》。

紀年曰穆王十七年起師至九江以黿爲梁　「十」上，段氏補「三」字。

補釋　案：《文選·恨賦》注引《紀年》云：「穆王三十七年伐越，大起九師，東至于九䢿，叱黿鼉以爲梁。」段校據補。

在壁曰蝘蜓在洲曰蜥蜴　蜴，段氏改作「易」。

補釋　案：《說文》「蝘」字云：「在壁曰蝘蜓，在草曰蜥易。」(「易」字云：「蜥易蝘蜓，守宮也。」)段校據之。蜥易，《爾雅·釋魚》作「蜥蜴」，是此字亦不必改。

周禮縈原蠶　縈，惠氏改作「禁」。

補釋　惠校本《周禮·夏官·馬質》。

嬋媛枝相連引　婶，段氏改作「嬋」。

補釋　案：《集韻》云：「嬋媛，牽引皃。」燉煌王韻仙韻「嬋」字注云：「嬋媛牽引。」(本書「撣」字注作「撣援」。)《楚辭·離騷》云：「女嬃之嬋媛兮。」王注云：「嬋媛猶牽引也。一作『撣援』。」段校據之。

鸐䲰鳥　䲰，顧氏云：「《集韻》《類篇》『鵯』。」

補釋　切三「鸐」云：「鸐，鵯鳥，似鶍而斑頸。」

璠璵（魯之寶玉　璠璵，段氏改作「璵璠」。

補釋　切三作「璵璠」。案：段校本《説文》。《顔氏家訓・音辭篇》云：「璵璠，魯之寶玉，當音餘煩。」本書「璵」見魚韻以諸切，「璠」見本切，皆與顔氏説合。

𤕢　段氏云：「此字見《樂記》。」

補釋　案：《禮記・樂記》云：「羽者嫗伏，毛者孕鬻。」《釋文》本「鬻」作「𤕢」，云：「音育，生也。徐又扶袁反。」

驓　顧氏云：「𤓶，《集韻》云『或省』。」

幡（俗通爲幡）　注「幡」字，惠乙其旁。

補釋　注「幡」，元本作幡，是也。案：「幡」與正文「幡」無别，必誤。从番之字，俗書多作「畨」。《韻會》「翻」字注云：「俗作翻。」是其證，當從元本。

五十四葉

鵍鴘鳥名　顧氏云：「見『鴘』注。」

補釋　案：諄韻「鴝」字注云：「鴝鴰，小鳥。」《玉篇》二十四同，《集韻》「鴰」注與此注同。「鴝」注云：「鴝鴰，鳥名，鷦鷯也。」)此「鴝」字當據改正。

愋（恨也）　注「恨」字，顧氏云：「《集韻》『很』。」

補釋　案：《玉篇》八「愋」字注亦作「恨也」。

菟　葱（敗也）　顧氏云：「宋『葱（敗也）』在『菟』上。」

補釋　曹本與宋本同。

捭（舉也）　捭，顧氏云：「婢，《集韻》《類篇》女部。」

䡣　顧氏云：「𨌺，《集韻》《類篇》。宋『𨌺』，在『鶱』上。」

補釋　曹本作「韗」，在「鶱」上。案：《玉篇》十八作「𨌺」，爲「軒」之重文。當從改正。「䡣」字在魂韻户昆切下，注云：「還也，車相避也。」與此義不同。

○二十三䰟

䰟　段氏改作「魂」。

補釋　曹本作「魂」，切三同。案：《說文》「魂」字，段氏改作「䰟」，注云：「李文仲《字鑑》曰：『《說文》本下形上聲，今作魂，右形左聲，如「詞」「朗」「崩」「秋」，《說文》本作「䛐」「朖」

「崩」「炢」，今從隸變。』按：李氏在元時猶見《說文》舊本，故『䚂』『䰟』等詞不誤。今則大徐本皆作『魂』，惟小徐本作『䰟』。《廣韻》《集韻》《韻會》亦作『䰟』。『䰟』之必鬼下云上者，陽氣沄沄而上之象也。曰云聲者，舉形聲包會意。」然則段氏晚年以「䰟」爲是，此猶據大徐本《說文》校字也。

䓴（蒲也） 顧氏云：「䓴，《集韻》《類篇》。」

補釋 案：《說文》作「䓴」，當據改正。

五十五葉

䍡于不可知也 于，段氏改作「干」。

補釋 段校本《說文》。

又卻至食采于温 卻，段氏改作「郤」。

補釋 卻，曹本作「郤」。案：「郤」字《說文》在邑部，云：「晉大夫叔虎邑也。」與「退卻」之「卻」義異形似而誤。《左氏傳》作「郤至」，段校據之。

五十六葉

弴 弤（上同） 弤，段氏改作「弤」。

補釋　案：《玉篇》十七「弜」在「弴」下，云：「同上，畫弓也。又丁禮切，舜弓名。」段校據之。

大車噋噋　段氏云：「《毛詩》《説文》皆作『大車啍啍』。」

後蜀録有法部尚書屯度　惠氏云：「似應在《華陽國志》，當再考。」

補釋　案：《華陽國志》無之。《後蜀録》疑是崔鴻《十六國春秋·蜀録》也。《姓解》三屯姓注亦作「後蜀録」。（《通志·氏族略》四云：「後蜀有法部尚書屯度。」無「録」字。）

窀（火見穴中）　注「火」字，顧氏云：「犬，《集韻》《類篇》。」

補釋　案：《説文》「窀」字云：「從穴屯聲。」爲形聲字，火見穴中，義未詳。（《集韻》作「犬」，似又與「突」字義溷。）

臀（亦謂之脽也）　注「脽」字，顧氏云：「宋『臎』。」

補釋　注「脽」字，黎本作「臎」。案：《説文》之「脽」字云：「𡱂，或从肉隼。」「𡱂」「脽」均見下文，與「臀」同。《廣雅·釋親》云：「臎，臀也。」《説文》云：「⿰骨厥，臀骨也。」「臀」亦與「臀」同。（《玉篇》七「臎」字云：「鳥尾上肉也。」尾肉與臀義相同。）是「臎」「脽」二字義似，均可。

説文作凥髀也　凥，段氏改作「𡱂」。

補釋　案：段校本《説文》。下文「𡱂」字注云：「同上。見《説文》。」可證此字之譌。

芚（菜似菎也）　注「菎」字，顧氏云：「莧，《集韻》。宋『莧』，不誤。」

補釋　注「蓖」字，曹本、元本作「莧」。案：《玉篇》十三「芼」字云：「菜如莧，可食。」顧説是也。

臗（體也臀也）　注「體」字，惠氏云：「當作『髀』。」

補釋　案：「臗」字《説文》作「髖」，云「髀上也。」惠校據之。（慧琳《音義》二引《埤蒼》云：「臗，尻也。」）

○二十四痕

垠⿰咢刂　⿰咢刂，段氏改作「鄂」。

補釋　切三「垠」字云：「垠⿰咢刂，力根反，或作『圻⿰咢刂』。」案：《説文》「垠」字云：「地垠也。」段氏改作「地垠咢也」。注云：「按古者邊畔謂之垠咢。《周禮·典瑞》《輈人》《禮記·郊特牲》《少儀》《哀公問》五注皆云『圻鄂』。圻或作沂。張平子《西京賦》作『垠鍔』，注引許氏《淮南子》注曰：『垠鍔，端崖也。』《甘泉賦》李注曰：『鄂，垠鄂也。』按『垠』亦作『圻』，或作『沂』者假借字。」此校蓋據《周禮·典瑞》等注也。案：本書欣韻語斤切下「圻」字注云：「圻堮。」（入聲鐸韻「堮」字注同。）「咢」「鄂」「鍔」「⿰咢刂」「堮」爲同聲相通，「垠」「⿰咢刂」爲雙聲，「⿰咢刂」字不必改也。

○二十五寒

胡安切十二　惠氏云：「今正十一。」顧氏云：「宋『二』。」

補釋　元本作「十一」，是。

五十七葉

晉有大夫丹木　大夫，顧氏云：「宋『太史』。」

補釋　大夫，曹本作「太史」。案：丹木，《左傳》《史記》均未見，疑是「先丹木」之譌。先丹木爲晉太子申生右。見《左傳·閔公二年》。先丹殆爲複姓，各姓氏書失載。（《元和姓纂》《通志·氏族略》丹姓下亦不載丹木。）

匰（宗廟盛主器出字書）　惠氏云：「見《曲禮》。」

補釋　案：《周禮·春官·司巫》云：「祭祀則共匰主。」鄭注：「杜子春曰：匰器名。」《說文》「匰」字云：「宗廟室器也。」此注所據。惠説《曲禮》，「曲」字當爲「周」，疑爲迻寫者之誤。

擹蒱賭博　蒱賭博，顧氏云：「宋『蒲四數』。」

補釋 賭博，黎本原作「四數」。擻，黎本、燉煌王韻作「攤」。（王韻注云：「蒱攤之攤。」下「攤」字，黎本作「擻」。）案：《玉篇》六「擻」字云：「擻蒱，賭錢也。」爲此注所本。

姍（詐也） 注「詐」字，惠氏云：「當是『誹』。」

補釋 案：《説文》「姍」字云：「誹也。」《集韻》「姍」云：「好也，一曰誹謗也。」惠説據之。

太玄經云撣繫其名 撣，段氏云：「范望注《太玄》作『⿰扌革』。」繫，顧氏云：「繫，《集韻》《類篇》。」

補釋 案：《太玄經》八云：「⿰扌革繫其名。」范注云：「⿰扌革，（○原書作『革』，今正。）更也。更繫其名姓於玄道也。」《釋文》云：「⿰扌革，音戛。陸作『㥽，改也』。」與「撣」音義迥異。《釋文》別出「撣」字云：「音壇。《唐韻》言《太玄》云：撣其名，撣，觸也。」又慧琳《音義》七十六引宋忠注《太玄經》云：「撣，指觸也。」是宋忠本作撣也。

殘（説文贓也） 注「贓」字，段氏改作「賊」。

補釋 注「贓」字，元本作「賊」。案：段校本《説文》。

五十八葉

尪（⿺尢工服） 注「服」字，顧氏云：「《集韻》：『⿱冖任，股也。』入安紐。《類篇》同。」

補釋 案：此字疑爲「⿺尢舌」之僞體。⿺尢舌，《説文》云：「股⿺尢舌也。」又書作「尪」（在虞韻憶俱切下)，形譌作「尫」，別出干聲，實誤。又「于」字與「迂」同，故「尫」字又引伸訓爲盤旋，此字兼包形聲會意也。干義不侔，亦可證「尫」字之誤。切三、燉煌王韻本韻古寒、烏寒二反下均無「尫」字，可證此字爲後來所增。注「尫服」，當從《説文》作「股尫」。

落干切十一　惠氏云：「今有十二。」顧氏云：「宋『二』。」

補釋　曹本、黎本、元本作「十二」，是。

攔欄　顧氏云：「《集韻》『攔』作『欄』，『欄』作『欗』。」

臤(⿱臤皿也)　注「⿱臤皿」字，段氏改作「堅」。顧氏云：「宋『堅』。」

補釋　注「堅」字，曹本作「堅」。(黎本原作「臤」，誤。)案：段校本《説文》。(《集韻》亦作「堅」。臤，《集韻》又見耕韻丘耕切下，注同。本書耕韻口莖切下無。)

⿰㒼頁頇大面皃　⿰㒼頁，段氏改作「顢」。

補釋　⿰㒼頁，元本作「顢」，燉煌王韻同。案：本書桓韻「顢」字注云：「顢頇，大面皃。」《玉篇》四「頇」字云：「顢頇，大面。」(《集韻》同。)段校是也。

○二十六桓

麞(鹿一歲)　注「一」字，顧氏云：「《集韻》『三』。」

補釋　案：《玉篇》二十三「麂」字云：「鹿一歲。」與此注同。

䈴(竹名出南嶺)　注「南嶺」，段氏改作「嶺南」。

補釋　注「嶺」字，黎本作「領」。案：《廣雅·釋草》云：「⿱竹昜⿱竹散⿱竹鈎䈴，桃支也。」《山海經·西山經》云：「嶓冢之山多桃枝鈎端。」鈎端即⿱竹鈎䈴。

偳(抄偳)　惠氏云：「未詳。」

補釋　注「抄」字，曹本作「仯」。案：「偳」字又見本韻他端切下，注云：「人名。」《集韻》云：「闕，或曰人名。」別一義也。

⿰尃阝(邾⿰尃阝之邑)　注「⿰尃阝」字，顧氏云：「當作『鄟』。」又云：「又見仙，當再考。」

補釋　注「⿰尃阝」字，切三、燉煌王韻「⿰尃阝」注作「鄟」。案：《公羊傳·成公六年》云：「鄟者何？邾鄟之邑也。」《集韻》云：「邑名，屬邾鄟。」是「邾⿰尃阝」當作「邾鄟」。仙韻職緣切下「⿰尃阝」注「邾⿰尃阝邑名」。注「⿰尃阝」字亦當作「鄟」。

五十九葉

孔子妻亓官氏　亓，段氏改作「并」。顧氏云：「宋『并』，最是。」

補釋　亓，黎本作「井」。案：錢辛楣云：「孔子娶并官氏，今人以爲『开官』。按《漢韓勅造禮器碑》云：『并官聖妃在安樂里。』宋祥符中封鄆國夫人制詞亦作『并官氏』。又見宋板

《東家雜記》、元板《孔庭廣記》書并官氏，未有作『开』者。」（《十駕齋養新録》十二）段校據之。

以上官爲氏　惠氏云：「《後漢》有郎中上官資，見《李雲傳》。」費士璣云：「璣案《前漢》有上官桀、上官安。」

鸞口銜鈴故謂之鸞　尾「鸞」字，段氏改作「鑾」。

補釋　尾「鸞」字，元本作「鑾」。案：《古今注》上作「鑾」，段校據之。

鴅　顧氏云：「《集韻》『鴅』。《類篇》作『鴅』。」

補釋　宋巾箱本作「鴅」，燉煌王韻同。按《玉篇》二十四作「鴅」，當據改之。

⿰丹曷　顧氏云：「《集韻》『⿰丹曷』。《類篇》在肉部。」

補釋　燉煌王韻作「⿰丹曷」。

古文尚書作⿰丹曷　顧氏云：「『⿰丹曷』疑作『鴅』。」

補釋　⿰丹曷，宋巾箱本、黎本、元本作「鴅」。案：《集韻》「⿰丹曷」云：「通作『鴅』。」顧説據之。

曲轅⿰革贊縛直轅⿱竹軍縛　⿱竹軍縛，段氏改作「暈縛」。

補釋　案：《説文》「䪝」字云：「曲轅䪝縛，直轅⿱竹軍縛。」「⿱竹軍」字段氏改作「暈」，注云：「暈之言㬥也。㬥，約也。」此校與之同。

媻（奢也一曰小妻）　段氏云：「鍇本《説文》有『一曰小妻』四字。」

縏（番和縣名在涼州）　顧氏改作「縏（小囊）番（番和縣名在張掖郡）」，云：「廣圻案：依

《集韻》如此。此脱『縏』下注及『番』正文。」

補釋 案：《玉篇》三十「番」字云：「普丹切。番禺，縣名。又番丹切。番和，縣名。」「番禺縣名」已見本韻普官切下，則本切下必當有「番」字無疑。此注恰與之合，可知脱去「番」字正文，顧説是也。番和（《唐書·地理志》《元和郡縣志》作「禾」）縣唐時在涼州，天寶三年改爲天寶縣，見《唐書·地理志》《元和郡縣志》。此注猶是孫愐原文。（孫序云：「州縣名號，亦見當時。」）《集韻》注蓋據《漢書·地理志》也。「縏」字訓爲小囊，本《禮記·内則》鄭注。

本切下字「二十二」當爲「二十三」。

樠（木名松心） 樠，顧氏云：「宋『㭨』。」

補釋 樠，宋巾箱本作「㭨」。（黎本作「㭨」，當爲「㭨」之誤。）案：《説文》「樠」字云：「松心木。」（《集韻》亦作「樠」。）與此注合，「㭨」字誤。（「㭨」字見本書養韻良獎切下，注云：「松脂。」）

六十 葉

甂坬大甀 坬，段氏改作「瓳」。

補釋 坬，燉煌王韻作「胡」（「胡」即「瓳」之誤）。案：本書模韻「瓳」字注云：「甂瓳。」《廣雅·釋宮》云：「甂瓳，甀也。」《玉篇》十六云：「甂瓳，大甂甀也。」段校據之，是也。

○二十七删

訕　顧氏云：「《集韻》在二十八山。」

闞令尹喜之後　惠氏云：「《後漢》有長史闞靖，見《公孫瓚傳》。」

古有楚賢者環淵　惠氏云：「《後漢》有公孫述將環安。」

補釋　案：環淵見《史記·孟荀列傳》，環安見《後漢書·公孫述傳》。

戹（屋牡瓦名）　注文顧氏改作「屋北瓦下」，云：「《集韻》《類篇》。」

補釋　案：《說文》云：「屋牝瓦下。」（《玉篇》二十二「戹」字注同。）牝，段氏改作「牡」，注云：「屋反下載者曰牝，《昌邑王傳》之版瓦也。上覆者曰牡。《玉篇》：『瓪，牡瓦也。』戹之言似環也，瓪之言似簫也。」注「名」字當從《說文》作「下」。《集韻》《類篇》之「北」字，爲「牝」字之譌。

羴（賤事之皃）　注「賤」字，段氏改作「賦」。

補釋　案：《說文》「羴」字云：「賦事也。」段校據之。

蕑　顧氏云：「《集韻》無，當是『蕳』誤，因注香草複耳。」

補釋　案：「蕳」見山韻古閑切下，注云：「蘭也。」（《詩·鄭風》毛傳同。）《集韻》本切下有

「閒」字，注同（山韻亦有），故顧以爲「蕑」字之誤。

奻還切　切下，顧氏云：「宋有『一』。」

補釋　宋巾箱本、黎本、元本有「一」字。

頑鬜　顧氏云：「《集韻》在二十八山。」

豻　顧氏云：「《集韻》馯、豻同紐。」

六十一葉

○二十八山

蕒（莖餘又音莧）　注「莖」字，顧氏改作「莝」。

補釋　案：《集韻》云：「莝餘草。」顧校據之。

㤝（地名出玉篇）　惠氏云：「此『㤝』字誤，在戈韻。」

補釋　案：今《玉篇》八有「㤝」字，注云：「桑戈切，縣名。」與此不合，無「㤝」字。《集韻》本韻亦無此字。

窀（穴中見火）　顧氏云：「《集韻》：犬見穴中。」

補釋　見本卷五十六葉四條。

○新添類隔今更音和切

肧（偏林切）　注「林」字，段氏改作「杯」。

補釋　注「林」字，元本作「杯」。案：灰韻「肧」字音芳杯切，段校是也。陳蘭甫澧云：「肧，芳杯切，徐鉉匹栝切。芳杯類隔，匹栝音和，蓋徐鉉所改。」（《切韻考》四）「偏杯」即「匹栝」也。

廣韻三家校勘記補釋卷二

惠定宇棟　先生校本
段若膺玉裁先生校本　後學范祥雍補釋
顧千里廣圻先生校本

一　葉

下平聲

韻目

○一先

躚躚　顧氏云：「《集韻》在二僊。」

箈(説文曰蔽絮簀也)　注「蔽」字，段氏改作「潎」。

補釋　案：《説文》亦作「蔽」，段氏改作「潎」。注云：「《廣韻》曰：箈，漂絮簀也。（案：

見鹽韻昨鹽切下。）漂與瀎同義。水部曰：『瀎，於水中擊絮也。』瀎絮簀即今做紙密緻竹簾也。」此校與之同。

二 葉

菓湔⿱前巾 顧氏云：「在二僊。」

補釋 案：謂三字《集韻》在二僊，下例倣此，不重。

錢（又彭祖姓） 惠氏云：「疑。按上（原書作「去」，今正）聲廿八『獮』亦云：『錢，又姓。』不知所本。」又云：「去聲三十三線：陸終子名。」

補釋 案：《莊子·逍遥遊》云：「而彭祖乃今以久特聞。」《釋文》云：「《世本》云：姓錢名鏗，在商爲守藏史，在周爲柱下史，年八百歲。錢音翦。」《通志·氏族略》五云：「錢氏，《姓苑》云：『彭祖姓錢名鑑。』」《姓解》二亦云：「《姓苑》云彭祖姓。」爲此注所本。

嗹縺 顧氏云：「在二僊。」

嗹嘍言語繁絮皃 絮，顧氏云：「宋『挐』。」

補釋 絮，黎本作「挐」，切三同。案：「嗹嘍」亦作「謰謱」。原本《玉篇》言部「謰」字云：「《方言》：謰謱，拏也。南楚曰謰謱。郭璞曰：言誻拏也。《字書》或爲『嗹』字。」（今本《玉篇》「謰」字云：「謰謂繁拏也。」）當從作「拏」。

三　葉

牽（亦姓）　惠氏云：「漢有牽顗，見《皇甫規傳》。」

㮁（食不噎）　注「食」下，惠氏云：「二仙有『之』。」顧氏云：「之，《集韻》。」

補釋　案：「㮁」又見仙韻房連切下，注「食」下有「之」字。（燉煌王韻㮁在仙韻，先韻無，注亦有「之」字。）

杜預云㮁部棺中露牀也　露，段氏云：「《左傳》注『苓』。」

補釋　案：《左傳·昭公二十五年》云：「唯是㮁柎所以藉幹者。」杜注云：「㮁柎棺中苓牀也。」段校據之。㮁柎，《說文》作「㮁部」。

玭（班珠或與蠙同）　注「班」字，段氏改作「蚌」。

補釋　案：《說文》「玭」字云：「珠也。宋弘曰：『淮水中出玭珠。玭珠，珠之有聲者。』」段氏注云：「『玭珠珠之有聲者』七字當作『玭蚌之有聲者』六字。玭本是蚌名，以爲珠名。韋昭曰：『玭，蚌也。』《廣韻》曰：『蠙，珠母也。』按，玭蚌蓋類是，能鳴，故曰蚌之有聲者。」此校與之同。

淵　段氏改作「淵」。

補釋　案：段校本《說文》。

編　惠氏云：「《後漢》有編盲意，注云：『編，姓；　盲意，名。』見《方術傳》。」

補釋　案：《古今姓氏書辨證》宋本目有編姓。《總目》注云：「以《後漢》傳增入。」（《總目》編姓誤作「徧」，今據《目録》正。）今本書脱去。

春秋傳曰何故使君水兹　君，惠氏改作「吾」。

補釋　君，黎本作「吾」。案：《左傳·哀公八年》作「吾」，惠校據之。

○二仙

四　葉

硟（衦繒石也）　衦，段氏改作「扞」。又云：「『衦』是。」

補釋　案：《説文》「硟」字云：「以石扞繒也。」段氏初據之以改也。段本《説文》改「扞」作「衦」，注云：「衣部『衦』下曰：『衦，摩展衣也。』《廣韻》二仙云云，《急就篇》有『硟』字，注曰：『硟以石輾繒，色尤光澤也。』今謂之砑。」故繼又云：「『衦』是。」燉煌王韻「硟」字云：「似石衦繒。」「似」爲「以」字之誤。（「硟」又見本書去聲線韻昌戰切，注云：「展繒石。」）

後蜀録李壽司空鮮思明　顧氏云：「可訂《華陽國志》。」

補釋　案：《華陽國志》九作「解思明」，《晉書》一二二同。

周禮注云錢泉也其藏曰泉其行曰布取名流行無不徧也　「錢泉也」，段氏改作「泉，錢也」。

補釋　案：《周禮·地官·序官》「泉府」，鄭注：「鄭司農云：故書『泉』或作『錢』。」段校本之。又《天官·外府》注云：「其藏曰泉，其行曰布，取名於水泉，其流行無不徧。」此文「取名」下當脱「於水泉」三字。

韆鞦繩戲　韆鞦，顧氏云：「宋『鞦韆』。」

補釋　韆鞦，宋巾箱本、曹本、元本均作「鞦韆」。案：本書尤韻「鞦」字注云：「鞦韆繩戲。」《集韻》亦作「鞦韆」，當從。

五　菓

廛（説文曰一晦半也）　注「一」字，段氏改作「二」。顧氏云：「《集韻》『二』。」

補釋　案：《説文》作「一晦半」，「一」字段氏改作「二」，注云：「合《漢·食貨志》、《公羊傳》何注、《詩·南山》箋、《孟子·梁惠王篇》趙注，知古者在野曰廬，在邑曰里，各二畝半。趙注尤明。里即廛也。」此校與之同。

諞　顧氏云：「『諞』在篇紐，《集韻》。」

楄　顧氏云：「《集韻》在一先。」

棉（又名曰緤）　注「緤」字，顧氏云：「宋『緤』。」

補釋　注「緤」，宋巾箱本、曹本作「緤」。案：《御覽》九六〇引《吳録》亦作「緤」，「緤」字疑非。

⿰日臱⿰忄臱⿰臱頁櫋柄　顧氏云：「在一先。」

揎（手發衣也）擐（上同）　擐，段氏云：「《顔氏家訓》。」

補釋　案：《顔氏家訓·書證篇》云：「《禮·王制》云：『贏股肱。』鄭注云：『謂擐衣出其臂脛。』今書皆作『擐甲』之『擐』。國子博士蕭該云：『擐當作擐，音宣。擐是穿着之名，非出臂之義。』按《字林》，蕭讀是。徐爰音患，非也。」蕭、顔與陸法言同論音韻，多所決定，此字當爲陸本所有。《切韻》三有「揎」字，無「擐」，疑脱。

六　葉

編　顧氏云：「『編』在篇紐，《集韻》。」

揙　顧氏云：「揙，《集韻》在一先。」

⿷匚尊（簙也又竹器名）　注「簙」字，顧氏云：「篿，《集韻》。《類篇》云：『又此與切，薄也。』」

補釋　案：《方言》五云：「篿，或謂之⿷匚尊璇。」郭傳云：「或曰竹器，所以整（賴）〔頓〕篿者。」爲此注所本，「簙」當從作「篿」。燉煌王韻「⿷匚尊」作「遵」，蓋形似之誤，注亦誤作「簙」。

楚詞云索瓊茅以筳篿　筳，惠氏云：「當『筳』。」

補釋　筳，元本作「筵」。案：惠校本《楚辭·離騷》。

郱鄚邑名　顧氏云：「見桓韻。」

補釋　鄚，宋巾箱本、元本作「鄭」，是。説見一卷五十八葉九條。

史記有𢿱師　𢿱，段氏改作「歂」。顧氏云：「宋『歂』。」

補釋　𢿱，宋巾箱本、曹本作「歂」。案：𢿱師，今《史記》未見，疑當作「歂孫師」。顓孫師即子張，見《仲尼弟子列傳》。「顓」即「歂」字。《古今姓氏書辨證》九云：「《元和姓纂》曰：『顓孫』之字或作『歂』。（今《姓纂》佚此文。）謹案：此氏必魯大夫歂孫之後。」鄧説是也。歂孫爲魯大夫生搏宋萬者，見《左傳·莊公十一年》。歂孫複姓，非歂姓也。本韻「顓」字下亦失載。《左傳·莊公二十二年》云：「陳人殺其大子御寇，陳公子完與顓孫奔齊，顓孫自齊來奔。」此又一顓孫也。

悛（曲卷也莊緣切）　悛，顧氏云：「帴，《集韻》《類篇》。」

補釋　案：本韻此緣切下「悛」字云：「謹皃。」《集韻》同。（《集韻》又見從緣切下，本書無之。）《説文》《玉篇》「悛」字皆云：「謹也。」與此緣切下注合。《説文》大徐音此緣切，《玉篇》音且緣切，又子眷切。又《集韻》去聲綫韻子眷、莊眷二切下均有「悛」字，注云：「謹也。」（本書線韻無之。）案：子眷、莊眷二切，即此緣、莊緣二切「悛」字之去聲也。則此「悛」字不誤。曲卷疑爲謹皃之引伸義。《集韻》《類篇》作「⿰巾全」字，殆誤。燉煌王韻「恮」字亦云：「曲卷，莊緣反。」切三作「跧」，注同。案：「跧」字本切下別出，當亦「恮」字之譌。

鶱（一曰馬腹縶）　注「縶」字，段氏改作「墊」。

補釋　案：《說文》「鶱」字云：「馬腹縶也。」「縶」字段氏改作「墊」，注云：「土部曰：『墊者下也。』引《春秋傳》：『墊隘馬腹。』墊，正俗所云肚腹低陷也。《仲尼弟子列傳》閔損字子鶱，是其義矣。」此校與之同。《說文繫傳》本「縶」作「熱」，徐云：「腹病鶱損。」《韻會》同，云：「舊韻注『馬縶』，誤。」

權（俗作權）　注「權」字，顧氏云：「⿰扌雚，依《集韻》云：俗從手。」

補釋　注「權」字，宋巾箱本、黎本作「權」，與正文無別，誤。

七　葉

國語曰予有捲勇　顧氏云：「《類篇》《集韻》引無『予』字。」

補釋　案：《齊語》云：「於子之鄉，有拳勇股肱之力秀出於衆者。」無「予」字。《韻會》引《說文》有「予」字，與此注同。今《說文》「捲」字引《國語》無「予」字，是也。「捲」與「拳」通。

鄻（鄉名在聞喜）　鄻，顧氏云：「鄻，《集韻》《類篇》。」

補釋　案：「鄻」字又見入聲藥韻去約切下，注云：「地名，在河東。」又具籆切下作「鄻」，注云：「鄉名。」《集韻》藥韻乞約切下鄿爲⿰矍阝之或字，注云：「鄉名，在河東聞喜縣。」（局縛切下⿰矍阝字注同。）與此注相同，去約切又與此字丘圓切音相似，（丘圓切短言之則爲去約切，具篗切又爲去約切之濁聲。）一聲之轉。則「鄿」字是也。「鄿」字，《説文》云：「魯下邑。《春秋傳》曰：齊人來歸鄿。」（今《春秋經·定公十年》云：「齊人來歸鄆讙龜陰田。」「鄿」作「讙」。）大徐音火官切，《釋文》音同。本書在上平聲桓韻呼官切下注云：「魯郡邑名。」《集韻》「鄿」與「讙」同。《左傳經·桓公三年》云：「齊侯送姜氏于讙。」杜注云：「讙，魯地，濟北蛇丘縣西有下讙亭。」與此字音義迥然不同。《集韻》《類篇》蓋誤。

○三蕭

橚（橚椮）　二「橚」字，顧氏云：「宋『櫹』。」

補釋　二「橚」字，曹本作「櫹」，切三同。（《集韻》「橚」爲「櫹」之或字。）

踃䎅⿰肖毛翛撨　顧氏云：「在四宵。」

恌（轉薄）　注「轉」字，段氏改作「輕」。

補釋　切三、燉煌王韻「恌」字均注云：「輕薄。」案：「恌」與「佻」同，佻訓爲輕佻，與輕薄義同，故知「轉」爲「輕」字之誤。段校是也。

⿰刁刂　段氏改作「⿰刀刂」。顧氏云：「⿰刁刂，《集韻》。」

⿰刁刂(俗作刀)　段氏云：「此本是『刀(俗作刁)』，後人誤易之。」

補釋　刁，《韻略》《韻會》作「刀」。《韻會》云：「《説文》：『刀，刀兵也。』都牢切，又丁聊切。本一字而二音，後人作刁以别之而已。《復古編》云别作『刁』，非是。」《佩觿》上云：「刀有都高、丁聊二翻，俗别爲『刁』。」段校當是。

蛁　段氏改作「蛁」。顧氏云：「蛁，《集韻》《類篇》。」

補釋　曹本作「蛁」，切三同。案：段校本《説文》。

⿱艹刁⿰舟召⿰刁鳥　段氏改作「芀」、「舠」、「鳭」。顧氏云：「芀、舠，《集韻》。鳭，《集韻》。」

補釋　舠，曹本、元本作「舠」。芀，《説文》作「芀」。

迢(迢遰)　兩「迢」字，段氏改作「迢」。顧氏云：「宋『迢』。」

補釋　兩「迢」字，曹本、元本作「迢」。案：《説文》新附字作「迢」。

八　葉

詩云邛有旨苕　邛，段氏改作「卭」。

補釋　邛，宋巾箱本、曹本、黎本、元本均作「卭」。案：《詩·陳風》作「卭」。(段校據之。)陳碩甫(奐)傳疏本作「邛」。毛傳云：「邛，丘也。」(《釋文》音其恭反。)陳疏云：「邛丘，陳邑丘之名。」「邛」見本書上平聲鍾韻渠容切下，《説文》邑部「邛」字，大徐音渠容切，均與《釋文》音合，則作「邛」爲是也。黄臨段校本無此條，當爲段氏删去，此猶據通行毛傳本校也。《韻會》冬韻「邛」字注云：「毛氏曰从邑从工，俗作『卬』，非。『卬』即『俯仰』之『卬』。」

艿 顧氏云：「宋『艿』。」

補釋 切三作「艿」。案：《説文》作「艿」，本韻都聊切下亦誤作「艿」。

詩曰予維音之嘵嘵 之，顧氏云：「宋無之。」

補釋 之，曹本無，與《詩·豳風·鴟鴞》同。

葽 顧氏云：「在四宵，不更重此。」

○四宵

蛸（爾雅注云一名蟳蟭） 注「蟳」字，段氏改作「蛃」。顧氏云：「宋『蛃』。」

補釋 注「蟳」字，宋巾箱本、黎本作「蛃」。案：段校本《爾雅·釋蟲》注。

九 葉

鼂 顧氏云：「鼂，《集韻》。」

補釋　案：《説文》「鼂」字篆文作鼂，當從。

藮　顧氏云：「藮，《集韻》《類篇》。」

鷦鵬南方神鳥　鵬，惠氏乙其旁。

補釋　案：鷦鵬，焦韻作「鷦䳟」，是也。本書庚韻「䳟」字注云：「鷦䳟似鳳，南方神鳥。」與此注相同，當據改正。鷦䳟即焦明。《漢書·司馬相如傳》云：「捷鵕鸃，揜焦明。」注云：「張揖曰：焦明似鳳，西方之鳥也。」切三作「鷦鵬」，亦誤。

鐎（刁斗也）　注「刁」字，顧氏云：「宋『刀』。」

補釋　案：《漢書·李廣傳》云：「不擊刀（宋景祐本作「刁」，《史記·李將軍傳》同。今從王益吾補注本）斗（以）自衛。」注云：「孟康曰：刀斗，以銅作鐎，受一斗，晝炊飯，夜擊持行夜，名曰刀斗。蘇林曰：『形如鋗，無緣。』」「刁」爲「刀」之俗字，説見本卷七葉八條。

繇　惠氏云：「繇姓。《後漢》有西部督郵繇延，見《郅惲傳》。音遥，咎繇之後。」

補釋　案：《古今姓氏書辨證》十有繇姓，引《後漢書》與惠校同。

東越王搖句踐之後　搖，顧氏云：「宋無『搖』。」

補釋　案：東越王搖爲勾踐之後，佐諸侯平秦，漢高帝封爲越王，見《史記·東越列傳》《越勾踐世家》。此不當無「搖」字。

十　葉

⿸广睪(座也)　⿸广睪，顧氏云：「《集韻》作『⿸疒睪』(按原書作「⿸广皐」，今據《集韻》改正)。按：『皐』或作『睪』。」

補釋　案：《集韻》「⿸疒睪」注云：「痤⿸疒睪，疾名。」《玉篇》疒部「⿸疒睪」字云：「腫欲潰。」與「痤」義近。《說文》「痤」字云：「小腫也。」此「⿸广睪」字與注「座」字均當改從疒作。

褕狄后衣亦作榆　榆，惠氏改作「揄」。

補釋　案：揄狄爲后服，見《周禮·天官·内司服》，惠校據之。《集韻》「褕」云：「或作『揄』。」不誤。(《禮記·玉藻》云：「王后褘衣，夫人揄狄。」鄭注云：「揄讀如搖。翟，雉名也。」「揄」亦同「鷂」，《爾雅·釋鳥》云：「鷂雉，江淮而南，青質，五采皆備成章曰鷂。」)

巼(擊也)　巼，顧氏云：「巼，《集韻》云从卪，《類篇》在卪部。」

補釋　案：《玉篇》巴部「巼」字云：「擊也。」音市招切，與此字音義均合。《說文》「巼」字云：「搥擊也，从巴帚闕。」大徐音博下切，(本書上聲馬韻博下切無「巼」字。)段氏注云：「闕者闕其會意形聲之說也。按此字當是从帚巴聲。」案：「巼」字在巴部，當爲从帚从巴。疑此字爲會意字，兼包形聲。

釗(亦弩牙)　段氏云：「此曹憲所云『世人以釚、釗爲一字』也。」

補釋　案：曹憲説見《廣雅・釋詁》一音義。「釚」字訓爲弩牙，（見尤韻巨鳩切下「釚」注。）故段氏云然。「釗」又見蕭韻古堯切下，注同。

盄

補釋　案：惠氏云：「秦有盄和鐘。」

補釋　案：盄和鐘見薛氏《鐘鼎彝器欵識》。

皽（皮上腲膜）　注「腲膜」，顧氏云：「魄莫，《集韻》《類篇》。」

補釋　案：《禮記・内則》云：「濯手以摩之，去其皽。」鄭注云：「皽謂皮上之魄莫也。」（《釋文》云：「皽，章善反，魄莫也。『莫』亦作『漠』。」）注「腲」字當是「魄」字之誤，當正。（「皽」又見上聲獮韻知演、旨善二切下，注云：「皮寛。」）

瘭疸病名　疸，顧氏云：「宋『疽』。」

補釋　疸，曹本、元本作「疽」。案：《玉篇》十一「瘭」字云：「瘭，疽病。」

方言云蠡或謂之瓢　蠡，段氏改作「蠡」，云：「又見八戈。」

補釋　案：蠡，《方言》五作「蠡」，段校據之。

⿰䙴刂（或作⿰䙴刂）　注「⿰䙴刂」字，顧氏云：「宋『⿰票斗』。」

補釋　注「⿰䙴刂」字，宋巾箱本、元本作「⿰票斗」。案：上聲小韻「⿰扌䙴」字爲「摽」之或作。《詩》「匪車嘌兮」，《説文》引作「匪車⿰口䙴兮」，則从票之字或作从䙴，此注作「⿰䙴刂」，以例推之，當是。「⿰票斗」疑非。

方言云江東謂浮萍爲薸　段氏云：「《方言》無此。」

補釋　王静安云：「案：出郭璞《爾雅》注。」（周祖謨《校勘記》引。）

㯻（橐也又公混切）　㯻，顧氏云：「宋『㯻』。」

補釋　㯻，宋巾箱本、黎本作「櫜」，曹本、元本作「㯻」，（注「公混切」，黎本作「公浪切」，誤。曹本作「毗霄切」。又注「橐」字，曹本作「囊」。）案：《説文》「㯻」字云：「囊，張大皃，从橐省，匋省聲。」大徐音符霄切，與本切音合，《集韻》亦作「㯻」，注引《説文》同。是「㯻」字是也。注又公混切，《説文》「㯻」字云：「橐也，从束圂聲。」大徐音胡本切，《玉篇》音公混切，字見本書上聲古本切下，（注云：「大束。」）與「㯻」字音不涉，疑誤。「公混切」當作「普袍切」，（曹本作「毗霄切」，毗霄切與符霄切同，亦非。）本書豪韻普袍切下有「橐」字，注云：「囊，張大皃。」（《玉篇》二十九「橐」字音普到切，又普刀切。）可證。

象人要自由之形　由，段氏改作「臼」。

補釋　案：「由」字《説文》作「臼」（《集韻》同），段校據之。（宋巾箱本作「象人要皃由之形」，尤誤。）

鶨（似山鷄而長尾）　注「長」字，顧氏云：「宋『大』。」

補釋　注「長」字，曹本作「大」。案：《玉篇》二十四「鶨」字云：「鳥，如山鷄，尾長赤身，其鳴自呼也。」「長」字不誤。

嬀(廣雅云禹妃之名)　段氏云：「今無。」

補釋　今《廣雅》無此文。案：《路史·後記》十二云：「取於塗山氏，曰趫。」注云：「《世本》《廣雅》作『嬌繆』。」又云：「后趫生啓。」注云：「《世本》《世紀》《廣雍》《列女傳》皆作『嬌』。」「廣雍」當是「廣雅」之誤。

七遥切十　十，顧氏云：「宋『七』。」

補釋　宋巾箱本、曹本、黎本、元本均作「七」，與本切字數合。

十一葉

蹻繑　顧氏云：「蹻、繑，《集韻》併紐。」

翹　惠氏云：「《詩》云：『翹翹錯薪。』毛傳曰：『薪貌。』《春秋傳》：『翹翹車乘。』服虔曰：『遠貌。』」

補釋　案：毛傳見《詩·國風·周南》。《左傳》文見莊公二十二年。服注見《詩·漢廣》疏引。

憍(紆也)　憍，顧氏改作「幡」；紆，乚其旁。云：「按：《集韻》『幡』『繑』同字。」

補釋　案：「憍」字見本韻舉喬切下，注云：「憐也，恣也。本亦作『驕』。」與此注不同。《集韻》「幡」字云：「絝細也。」或作「繑」。《説文》「繑」字云：「絝紐也。」大徐音牽摇切，與本字音合。此字當從《集韻》作「𢅏」，「憍」「𢅏」形似易譌。注「紆」字當爲「綺」字之誤。

○五肴

艽（秦艽藥名）　艽，段氏改作「艽」。顧氏云：「《集韻》云：『艺，秦艺藥草。』俗作『艽』，非是。按此即俗作，後胞紐仍有正字。」

補釋　案：《說文》「艽」字云：「遠荒也。從艸九聲。」大徐音巨鳩切，本書尤韻居鳩切下有「艽」字，注云：「遠荒之地。」「芁」字見本韻匹交切、尤韻居由切下，注與此注同，與「艽」字注異。《玉篇》十三「芁」「艽」爲一字，音居包切，注云：「秦芁，藥。」「艽」字音勤牛切，注云：「遠荒之野曰艽。」是「艽」「芁」非一字也。「艽」爲「芁」之或字，段校疑未允。（《韻會》此字作「艽」，注云：「本作『艽』，《廣韻》作『艽』。」今所見《廣韻》宋元各本無作「艽」者，疑熊氏所據本誤也。）

𬇙（𬇙沙藥名）　𬇙，段氏改作「碙」。顧氏云：「『𬇙』見《集韻》，不誤。」又云：「宋『𣲅』。」

補釋　𬇙，宋巾箱本作「𣲅」，曹本作「硇」。注「沙」字，曹本作「砂」。案：《玉篇》石部「碙」字云：「女交切，碙沙藥。」與此字音義均合。段校是也。《集韻》亦誤。

十二葉

左氏傳曰前茅慮無明　惠氏改作「前茅慮無。茅明也」。

補釋　案：《左傳・宣公十二年》云：「前茅慮無。」杜注云：「茅，明也。」爲惠校所本。

𩘹（風𩘹𩘹也）　顧氏云：「《集韻》：𩘹颮，熱風。」

補釋　案：切三注云：「𩘹風。」《玉篇》二十「𩘹」字云：「颮𩘹。」「颮」字云：「颮𩘹，吹皃。」

鵁（鴟鵁似梟脚近後不能行）　注「鴟」字，惠氏云：「當是『頭』。」

補釋　案：《爾雅・釋鳥》云：「鴢頭，鵁。」郭注云：「似梟，脚近尾，略不能行。」（《文選・上林賦》云：「箴疵鵁盧。」注云：「張揖曰：鵁，鴢頭鳥。」）爲此注所本。「鴟」當爲「䳇」字（「䳇」與「頭」同，本書侯韻「䳇」注云：「鴢頭鵁。」注「頭」字曹本作「䳇」）之譌，上脱「鴢」字，非頭鵁也，惠氏偶誤讀耳。《集韻》「鵁」與「鵁」爲一字。

䂭磝城名　磝，顧氏云：「宋『礉』。」

補釋　磝，宋巾箱本作「礉」。城，宋巾箱本、黎本作「戍」。案：本韻五交切下「磝」字注云：「䂭磝。」（《集韻》「䂭」字注同。）是「磝」字不誤。「礉」與「磝」爲一字。「礉」爲「磝」之形譌。「城」字，《集韻》作「戍」。本書上聲薺韻「濟」字注云：「亦州。本齊地，秦屬東郡，宋於此置碻磝戍。」亦作「戍」字。《通典》一八〇云：「濟州，今郡理即古碻磝城。沈約《宋書》作『敲囂』字。碻磝津有城，故以爲名。郭緣生《述征記》云即漢茌平縣。」又作「城」字。疑碻磝本爲津名，宋於此戍兵，築城以守之，遂呼爲戍名或爲城名，其實一也。（《水經注》五云：「河自鄧里渠東北逕昌鄉亭北，又東北逕碻磝城西。《述征記》曰：碻磝，津名也。其城臨水，西南崩于河。宋元嘉二十七年以王玄謨爲寧朔將軍，前鋒入河，平碻磝，守之。都督劉義恭以沙城不堪守，召玄謨令毁城而還，後更城之。魏立濟州治此也。」亦作「城」字。）

鳭（鳭鶇黄鳥） 二「鳭」字，顧氏云：「宋『鳭』。」

補釋 曹本作「鳭」。案：「鳭」見蕭韻都聊切下，注云：「鳭鶇，剖葦求蟲食，似雀，青斑毛。」（與《爾雅・釋鳥》注同。）

攨（攨取） 攨，顧氏云：「摷，《集韻》。」

補釋 案：《説文》作「摷」，云：「拘擊也。」（《集韻》注同。）切三注云：「攨耳。」「耳」蓋「取」之誤，脱去右旁「又」字也。

梎（梎桐鐮柄） 宂（目深） 梎、宂，顧氏云：「梘、見，見《集韻》即此。」

補釋 案：「梎」字《玉篇》十二同，注云：「乙交切，柌也。」宂字，本書巧韻於絞切下作「見」，注云：「深目。」此字當從改正。

○六豪

十三葉

釋 顧氏云：「《集韻》『稃』，即此。」

⿰木⿰卯阝(木名)　顧氏云：「宋『椰』。」(案：「椰」字不合，當是迻寫之譌，疑爲「⿰扌⿰卯阝」字。)

補釋　黎本作「⿰扌⿰卯阝」。案：《集韻》作「⿰木⿰卯阝」。「⿰扌⿰卯阝」字於訓木名義不合，殆非。

⿰木休　顧氏云：「⿰扌休，《集韻》。宋『⿰扌休』，不誤。」

補釋　宋巾箱本、黎本作「⿰扌休」。案：《玉篇》在手部作「⿰扌休」。

避⿰食隹滎陽也　⿰食隹，顧氏云：「宋『難』。」

莫袍切一十　顧氏云：「宋無『一』。」

補釋　曹本無「一」字。

徐爰釋疑曰乘輿黃麾内羽仗斑弓箭左罼右罕執罼者冠熊皮冠謂之髦頭也　爰，顧氏云：「宋『援』。」

補釋　爰，宋巾箱本、曹本、黎本作「援」。周祖謨云：「案：『援』字誤。徐爰字長玉，宋中散大夫。《北堂書鈔》卷一百三十『髦頭』條注云：『乘輿黃麾内羽林班弓箭手，左罼右罕。執罼罕者冠熊皮冠，謂之髦頭。』此文與《廣韻》所引略異。」(《校勘記》)

搯捾周書曰師乃搯捾捾烏活切　段氏删一「捾」字。

補釋　案：《説文》「搯」字云：「捾也。《周書》曰：『師乃搯。』」搯、捾爲一義。此涉上文「捾」字而衍，段删是也。《周書》語爲古文《大誓》。

𡨧(吴主四子字名盟也) 注「盟」字，段氏云：「誤。」

補釋 案：《三國志・吴志・孫休傳》注引《吴録》云：「詔曰：孤今爲四男作名字，次子(𡨧即四子)名𡨧，𡨧音如『褒衣下寬大』之『褒』。字㚖，㚖音如『有所擁持』之『擁』。」此注倒誤，當作「吴主四子名，字㚖也」。

鶩(不祥鳥白首赤口也) 注「首」字，顧氏云：「《類篇》《集韻》『身』。宋『身』，不誤。」

補釋 注「首」字，宋巾箱本、黎本、元本作「身」。切三、燉煌王韻同。

鷮 顧氏云：「《集韻》在五爻。」

熝(埋物灰中令熟) 熝，顧氏改作「爊」。

補釋 熝，切三、燉煌王韻作「爊」。案：《玉篇》二十一《集韻》作「爊」，顧校據之。《廣雅・釋詁》作「熝」，云：「熝，熅也。」王懷祖云：「《漢書・楊惲傳》：『亨羊炰羔。』顏師古注云：『炰，毛炙肉也，即今所謂熝也。』《説文》：『鏕，温器也。』鏕與熝，温與熅並同義。」則「熝」字是也，不必改。

鏕 顧云：「鑣，《集韻》。」

補釋 切三作「鑣」。《説文》作「鏕」。

嶩（平嶩山名在齊出地理志）　注「平」字，顧氏云：「此誤本《漢書》也。『乎』作『平』而下屬。」

補釋　案：《漢書·地理志》云：「故《齊詩》曰：『子之營兮，遭我乎嶩之間兮。』」顏注云：「嶩，山名也。」（今《詩·齊風》作「峱」。）此注「平」字衍文。

⿰喿殳　顧氏云：「⿰喿攴，《集韻》『操』『⿰喿攴』爲一字。宋『⿰喿殳』。」

補釋　元本作「⿰喿殳」。案：「⿰喿殳」爲「操」之或字，从攴爲是。（燉煌王韻「操」注云：「亦作『⿰喿殳』。」）

十五葉

○七歌

菏（澤水在山陽湖陵縣）　菏，段氏改作「滒」。（原書無，當脱。今據黃録段校本補。）注「澤水」上，段補「滒」字。

補釋　案：段校據《說文》。

戕　段氏云：「歌、戨。」顧氏云：「《集韻》有。」

補釋　按：「戕」字在陽韻，音義均不合，當誤。《集韻》「歌」「戨」與「牁」爲一字，段校據之。

燉煌王韻作「牫」，云：「或作『牱』。」此亦「戕」字之俗寫，誤。

陸云上同　惠氏云：「陸撰本。」

補釋　案：陸法言《切韻》也。今所見切三「戕」字云：「所以繫船。牂戕，郡名，或作『牱』。」「戕」字已誤。

蓡（姓也，漢有傪宗）　傰（上同）　惠氏云：「《漢書》南山傰宗，今本作『傰』。」顧氏云：「傪，《集韻》。」又云：「又見登韻朋紐，此恐是誤本《漢書》。」

補釋　案：《漢書·王尊傳》云：「南山羣盜傰宗等數百人。」登韻朋紐作「朋」，「傪」「傪」爲「傰」「傰」之譌，說見登韻「倗」字。

它（象冕曲垂尾形）　注「冕」字，段氏改作「寃」。

補釋　段校本《說文》。

十六葉

朖（擊也）　惠氏云：「朖未詳。」

補釋　案：「朖」字，《玉篇》十七云：「力可切，擊也。」本書上聲哿韻來可切下「朖」字與「𣂤」爲一字，注同。《說文》「𣂤」字云：「柯擊也。从斤良聲。」大徐音來可切。段氏注云：「按此音恐譌。古音當讀如琅。」惠氏蓋以此字於諧聲不合疑之。

何(韓滅子孫分散江淮閒音以韓爲何字隨音變遂爲何氏)　注上「音」字,惠氏改作「晉」。

補釋　案:此注叙韓氏之改爲何氏,因江淮之閒語音讀韓如何,字隨音變,遂爲何氏,文義明顯,音字不誤。且晉亡在韓前,於義不合。《元和姓纂》五亦作「音以韓爲何,遂爲何氏」,可證。惠氏偶失檢耳。

○八戈

緺(綬名)　注「名」字,顧氏云:「文,《集韻》。」

補釋　案:《玉篇》二十七「緺」字云:「綬紫青色也。」與「綬文」義近。當從《集韻》。

𢘺(𢘺題縣名在涿郡)　𢘺,段氏改「芠」。

補釋　案:𢘺題在清河郡,見《漢書·地理志》,顔注云:「𢘺,古莎字。」《説文》「莎」字段氏注云:「《漢書·地理志》芠題,省水從㐄,㐄與少同也,俗誤作芯。」此校與之同。王伯申(引之)云:「字從心聲者,不得有莎音,『𢘺』當爲『芠』。《説文》『沙』或作『沚』,故『莎』從沙聲而或作『莚』。今作『芠』者,『莚』之省文也。隸書『心』字與『㐄』相似而誤。」(《讀書雜志》)「涿郡」當從《漢志》作「清河郡」。《集韻》亦云:「在清河郡。」)《太平寰宇記》六三河北道棗强縣下云:「莎題,漢爲縣,後漢省,舊城並失所在。按《郡國縣道記》云:今在貝、冀、德三州之界，即棗强地也。」

饝(哺兒) 注「哺」字，顧氏云：「宋『呏』。」

補釋 注「哺兒」，宋巾箱本、黎本原作「呏兒」。(元本「兒」字作「皃」，哺同。)案：《玉篇》九「饝」字云：「哺小兒也。」《集韻》同。

十七葉

⿰木坐(爾雅云座桵慮李今麥李也或從木) 注「座」字，顧氏云：「宋『⿰木坐』。」

補釋 注「座」字，曹本作「⿰木坐」，與《爾雅·釋木》合。案：此注明言所據《爾雅》本作「座」，或本從木作「⿰木坐」，以釋「座」「⿰木坐」爲一字。若作「⿰木坐」則與「或從木」義不合。今本《爾雅》乃或本也，不得以此疑之。

蔂(盛土草器) 蔂，顧氏云：「《集韻》『蔂』，即此。」

補釋 《集韻》「蔂」字云：「盛土籠。」與此字音義同。

蠡(瓠瓢也又禮鹿二音) 蠡，段氏改作「瓥」，云：「禮紐有『蠡』，鹿紐無。五支『蠡』注：『又音鹿。』『又』是『谷』字之誤，一屋『谷』注可證。此言鹿音，又因五支轉轉而誤。」顧氏云：「《集韻》有『蠡』而非此注。」

補釋 案：《說文》「瓢」字云：「蠡也。」段氏注云：「蠡，一作『瓥』，見《九歎》《方言》。」

「蠡」字段注云：「或借爲『瓢盠』字。」此注訓「瓠瓢」，故段氏改「蠡」爲「盠」。鹿音之誤，說見一卷十九葉四條。

捼（說文曰摧也）　注「摧」字，顧氏云：「《集韻》『推』。」

補釋　案：「摧」字，《說文》作「推」，段氏改作「摧」，注云：「摧者擠也。《周禮・守祧》《禮經・士虞》《特牲》《少牢》隋祭，或作『隋』、作『墮』，或作『挼』，或作『綏』。鄭云：『下祭曰墮，墮之言猶墮下也。』摧亦有墮下之義。」正文「捼」字，段氏注本改作「挼」。

波　惠氏云：「波姓。漢有波才，見《皇甫嵩傳》。」

韡（許𦚰切）　注「𦚰」字，顧氏改作「戈」，云：「宋『戈』。」

補釋　注「𦚰」字，宋巾箱本、元本作「戈」。案：「𦚰」爲本韻内隱僻字，於切例不宜，從戈爲是。

𦚰（𦚰𩨎手足曲病）𩨎（手足疾皃）　兩「𩨎」字，顧氏云：「《集韻》無，即『𩨎』誤耳。」

補釋　「𩨎」字見下，與「𩨎」爲同字。（𦚰𩨎，黎本原作「𦛨𩩍」，注同。）

𣢑（欠去）　注「去」字，段氏改作「𣢑」。

補釋　注「去」字，元本作「𣢑」。案：《玉篇》九「𣢑」字云：「欠𣢑，張口也。」《集韻》云：「出氣。」「𣢑」又見本書去聲御韻近倨切，云：「欠𣢑。」「去」當作「𣢑」，段校是也。

迦（居伽切又音伽）　注尾「伽」字，顧氏改作「加」，云：「宋『加』。」

補釋 注「音伽」，宋巾箱本作「音加」。案：本韻伽紐下無「迦」字，麻韻古牙切下有「迦」字，當音加是也。

縷骳切 骳，顧乚其旁。

補釋 骳，宋巾箱本、黎本、元本作「骳」。案：顧氏以「骳」爲「骳」之誤，故乚其旁，説見前。

○九麻

十八業

譃（説文詠也） 注「詠」字，段氏云：「『詠』字，《廣雅》《玉篇》作『詠』，今《説文》作『㖂』。」顧氏云：「詠，《集韻》引《廣雅》。」

補釋 《説文》「譃」字云：「譃，㖂也。」段氏注云：「其義則未聞，譃、㖂當是古語。」

蛇 顧氏云：「《集韻》『蛇』『閜』同紐。」

䒁音吁 吁，顧氏云：「宋『呼』。」

補釋 吁，宋巾箱本、元本作「呼」。案：「䒁」見上平聲虞韻况于切下，音吁爲是。

蠎（啖小蛇吸腹） 注吸字，顧氏云：「宋『及』。」

補釋 注吸字，宋巾箱本、黎本作及。

鋘　顧氏云：「鋘，《集韻》。」

補釋　案：《説文》作「茉」，段氏注云：「玄應曰：『茉，古文奇字作「鋘」。』李賢引何承天《纂文》、張揖《字詁》作『鋘』。『鋘』又『鋘』之俗，承天改『吴』爲『吳』，因又改『鋘』爲『鋘』耳，非張揖有『鋘』字也。吴萼皆在古音第五部。」

瓜（説文蓏也）　注「蓏」字，顧氏云：「《集韻》『㼌』。」

補釋　注「蓏」字，《説文》大徐本作「㼌」，《繫傳》本作「蓏」。《玉篇》《韻略》《韻會》引均作「蓏」。

廣雅云龍蹄獸掌羊骹兔頭挂髓蜜筩小青大班皆瓜名　廣雅，段氏改作「廣志」，云：「『杏』下可證。又『荔』下，又『芋』下，又『㮈』下，又『柚』下。」挂，段氏改作「桂」。

補釋　周祖謨云：「此文亦見《廣雅·釋草》，但無『大青小班』四字。此文『獸掌』當作『虎掌』，『挂髓』當作『桂髓』。」（《校勘記》）案：《齊民要術》二引《廣志》云：「瓜之所出以遼東、廬江、燉煌之種爲美，有烏瓜、縑瓜、狸頭瓜、蜜筩瓜、女臂瓜、羊髓瓜。」與此文不同，則「廣雅」爲是，非「廣志」也。段氏偶失考耳。（黄臨本無此條，則段氏後亦删去矣。）《要術》又引陸機《瓜賦》云：「括樓定陶，黄𤬛白摶，金釵密筩，小青大班，玄骭素腕，狸首虎蹯。東陵出于秦谷，桂髓起于巫山也。」「小青大班」乃《瓜賦》文，王懷祖以爲《廣韻》，誤記。挂髓，《廣雅·釋草》《瓜賦》均作「桂髓」，段校是。（《韻會》引此文亦作「廣雅」，「桂」字不誤。《倭名類聚抄》九引《廣雅》云：「虎掌、羊骹、小青、大斑，皆熟瓜名也。」是今本《廣雅》或脱去「小青大斑」字。）

叚　顧氏云：「《集韻》作『𠬪』。」

補釋　案：此字當從《集韻》作「𠬪」，从爪𠬸聲，从叉於諧聲不合。

爬叚以收除也　段氏云：「『以』下脱『手』。」

補釋　案：「爬」「叚」二字均當从爪，爪、瓜形似易誤，《類篇》在爪部，可證。𠬪，亦當從《集韻》作「𠬪」。

十九　葉

貑羆　羆，顧氏云：「宋『熊』。」

補釋　羆，宋巾箱本、曹本作「熊」。案：《爾雅·釋獸》注作「羆」，《集韻》同。

爾雅云蟼蟆蛙類也　惠氏云：「未詳。」

補釋　案：《爾雅·釋蟲》云：「蟼蟆。」郭注云：「蛙類也。」爲此文所本。郝蘭皋云：「案蝦蟆居陸，蛙居水，此是蟆，非蛙也。郭注失之。」

碬　段氏×其旁。

補釋　周祖謨云：「此字从段，已見換韻丁貫切下，此處作『碬』，當删。」（《校勘記》）案：《說文》「碬」字，段氏改作「碫」，說詳《說文》注，周說據之。今案本書去聲換韻「碫」字从段，注云：「礪石。」與此注同。而此文從叚作「碬」，又異。《玉篇》二十二「碬」字音下加切，云：「犗碬，高下也。」「碫」字音都亂切，云：「礪石也。」二字音義迥然不同。疑本切下「碬」字不誤，而注則衍《説文》之譌耳。（《説文》大徐音乎加切，即爲「碬」字之誤。）「碫」「碬」二字形似易淆，自唐時已然，（《九經字樣》引《説文》作「碬」。）其原始於《説文》。竊謂此字不當删，而注則宜從《玉篇》。周説殆未允。

礪石也　礪，顧氏云：「宋『朱』。」

補釋　案：「礪」字，《玉篇》同，《説文》作「厲」（《集韻》引同）。「礪」「厲」相通。「朱」字疑爲「砅」字之誤，「砅」即「礪」字，見《詩》釋文。

春秋傳曰鄭公孫碫字子石　碫，段氏×其旁。

補釋　碫，《説文》段氏注改作「段」，云：「此引經説字之例，舉公孫段字子石以證碫之从段石，會意也。《春秋傳》多古文，『段』者，『碫』之古文也。」

鯊（今之吹鯊小魚是也）　注「鯊」字，段氏改作「沙」。

補釋　注「鯊」，元本作「鮝」，誤。案：《爾雅·釋魚》云：「鯊鮀。」郭注云：「今吹沙小魚，體圓而有點文。」邢疏引陸機云：「魚狹而小，常張口吹沙。」段校據之。

髿（髮髿垂皃）　注「髮」字，顧氏改作「髟」。

補釋　案：《集韻》云：「髟髿，髮垂皃。」顧校據之。本書宵韻「髟」字注云：「髮長皃。」

又銜韻所銜切下云：「長髮皃。」與「鬖」字義近。且「髟」「鬖」雙聲，此注當補「髟」字，「髮」字下屬，與《集韻》同。顧氏删「髮」，疑尚未慊。（《玉篇》五作「髮鬖」，亦誤。）

砦（砦石地名見漢書）　惠氏云：「服虔讀。」

補釋　案：《漢書·周勃傳》云：「後擊韓信軍於砦石。」注云：「應劭曰：『砦音沙。』孟康曰：『地名也。』齊恭音赤坐反。」《史記·絳侯世家》索隱云：「晉灼音赤座反。」正義云：「在樓煩縣西北。」（本書上聲哿韻千可切、果韻作可切下亦有「砦」字，與齊恭、晉灼音合。）兩書皆無服虔讀，此當是應劭讀音，惠氏記憶偶誤耳。

蜀志有晉督護衙傳　惠氏云：「傳，當考。」

補釋　案：「傳」爲「博」字之誤。《華陽國》八（《大同志》）有督護衙博西征討李特者。《姓氏急就篇》亦作「衙博」，可證。「蜀志」當作「蜀録」。

柤（又煎藥滓）　惠氏云：「丁度曰：⿰米乍（原書作「姹」，今據《集韻》正），滓也。通作『渣』。」

補釋　案：《集韻》「樝」字云：「通作『柤』。」「柤」字云：「《說文》：木閑。」與此注不同。「⿰米乍」字云：「滓也。」與煎藥滓義近。惠氏蓋疑此注爲「⿰米乍」字義，而應屬於「渣」字注下。（本書有「渣」字，無「⿰米乍」字。）

躇跱行難皃　躇跱，顧氏云：「《集韻》『跱躇』。」

秅（說文曰秭也周禮云聘禮曰十斗曰斛十六斗曰籔十籔曰秉四秉曰筥十筥曰

稯十稯曰秅）　云，段氏改作「注」。

補釋　案：《説文》「秅」字云：「二秭爲秅。《周禮》曰：『二百四十斤爲秉，四秉曰筥，十筥曰稯，十稯曰秅，四百秉爲一秅。』」段氏注云：「《周禮》當是本作《禮記》。許書之例謂《周官經》曰《周禮》，謂《十七篇》曰《禮》，《十七篇》之記，謂之《禮記》。」《儀禮·聘禮》云：「十斗曰斛，十六斗曰藪，十藪曰秉，二百四十斗四秉曰筥，十筥曰稯，十稯曰秅，四百秉爲一秅。」《説文》蓋節取其文，故段氏注以「周」字爲誤也。此注引《説文》，不當有「聘禮曰」三字，而下文又與《説文》引不同。疑原爲引《説文》，繼知「周禮」爲非，遂改作「聘禮」，遂加注其旁，並據《聘禮》原文以校補，而「周禮云」三字未删，鈔胥不知，誤合寫之而誤也。此注「周禮云」三字當删。又《周禮·秋官·掌客》云：「車禾眡死牢，牢十車，車三秅。」鄭注云：「《聘禮》曰：十斗曰斛，十六斗曰籔，十籔曰秉，每車秉有五籔，則二十四斛也。禾、稾實并刈者也。《聘禮》曰：四秉曰筥，十筥曰稯，十稯曰秅，每車三秅則三十稯也。」段校據之。

闉闍城上重門也　上，顧氏云：「曲，見前。」

補釋　案：見一卷三十九葉六條。

二十葉

佘（姓也）　顧氏云：「宋『佘』。」

補釋　元本作「佘」。案：《集韻》作「佘」。《元和姓纂》五作「佘」，云：「今洪州有佘氏。」

當從。

⿸广虘(壞也) 段氏云：「⿸广虘(原書作「虘」，今正)，即『沮壞』字。」

補釋 案：《玉篇》二十二「⿸广虘」字云：「屋欲壞也。」《集韻》云：「屋隤皃。」

〇十陽

與章切三十一 二，顧氏云：「宋『一』。」

補釋 宋巾箱本、曹本、元本作「三十一」，與本切字數合，是。

二十一葉

戰國策有羊千者 顧氏云：「此亦衍『策』字。」

補釋 案：《姓解》二云：「戰國時有羊千，著書顯名。」無「策」字。姚寬以爲《戰國策》逸文。

梁(魏未克蜀) 注「未」字，惠氏云：「當作『末』。」

補釋 注「未」字，宋巾箱本、黎本作「末」。

又漢複姓十二氏 十二，顧氏云：「宋有『十一』。」

補釋　案：本注下漢複姓凡十一氏，當從宋本。

二十二葉

塲（耕塲）　注「塲」字，顧氏云：「宋『塲』。」

補釋　注「塲」字，宋巾箱本、黎本、元本作「塲」。

風俗傳云張王李趙黄帝賜姓也　傳，惠氏云：「疑『通』。」

補釋　案：《姓解》二云：「《風俗通》云：張、王、李、趙皆黄帝之後也。」與此注同，正作「通」字，當從。

二十三葉

邡（什邡縣在漢州）　惠氏云：「又謀也。見《穀梁傳》。」

補釋　案：《穀梁傳·昭公二十五年》云：「邡公也。」范解云：「『邡』當爲『訪』。訪，謀也。」惠説據之。什邡縣（《漢志》作「什方」，《後漢·郡國志》、《説文》邑部作「什邡」），《漢書·地理志》在廣漢郡。唐時在劍南道漢州。見《元和郡縣志》《唐書·地理志》。此是孫愐原文。

亡（滅也進也）　注「進」字，顧氏云：「宋『逃』。」

補釋 注「進」字，宋巾箱本、曹本、黎本、元本均作「逃」。案：《説文》「亡」字云：「逃也。」當從。

武方切十二 二，顧氏云：「宋『一』。」

補釋 宋巾箱本、曹本、元本作「十一」，與本切字數合，是。

二十四葉

後漢有强華 惠氏云：「《漢書》作『彊華』。」李子仙（福）云：「福案：宋諱弘（原書作「宏」，避清高宗諱也，今正），故『强』俱作『彊』。」

芳（又姓） 惠氏云：「漢有芳丹，見《馮異傳》。」

○十一唐

徒郎切四十一 一，顧氏云：「宋無。」

補釋 宋巾箱本、曹本、元本作「四十」，與本切字數合，是。

鶶鶶鶶 顧氏云：「宋三字在紐末。」

二十五葉

說文曰犲似犬　犲，段氏改作「狼」。

補釋　犲，曹本作「豺」。案：段校本《說文》。

螗蠰蝳蜋別名　惠氏云：「《廣韻》無『蠰』字，即螳蜋，俗音襄，《字林》以爲即『蜋』字。」顧氏云：「《更定四聲》。」

補釋　案：《爾雅·釋蟲》云：「不過蟷蠰。」郭注云：「蟷蠰，螗蜋別名。」爲此注所本。「蠰」字見本韻奴當切下，注云：「蟷蠰即螗蜋也。」惠氏偶誤。《更定四聲稿》，見附録顧跋一，此校當從其録出者。

二十六葉

詤　顧氏云：「宋『謊』。」

補釋　案：《集韻》作「謊」。荒、巟相通，从巟从荒之字當同。

㡆　段氏改作「巟」。顧氏云：「宋『巟』。」

補釋　宋巾箱本、元本作「巟」。案：段校本《說文》。

胡光切三十三　下「三」字，顧氏云：「宋『二』。」

補釋　宋巾箱本、曹本作「三十二」，與本切字數合，是。

簜（水名在鄴）　簜，段氏改作「蕩」。

補釋　簜，切三作「簜」。案：《説文》作「蕩」，段校據之。本書上聲蕩韻「蕩」字注與此同。「簜」字注云：「大竹。」與此注異。（《集韻》「湯」「蕩」爲一字。）

鏜（説文曰鼓鐘聲也）　注「鐘」字，惠氏删，云：「鼞，《説文》曰：『鼓聲也。《詩》曰擊鼓其鼞。』今作『鏜』。又作『闛』。孔穎達《詩正義》曰：『《司馬法》鼓聲不過閶。又作闛。』《上林賦》云：『鏗鎗闛鞈。』李善曰：『《毛詩》云：「擊鼓其鏜。」「闛」與「鏜」古字通。』」

補釋　案：《説文》「鏜」字與此注同，惠氏據「鼞」字訓以删「鐘」字。《詩·邶風》云：「擊鼓其鏜。」毛傳云：「鏜然擊鼓聲也。」亦不訓爲鐘聲。《説文》殆誤。燉煌王韻云：「鼓聲。亦作『𪔛』、『闛』、『鼞』。」無「鐘」字，是也。

宂　顧氏云：「宋『九』。」

補釋　宋巾箱本作「兀」，黎本原作「九」。

俗作九　九，顧氏云：「宋『兀』。」

肮犬脈也　脈，顧氏云：「宋『脈』。」

補釋　犬，宋巾箱本作「大」。案：《集韻》云：「大脈謂之肮。」當據改正。

二十七葉

牂（牝羊）　牂，段氏改作「牂」。

補釋　案：「牂」字《爾雅・釋畜》、《説文》、《玉篇》二十三、《集韻》均作「牂」。《詩・小雅・苕之華》云：「牂羊墳首。」毛傳云：「牂羊，牝羊也。」與此注合，段校是。

戕（戕牁）　二「戕」字，段氏改作「牂」。

補釋　案：《玉篇》二十九作「牂」，云：「子郎切，又牂牁郡。」《集韻》亦作「牂」。段校是也。「戕」字見陽韻在良切下，與此不同。

説文曰溥也　溥，顧氏云：「宋『薄』。」

補釋　案：《説文》作「溥」。

磅　字下，顧氏云：「宋『跨』在此。」

補釋　曹本與宋本同。

○十二庚

劥勈有力　勈，顧氏云：「宋『勈』。」

補釋 㔁，宋巾箱本作「㔁」，元本作「動」，燉煌王韻作「勈」。案：《玉篇》七「劸」字云：「勈也。」「勈」字云：「劸也。」《集韻》亦作「劸」「勈」。「㔁」是「勈」之俗寫，「㔁」「動」皆誤。

觵角爲酒器受七升罰失禮者 「器」下，惠補「韓詩曰容五升禮圖曰」九字，云：「《韓詩》曰容五升，所以罰不敬。觵，廓也，所以著明之貌。君子有過，廓然著明。」

補釋 案：《詩·國風·周南》云：「我姑酌彼兕觥。」《釋文》云：「觵，角爲之。字又作『觥』。《韓詩》云：『容五升。』《禮圖》云：『容七升。』」惠補據之。下引《韓詩》語見《詩》孔疏。此文約取《韓詩》與《禮圖》說，不必標明書名。（本書此例甚繁，不具。）惠校似泥。

二十八棊

於驚切七 七，顧氏云：「宋『十』。」

補釋 宋巾箱本、曹本、元本作「十」，與本切字數合，是。

山戎孤竹白狄岊子二國之地 岊，段氏改作「肥」。顧氏云：「宋『肥』。」

補釋 岊，宋巾箱本、黎本作「肥」。案：《左傳·昭公十二年》云：「秋八月壬午滅肥。」杜注云：「肥，白狄也。」段校是。周祖謨云：「《御覽》卷一百六十二引《十道志》曰：『平州，春秋時爲山戎孤竹、白狄肥子二國地。』」（《校勘記》）

䴙(一角似麇牛尾) 注「麇」字，段氏改作「麃」。

補釋 案：《爾雅・釋獸》云：「䴙，大麃，牛尾一角。」段校據之。

漢有榮啓期 漢，惠氏云：「似謂《漢書・人表》耳。」

補釋 案：榮啓期春秋時人，見《淮南子》，不當云漢。《漢書・人表》有榮聲期，顏注云：「『聲』或作『啓』。」故惠氏云然。

詩云充耳秀瑩 秀，段氏改作「琇」。

補釋 案：《詩・衛風》作「琇」，段校據之。

卿(又姓) 惠氏云：「《後漢》有卿仲達，見《黃香傳》。」

二十九葉

行(又姓) 惠氏云：「《後漢》有任城相行宏，又行巡，見《光武紀》。」

衡(又姓) 惠氏云：「漢有衛尉衡方。」

補釋 即《漢衛尉衡方碑》之「衡方」。

又云衡魯公字後 字，惠氏改作「子」。

補釋 案：《古今姓氏書辨證》十六引《風俗通》云：「一云魯公子衡之後。」

○十三耕

轋　段氏云：「《廣雅》有『轋』字，《玉篇》有『輎』字，皆同。」

峥嶸七耕切　七，顧氏云：「宋『尺』。」

補釋　七，黎本作「士」。案：陳蘭甫云：「峥，士耕切。張本、曹本『七耕切』，誤。今從明本、顧本。《玉篇》仕耕切，《集韻》鋤耕切，『仕』『士』同音，『士』『鋤』聲同類，可證『士』字是也。」（《切韻考》五）「七」爲「士」之形譌，（「七」與「士」，草書極似。）「尺」又爲「七」之聲譌也。

三十葉

姘（齊與女交罰金四兩曰姘）　惠氏云：「《說文》：齊人與妻婢姦曰姘。」

蜀録關中流人訇琦訇廣　惠氏云：「可證《華陽國志》。」

補釋　案：《華陽國志》八作「天水訇琦」，又云「關中流民訇氏」。《通志·氏族略》與此文同。

○十四清

旌　旍（上同見禮）　注「禮」上，顧氏云：「宋有『周』。」

補釋　曹本「禮」上有「周」字。案：《周禮・春官・司常》亦作「旌」，不作「旍」。

三十一葉

漢有京兆尹營郃　惠氏云：「《獻帝春秋》作『滎郃』。」

筳（筵也）　注「筵」字，惠氏云：「疑。」

補釋　案：《集韻》云：「《博雅》：笭筳，竹席。」又見同書去聲徑韻郎定切下，云：「笭筳，車中筵。」（本書徑韻郎定切下無之。）此注疑有脱。

迋　顧氏云：「宋『延』。」

補釋　宋巾箱本、黎本作「延」。

春秋説題曰　「題」下，段補「辭」字。

補釋　與諄韻「春」字注同誤，見一卷五十葉五條。

令　惠氏云：「《漢》有青衣長令田，注云：『令，姓；田，名。』」

補釋　案：青衣道夷邑長令田見《後漢書・西南夷姓》。

屏盈傍徨　盈，段氏改作「營」。

補釋　案：《後漢書・清河孝王傳》云：「憂心熒熒，夙夜屏營。」李注云：「屏營，仿徨也。」與此注同，段校是。（《集韻》云：「屏營，征伀也。」亦作「營」。）

三十二葉

輂（一曰輪車也） 注「曰」下，段氏補「一」字。

補釋 案：段校據《説文》。《集韻》引《説文》亦有「一」字。

○十五青

鶄鶴鳥也出南海 鶴，段氏改作「鷗」。

補釋 案：《文選·吴都賦》云：「鶄鶴鶖鶬。」劉注云：「鶄鶴出南海、桂陽諸郡。」與此文合。（《集韻》亦作「鶄鶴」。）「鶴」字不誤。

㓝（説文曰罰辠也今只用下文刑） 㓝，段氏改作「㓝」。顧氏云：「㓝从刀井聲。更定唐韻時，古《説文》已亡，故其説不詳。」

補釋 㓝，宋巾箱本、黎本作「㓝」。案：《説文》「㓝」字在井部，云：「罰辠也。从刀从井。《易》曰『井者，法也』。井亦聲。」段校據之。「刑」字在刀部，作「𠛬」，云：「剄也。从刀幵聲。」與㓝義不同。漢碑「㓝」字都作「刑」。（惟《劉寬碑》「弗用㓝」、魏王基殘碑「典㓝惟明」作「㓝」。）則兩字相淆，其來已久。

謫爲河閒鄭令　惠氏云：「鄭縣之『鄭』當作『鄚』。按：漢隸『鄚』亦作『鄭』字。」

補釋　鄭，黎本作「鄚」。案：鄚縣，《漢書·地理志》在涿郡，《後漢書·郡國志》爲河間國，鄭屬京兆，不在河間，故知「鄭」字爲非。漢碑「鄚」字隸常作「鄭」，與「鄭」字形似，易淆。（《史記·扁鵲傳》云：「勃海郡鄭人也。」《集解》：「徐廣曰：『鄭』當爲『鄚』。鄚，縣名，今屬河間。」可證「鄚」之易譌爲「鄭」。）

甹　段氏改作「甹」。

補釋　案：段校本《説文》。

三十三葉

腥（豕臭肉）　注「臭」字，段氏改作「息」。

補釋　注「臭」字，宋巾箱本、曹本、黎本、元本均作「息」，切三同。案：《説文》作「息」，段校據之，是。

覮（淮南子云覮然能聽）　惠氏云：「覮，當考。」

補釋　案：今本《淮南子·原道訓》作「䁝然能聽」，高注云：「䁝讀疾䁝之䁝。」本韻户扃切及清韻余傾切下皆有「䁝」字，注云：「䁝，惑也。」與此義不同。《集韻》本切下無此字，清韻維傾切下有，注云：「覮然能視也。」又有「䁝」字，注與本書同。按「䁝」字高注讀爲䁝，是也。「營」即「營營青蠅」之「營」，字亦作「謍」，《説文》云：「小聲也。」引《詩》作「謍謍青蠅」。䁝、營、謍三字相同。「覮」字從見，故《集韻》訓爲能視，然字从營省聲，是亦可與營、䁝、謍相通無疑，其字从見猶䁝之从目，可不論也。

刢利使性人也　使，顧氏云：「宋『快』。」

補釋　使，宋巾箱本作「快」，元本作「快」。

漢複姓有令狐氏　惠氏云：「西漢末有令狐子伯，太原人，見范氏《列女傳》。」

始居墩煌也　墩，段氏改作「燉」。

補釋　墩，宋巾箱本、曹本、黎本均作「燉」。案：燉煌，地名，《史》《漢》常見，段改是。

三十四葉

漢有冥都爲丞相　「相」下，段氏補「史」字。

補釋　案：冥都爲丞相史，見《漢書·儒林傳》，段校是也。

後趙録有北海瓶子然　惠氏云：「瓶子然，北海高密人，與鄭康成同時。今後趙時亦云北海瓶子然，未詳。」

補釋　案：《元和姓纂》五云：「後趙有瓶删。」《古今姓氏書辨證》十七引《風俗通》云：「漢太子「後漢北海瓶巽，字子然，孔融以其質，配社祭之。」（《姓氏急就篇》引《風俗通》云：「漢太子少傅瓶守。」)瓶子然見《後漢書・第五種傳》《孔融傳》。疑後趙瓶删、後漢北海瓶異，韻注誤合爲一人。

○十六蒸

署陵切二　二，顧氏云：「宋『三』。」

補釋　宋巾箱本、曹本、黎本、元本均作「三」，與本切字數合，是。

戰國策有安陵丑　丑，惠氏云：「疑。」

補釋　案：《魏策》四有安陵君，疑「丑」爲「君」字之僞。(《古今姓氏書辨證》八云：「《戰國策》安陵纏，楚王妃之父。安陵，小國也，子孫氏焉。」)姚寬以此爲《戰國策》逸文。

吕氏春秋有鉛陵卓子　惠氏云：「《韓非》十四『延陵卓子』。」

補釋　按：今《吕氏春秋》無之。《漢書・古今人表》有鉛陵卓子，約當周穆王時。梁曜北(玉繩)云：「《韓子・外儲説右》作『延陵卓子』。《廣韻》『陵』字注引云云。」《人表考》與惠説同。

三十五葉

左傳曰邦晉應韓武之穆也　邦，段氏改作「邗」。

補釋　邦，曹本、黎本作「邗」。案：段校本《左傳・僖公二十四年》。

繩（俗作縄）　注「縄」字，顧氏云：「宋『縄』。」

補釋　注「縄」字，宋巾箱本作「縄」，元本作「繩」。（黎本作「繩」，與正文無別，非。燉煌王韻亦作「絕」。）

繩　讙（稱舉）憴（上同）　段氏改為「憴（上同）讙（稱舉）」。顧氏云：「段乙非。」

補釋　案：《爾雅・釋訓》云：「憴憴戒也。」《釋文》云：「繩，本或作『憴』。」是「繩」與「憴」相同，故段氏移「憴」於「繩」下。《集韻》「讙」字云：「讙，譽也。通作『繩』。」《韻會》「讙」「憴」二字均云：「通作『繩』。」是「憴」與「讙」二字相同，均與「繩」通，故顧氏以段乙為非也。燉煌王韻「憴」字注云：「譽。」與「讙」字義同，顧說為是。黃臨本無此條，則當為段氏自刪。（《左傳・莊公十五年》云：「蔡哀侯繩息嬀以語楚子。」《釋文》：「繩，《說文》作『讙』。」）

勝（經典省作月）　注「月」字，段氏改作「月」。

補釋　案：从舟之字，今隸例省作「月」，如「彤」之為「肜」，「朕」之為「朕」。段校是。

迈　段氏改作「迺」。

補釋　案：《說文》「逌」字云：「或曰：逌，往也。讀若仍。」段校據之。原本《玉篇》作「逌」（案當為「逌」字之俗寫），注云：「奴改、奴陵二反。《爾雅》：『逌，乃也。』《說文》：『驚聲。或曰逌，往。』《聲類》：『至也。』或為『迺』字，在辵部。」今本《玉篇》有「迈」字，與

「逌」同。(《集韻》「逌」字注云：「通作『迺』。」)疑「迺」當爲「迺」之或字。「仍」之爲「迺」，猶「征」之爲「延」也。

興　惠氏云：「《後漢》有謁者長興渠，注云：『興，姓。渠，名。或云：長興，複姓也。』」

補釋　案：《古今姓氏書辨證》宋本目有興姓，今本書無之。謁者長興渠見《後漢書·宦者列傳·孫程傳》。興是姓，傳有「封興渠爲高望亭侯」語，可證。

戰國時爲白馬玄之地　玄，段氏改作「氐」。顧氏云：「宋『氐』，不誤。」

補釋　玄，宋巾箱本、黎本作「互」，即「互」之誤也。案：白馬氐見《漢書·地理志》「武都郡」下注。

「鄭」上顧氏據宋本補「嫇(女字)」云：「宋有，最是。」

補釋　宋巾箱本、元本有「嫇」字，注同。案：本切下僅二字，與「興」字下注字數不合，當有闕文，顧氏據宋本補「嫇」字是也。(《集韻》虛陵切下亦有「嫇」字，注云：「悦也。一曰女名。」)

殑(殑殑)　注「殑」字，顧氏云：「宋『殑』。」

補釋　注「殑」字，宋巾箱本、黎本作「殑」。案：本書上聲拯韻「殑」「殑」二字均注云：「殑殑。」(本韻「殑」字注云：「殑殑，欲死也。」「殑殑」爲「殑殑」之誤。)《玉篇》十二「殑」字云：「殑殑，掣縮也。」「殑」字云：「殑殑，欲死皃。」(《集韻》亦云：「殑殑，欲死皃。」)是「殑殑」

不誤。燉煌王韻「㱙」字注作「殑㱙」，「㱙」字云：「殑殊，欲死狀。」「殊」亦爲「㱙」字之譌。

砅（水擊山巖聲）　砅，段氏改作「砅」，云：「見《江賦》。」

補釋　案：《文選·江賦》云：「砅巖鼓作。」李注砅讀普氷切，云：「水擊巖之聲。」與此合，段校據之。

〇十七登

三十六葉

蜀有閼中流人始平登定　惠氏云：「可證《華陽國志》。」

補釋　案：《古今姓氏書辨證》十七云：「《元和姓纂》曰：後漢有左馮翊登道，將作大匠登豹，蜀有閼中流人登定。」（今《元和姓纂》佚。）《通志·氏族略》五云：「蜀録有閼中流人始平登定。」《華陽國志》八作「閼中流民鄧定」。

蹭（巢高）　注「高」下，顧氏云：「宋有『皃』。」

補釋　注「高」下，曹本有「皃」字。

書武王悦箕子之對賜十朋也　惠氏云：「疑《大傳》。」

補釋　案：《尚書大傳》各輯本皆無此文，疑此爲《逸周書·箕子篇》佚文。《藝文類聚》十二引《帝王世紀》云：「武王命召公釋箕子之囚，賜貝千朋。」

棚（棚門）　注「門」字，顧氏云：「宋『閣』。」

補釋　注「門」字，宋巾箱本、曹本作「閣」，黎本、元本作「閤」。閤、閣相同。切三、燉煌王韻亦皆作「閣」。案：「棚」又見庚韻薄庚切下，注云：「棧也，閣也。」《說文》「棚」字云：「棧也。」《廣雅·釋宮》云：「棚、棧，閣也。」《玉篇》十五「棚」字云：「閣也。」玄應《音義》十四引《通俗文》云：「連閣曰棚。」則「閣」字爲是，「門」字當改。

倗（又姓漢書王尊傳雲南山羣盜倗宗等）　段氏云：「《戰國策》公仲倗，今本作『侈』，非。」

補釋　案：歌韻得何切下有「⿱艹侈」字，云：「漢有⿱艹侈宗。」亦作「傰」，皆「倗」之譌，⿱艹侈宗即倗宗。《戰國策·秦策》二公仲侈，鮑彪本「侈」字作「朋」。錢辛楣重刻剡川姚氏本《戰國策》序云：「韓朋即公仲侈，侈與朋聲不協，當是『倗』之誤。隸書『多』似『朋』，故『倗』譌『侈』，『倗』『朋』本一字，『朋』與『凴』聲相近，故亦稱韓凴矣。」

騰　惠氏云：「騰姓。後漢有長樂謁者騰是。」

補釋　案：《元和姓纂》五有騰姓，云：「本滕氏，因避難改爲騰氏。後漢相騰撫。」孫淵如（星衍）校云：「案《後漢書》滕撫，北海劇人，傳作『滕』，从水不从馬。查《廣韻》于『騰』下亦不載人姓。《萬姓統譜》有騰姓，亦作滕氏改寫。惟《梁孝行傳》有騰曇恭。」騰是見《後漢書·宦者列傳·曹節傳》。

徒登切十一　一，顧氏云：「宋『二』。」

補釋　宋巾箱本、曹本、元本均作「十二」，與本切字數合，是。

𢛳(古文)　𢛳，段氏云：「當云：𢛳(同上)亟(古文)」顧氏云：「未是。」

補釋　案：段説本《説文》。《集韻》「恒」字云：「古作『𢛳』。」此書之古文不必盡與《説文》之古文相同，自「恒」行而「𢛳」罕見，則「𢛳」後世亦視爲古文矣，故顧氏以爲未是。

○十八尤

三十七葉

沛國弘農　弘，顧氏云：「宋『洪』。」

補釋　案「弘」字，宋人避宣祖諱作「洪」。

春秋説文曰　惠氏改作「《春秋説題辭》曰」。顧氏云：「《春秋》(句絶)，《説文》曰(另起)，惠先生誤讀。」

爾雅曰鼁䵶蟾諸　鼁，段氏改作「鼁」。

補釋　案：《爾雅·釋魚》作「鼁」。《説文》「鼁」字云：「圥鼁，詹諸也。」「䵶」字云：「鼁或从酋。」段氏蓋從《説文》以校《爾雅》。

三十八葉

㽕　段氏改作「𢎘」。顧氏云：「當作『甹』。」

補釋　《説文》篆作𢎘。

若顛木之有㽕枿　枿，段氏改作「枿」。顧氏云：「宋『枿』。」

補釋　枿，曹本作「枿」。案：《説文》作「枿」，段校據之。「㽕」亦當作「𢎘」。

州（又姓）　惠氏云：「後漢有宦者長樂太僕州輔。」

補釋　州輔見《後漢書·宦者列傳·曹騰傳》。

醻（説文本作醧）　惠氏云：「互證一。」

補釋　案：从壽之字，《説文》本作「𠷎」。惠氏殆以證下文「幬」「疇」字作「㡔」「𤰮」也。

𩡧（俗作𩡧）　注「𩡧」字，顧氏云：「宋『𩡧』。」

柔（順也）　注「也」下，顧補「安也」，云：「宋『有』。」

補釋　宋巾箱本、曹本、元本「也」下有「安也」二字。

三十九葉

鍒（鐵之耎也）　注「也」字，顧氏云：「宋『者』。」

補釋　注「耎也」，曹本、元本作「耎者」。（宋巾箱本「也」作「者」。）案：《説文》「鍒」字云：「鐵之耎也。」（《集韻》引同。）「耎」字當據作「耎」。

詩曰揉此萬邦　「邦」下，顧氏補「箋曰：揉順也」，云：「宋有五字。」

補釋　宋巾箱本、曹本有此五字，元本邦下作「箋：揉順」。

楚有苞丘先生　苞丘，顧氏云：「即包丘。見《鹽鐵》。」

補釋　案：《通志・氏族略》三云：「楚苞丘先生荀卿弟子。」《鹽鐵論・毀學篇》云：「昔李斯與包丘子俱事荀卿。」故知苞丘與包丘爲一人。苞丘先生疑亦即浮丘伯。古無輕脣音，浮讀爲包或苞，苞丘、包丘、浮丘實一人也。浮丘伯爲荀卿門人，見《漢書・楚元王傳》。（《春秋・隱公八年經》：「公及莒人盟於浮來。」浮來，《公羊》《穀梁》皆作「包來」。可證「包」與「浮」爲古字通。）

孟子齊有曼丘不擇又有咸丘蒙隱居　段氏云：「今《孟子》無。」（謂曼邱不擇。）

補釋　案：《元和姓纂》九云：「《尸子》有曼邱氏。齊有曼丘不擇。」又同書五云：「齊有隱士咸丘蒙，見《孟子》。」（《姓解》二作「威丘蒙」，誤。）咸丘蒙見《孟子・萬章上》。

齊有勇士菑丘訴　訴，段氏改作「訢」。

補釋　訴，黎本作「訢」。説見下「蔡丘欣」條。

魏有幽豫二州刺史母丘儉　母，顧氏云：「宋『毋』。」

補釋　案：毌丘儉見《三國志·魏志》本傳。「毌」字有作「母」者（母、毌二字金文中常通用。）本書上平聲虞韻武去切下「毌」字云：「毌丘或爲母氏，又漢複姓八氏。」是當以「毌」爲正字。（《漢書·高帝本紀》有韓王信將曼臣，顔注云：「姓曼丘，名臣也。曼丘、毌丘本一姓也，語有緩急耳。曼音萬。」是毌丘即爲曼丘，後分爲二氏也。）

漢有司隸校尉水丘岑　惠氏云：「水丘岑見《董宣傳》。」

古有蔡丘欣喪馬淮陽　段氏云：「此即菑丘訢耳。」

補釋　案：《吴越春秋·闔閭内傳》云：「椒丘訢者，東海上人也。爲齊王使於吴，過淮津，飲馬於津，水神取其馬。」椒丘訢，《韓詩外傳》十作「菑丘訢」。（《韓非子》作「菑川訢」。）菑丘訢前已有之，不當再見，此蓋誤以爲二人，析爲二姓。此姓當删。

勼　顧氏云：「宋『勾』。」

補釋　案：《説文》作「勼」。

謅⿰言黍陰私小言　⿰言黍，段氏改作「⿰言桼」。

補釋　案：入聲質韻「⿰言桼」字注云：「謅⿰言桼，陰私語也。」與此注同，段校是也。

四十　葉

⿱髟黍　段氏改作「⿱髟桼」。

補釋　曹本作「髼」。案：《説文》在桼部，作「髼」，段校據之。（《集韻》「髼」字不誤。）

⿰巾壽（説文作⿰巾𠷎）𠷎（説文誰也又作𠷎）　惠氏云：「互證二。」

補釋　與本韻市流切下「⿰酉壽」字互證。下同。

⿰田壽（説文作⿰田𠷎）　惠氏云：「互證三。」

補釋　案：今《説文》作「⿰目𠷎」。

⿱竹忽　顧氏云：「宋『⿱竹悤』。」

補釋　宋巾箱本作「⿱竹悤」。案：《説文》作「⿱竹忽」。

三輔決録云漢有求伸　惠氏云：「『求伸』似作『求仲』。」顧氏云：「宋『仲』，不誤。」

補釋　伸，宋巾箱本、黎本作「仲」。案：《文選》謝靈運《田南樹園激流植援詩》李注引《三輔決録》作「求仲」。

月令曰人多鼽嚏　人，段氏改作「民」。

補釋　人，《禮記·月令》作「民」。蓋唐人避太宗諱，改「民」作「人」也。

朹（似小⿰木⿱人示可食）　注「⿰木⿱人示」字，顧氏云：「宋『㮈』。」

補釋　案：元本《爾雅注疏·釋木》「⿰木⿱人示」作「㮈」。「⿰木⿱人示」爲「㮈」之俗寫。

⿰求頁　惠氏云：「『⿰求頁』與『俅』同。」

補釋　案：《集韻》「俅」「⿰求頁」爲一字。燉煌王韻「俅」字注云：「亦作『⿰求頁』。」本韻「俅」字注云「戴也」，與「頪」字音義相同，當爲一字。

四十一葉

醔醶榆人醬　人，段氏改作「子」。

補釋　案：「醔」字又見上平聲模韻莫明切下，注云：「醔醶，榆子醬也。」「人」作「子」字。《説文》「醔」字云：「醔醶，榆醬也。」段氏注：「榆醬，用榆人爲之。榆人者，榆子中人也。《齊民要術》曰：『作榆子醬法，治榆子人一升，擣末篩之，清酒一升，醬五升，合和一月可食之。』」

鬆（鬆至眉）　鬆，段氏改作「鬆」。顧氏云：「宋『鬆』。」

補釋　鬆，曹本、元本作「鬆」。案：段校據《説文》。

繆（絲千累）　注「千累」，段氏改作「十絜」。

補釋　案：段校本《説文》。

○十九侯

侯（亦漢複姓八氏）　注「八」字，惠氏云：「今有七。」

補釋　案：漢複姓下有夏侯、羅侯、韓侯、屈侯、豎侯、桓侯、白侯七氏。「八」字當誤。

左傳曹有豎侯孺　孺，段氏乚其旁。顧氏云：「宋『獳』，不誤。」

補釋　孺，黎本作「獳」。（曹本作「豎侯氏孺」。）周祖謨云：「豎侯非姓，《左傳・僖公二十八年》有侯獳，乃曹伯豎吏。」（《校勘記》）

四十二葉

周封爲東樓公　東，顧氏云：「宋無。」

補釋　曹本無「東」字。案：「東」字不誤。《史記・陳世家》云：「周武王克殷紂，求禹之後，得東樓公，封之於杞。」《元和姓纂》五云：「夏少康之後，周封杞東樓公。」皆有「東」字。

蓋樓氏　蓋，顧氏云：「宋『苦』。」

補釋　案：《魏書・官氏志》云：「蓋樓氏後改爲蓋氏。」苦樓氏未見。

母婁氏　母，顧氏云：「宋『毋』。」

爾雅曰螌天螻　螌，段氏改作「螜」。

補釋　案：《爾雅・釋蟲》《說文》均作「螜」，段校據之。（《集韻》引《爾雅》作「螌」，與此同。）

掫（說文云夜戒守有所繫也）　注「繫」字，段氏改作「擊」。

補釋　段校本《説文》。

䲨(鴝頭鵁似鳬)　頭，顧氏云：「宋『䲨』。」

補釋　注「頭」字，曹本作「䲨」。案：《爾雅·釋鳥》作「頭」。(《釋文》云：「頭，或作『投』。」)此注「頭」字疑當從正文作「䲨」。蓋「頭」「䲨」同音相通，鴝䲨即鴝頭。鴝䲨即鵁，與正文「䲨」字相合。不必以《爾雅》作「頭」，譏「䲨」爲非，《正字通》之説未允。(《正字通》云：「《爾雅》鴝頭鵁，本作『頭』，非作『䲨』，皆因聲而誤。」)

四十三葉

䵶(䵹屬頭有兩角)　注「雨」字，顧氏云：「宋『兩』。」

補釋　注「雨」字，宋巾箱本、曹本、黎本、元本均作「兩」，與《説文》同，當從。

郖(説文云弘農縣庾地)　注「庾」字，段乚其旁。

補釋　案：「郖」字又見去聲候韻田候切下，注云：「地名。」(殘本《唐韻》云：「在弘農。」)《説文》「郖」字與此同，段氏注云：「二志弘農郡首弘農縣，郡縣同名，故但言弘農地也。『庾』當作『浢』(○案原書作「渡」，以下文證之，當是「浢」之誤，今正)，字之誤也。《水經注·河水篇》曰：『門水又北徑弘農縣故城，門水側城北流而注於河，河水於此有浢津。《穆天子傳》：「天子自窴軨乃次於浢水之陽，丁亥入於南鄭。」考其沿歷所踵，路直斯津。』案『浢』『郖』同字。《魏志·杜畿傳》：『畿遂詭道從郖津渡。』陳壽用字合許書也。」此校當與之同。

○二十幽

颩（風皃） 惠氏云：「疑。」

補釋 案：「颩」字又見上平聲東韻蒲紅切下，注云：「風皃。又步留切。」尤韻無步留切音，亦無「颩」字。（惟匹尤切下有「飍」字，云「風吹皃」，義稍近，但形聲皆不合。）則步留切當從本字作皮彪切。《集韻》本切下亦有「颩」字。

聱取魚鳥狀 取，段氏改作「耴」。

補釋 切三作「耴」。案：入聲質韻「耴」字注云：「聱耴，魚鳥狀也。」與此文相同，「耴」字當據改正。（「贅」字誤，當從此文作「聱」。）

○二十一侵

六尺曰尋 六，段氏改作「八」。

補釋 案：經傳注釋皆作「八尺曰尋」，段校是。

尋（又姓）　惠氏云："《後漢》有尚書尋穆，見《五行傳》。"

四十四葉

左傳有周大夫鄩肝　肝，段氏改作"肸"。

補釋　案：鄩肸見《左傳·昭公二十二年》。

臨（又姓）　惠氏云："漢有臨碩，字孝存，見《鄭志》。北海人，與鄭康成同時。"

彤　惠氏云："即'彤'字。"

補釋　案：从舟之字省作"月"，例見蒸韻"勝"字注。

睍　段氏改作"覞"。

補釋　段校本《説文》。案："睍"當是"䚁"字之譌，"䚁"爲"覞"之省文。《集韻》作"䚁"，是也。

風俗通云有衛大夫箴莊子　段氏云："今《左傳》作'鍼莊子'。"

補釋　案：鍼莊子見《左傳·僖公二十八年》。《古今姓氏書辨證》十九箴姓云："《元和姓纂》曰：'楚大夫箴尹鬬克黄之後子孫以官爲民。'今從之。《姓源韻譜》曰：'衛大夫箴莊之後。'誤矣。謹案：春秋衛大夫箴莊子，其字從金從咸，不從竹也。是時陳、衛皆有鍼氏，未嘗音針，宜以《姓纂》爲正。"（本切有"鍼"字，與"針"同，不云姓氏。又見鹽韻巨淹切下，云：「鰄虎，人名。」當從《姓纂》補「亦姓」。）

葴（酸蔣草也） 注「蔣」字，段氏改作「漿」。

補釋 切三作「蕆」，注云：「酸將草。」案：《爾雅·釋草》云：「葴，寒漿。」郭注云：「今酸漿草，江東呼曰苦葴。」段校據之。（《玉篇》十三云：「葴，蔞蔣。」）

郭璞云珹⿰王刀似玉之石 ⿰王刀，段氏改作「玏」。顧氏云：「宋『玏』，不誤。」

補釋 ⿰王刀，曹本作「玏」。案：《山海經·中山經》郭傳云：「珹石勁石似玉也。」郝蘭皋疏云：「《子虛賦》云：『珹玏玄厲。』張揖注云：『珹玏，石之次玉者。』郭云勁石，『勁』當爲『玏』字之譌。珹石，『石』字衍。」此文可訂今本《山海經》注之誤。

⿰土斗 段氏改作「⿰土廾」。

補釋 《玉篇》二作「⿰土廾」，段校據之。《集韻》亦作「⿰土斗」。

四十五葉

⿱艹琴（草名根可緣竹器出玉篇） 惠氏云：「此出《字林》，而云《玉篇》，乃後人所增也。」

補釋 案：此注見《玉篇》艸部「⿱艹琴」字。本書蒸韻其矜切下亦有「⿱艹琴」字，注同，惟無出《玉篇》字。

⿰口琴（水菜似蒜） 惠氏云：「《字林》云：似蒜，生水中。」

補釋 案：《齊民要術》十云：「吺，似蒜，生水中。」《北户録》二云：「《字林》云：『莶，水中野韭也。』又吺見《字林》：『似蒜，生水中。』」

五色金也黄爲之長 黄下，顧氏云：「宋有『金』。」

補釋 曹本「黄」下有「金」字。案：《説文》無「金」字。

裣（上同） 惠氏云：「裣，衣交衽。」

補釋 案：《説文》「裣」字云：「交衽也。」惠説據之。

㝥 段氏改作「突」。

補釋 案：《説文》作「突」，从穴从火从求省。段校據之。《集韻》作「突」，不誤。

四十六葉

○二十二覃

戡（戡戡室深皃） 惠氏云：「古樂府『戡戡府中居』。或作『潭』。《史記·陳涉傳》作『沈沈』。」

古有善暴背於南縈之者 之，段氏删，補「下」字，云：「脱『下』。」

補釋 案：《古今姓氏書辨證》二十引《姓源韻譜》云：「古有善暴背於南縈者。」無

「之」字。

弓　顧氏云：「宋『弓』，是。」

補釋　元本作「弓」。《說文》篆作弓。

俗作蚕非　非，顧氏云：「宋無。」

補釋　黎本無「非」字。周祖謨云：「案：依例無『非』字是也。」（《校勘記》）

四十七葉

曆（和也）　曆，段氏改作「曆」。

補釋　案：《說文》甘部作「曆」，云：「和也。从甘从厤，厤，調也。甘亦聲。」段氏改作「曆」，注云：「厂部曰：『厤，治也。』秝部曰：『稀疏適也。』稀疏適者，調和之意。此从甘厤之義也。各本及篇韻《集韻》《類篇》字體皆譌，今正。」

坻（瓦器）　惠氏云：「疑。」

補釋　案：「坻」字又見上聲姥韻徒古切下，注云：「瓶也。」與《玉篇》十六「坻」字音義全同。《廣雅·釋器》云：「坻，甇也。」與此注相近。（《集韻》本切下「坻」字注亦同。）疑此字訓瓶，讀徒古切；訓瓦器，讀口含切。「甇」讀如監，與「坻」訓爲雙聲。

○二十三談

痰澹　顧氏云：「宋二字在紐末。」

補釋　曹本與宋本同。

䳊鶔鳥名　鶔，惠氏云：「鸞，見㦖。」

補釋　案：上聲㦖韻「鸞」字云：「䳊鸞鳥。」《集韻》㦖韻作「鶔」，與談韻同，「鶔」蓋「鸞」之省文。

四十八葉

○二十四鹽

𪔔鼓鼓初打也　「打」下，顧氏云：「宋有『稱』。」

補釋　元本「打」下有「稱」，無「也」字。

槧(削皮)　注「皮」字，顧氏云：「宋『尖』。」

補釋　案：「槧」字又見上聲敢韻才敢切，注云：「削版牘。」與《玉篇》十二「槧」字注同。

（《集韻》云：「削牘也。」）此注「皮」字疑爲「版」字之譌。

恒娥竊之　恒，顧氏云：「宋『姮』。」

補釋　曹本作「姮」。（「姮」見《集韻》登韻胡登切下，注云：「女字。」與「恒」音同相通。）

抱朴子云　顧氏云：「宋無『云』。」

補釋　曹本無「云」字。

蟾蠩壽三千歲者　三，顧氏云：「宋『二』。」

補釋　三，曹本作「二」。案：《抱朴子·對俗篇》云：「蟾蜍壽三千歲。」「三」字是也。「蠩」與「蜍」同，「者」字衍。

厃（一曰屋招也）　注「招」，段氏改作「梠」。

補釋　注「招」字，黎本作「梠」。案：段校本《說文》。

秦謂之桷　桷，段氏改作「楣」。

補釋　案：《說文》作「桷」，段氏改作「楣」，注云：「木部曰：『楣者，秦謂之屋櫋聯也。』謂屋櫋聯，秦謂之楣也。」此校與之同。

痁（病又音店）　病下，顧氏云：「宋有『也』。」

補釋　曹本「病」下有「也」字。

釋名曰牀前帷曰幨　惠氏疑。

補釋　今《釋名・釋牀帳》云：「牀前帷曰帖。言帖帖而垂也。」本書入聲怗韻「帖」字云：「牀前帷也。」此文「帖」作「幨」。案：「帖」從巾占聲，古讀與「幨」同，二字相通，又與「襜」同，《釋名》之「帖帖」猶「襜襜」也。柳子厚(宗元)《祭從兄文》云：「垂帷幨幨。」

四十九葉

淹(央炎切)　注「央」字，顧氏云：「宋『衣』。」

補釋　案：「央」「衣」聲同類，皆屬影紐，相通。

子廉切十一　一，顧氏云：「宋『三』。」

補釋　案：曹本作「十三」，與本切下字數合，是。(黎本作「十二」，亦誤。)

𢅪(拭也)　注「拭」，顧氏云：「宋『㡝』。」

補釋　案：《說文》「𢅪」云：「拭也。」爲此注所本。㡝義不侔，當誤。

巨淹切十一　一，顧氏云：「宋『二』。」

補釋　曹本、黎本、元本作「十二」，與本切下字數合，是。

燅　𤏋(說文同上)　惠氏云：「今《說文》『𤏋』訛『⿰炎坴』。」

補釋　案：《說文》「燅」下出「⿰炎坴」字，云：「或从炙。」段氏注云：「《廣韻》曰：『𤏋，《說文》，同上。』此古本《說文》之異也。『⿱天火』即『⿱䒑火』。」

○二十五添

一曰沾益也　惠氏云：「沾，古『添』字。」

補釋　案：《說文》「沾」字，大徐云：「今別作『添』，非是。」《韻會》云：「今諸韻別出『添』字，而沾但爲水名矣。」

忛（衣領又丁頰切）　顧氏云：「宋作『帆』。」

補釋　忛，黎本、元本作「帆」。案：《玉篇》巾部「帆」字云：「衣領耑也。」讀作丁兼、丁頰二切，與此字音義全同，當據改正。（《集韻》亦作「帆」。）本書入聲怗韻丁愜切下有「⿰衤凡」字，注云：「衣領。」「⿰衤凡」與「帆」相通。他協切下有「帆」字，注同。《集韻》怗韻託協、的協二切下皆作「帆」字，注云：「領耑。」均與此注合。「忛」字義不侔，形聲相似而譌也。

五十葉

薕蒹秀了荻草　秀了，惠氏云：「疑。」

補釋　案：黃臨段校本「秀了」改作「未秀」，是也。本韻「蒹」字注云：「荻未秀。」《說文》「蒹」字云：「雚之未秀者。」可證。

熑（煣軔）　注「軔」字，段氏改作「輞」。

補釋　案：《説文》「㷿」云：「火煣車网絶也。」《集韻》云：「㷿輞也。」段校據之。《爾雅·釋木》郭注云：「赤楝好叢生山中，中爲車輞。」《釋文》云：「『輞』本或作『軔』，音刃，今本作『𨊠』。」是軔字亦可，不必改也。

溓（説文曰薄水也）　注「水」字，段氏改作「冰」。

補釋　案：《説文》作「水」，《繫傳》本同。段氏注本作「仌」。「仌」即「冰」字。

○二十六感

漢末有黄門侍郎函治子覺　治，惠氏云：「當作『治』。」

補釋　案：《古今姓氏書辨證》宋本目（今本書無之，總目云：「函治，以《戰國策》修定。」）《通志·氏族略》五《姓氏急就篇》皆作「函治」。函治子覺，《氏族略》云：「《英賢傳》。」

狡㲋　㲋，段氏改作「兔」。

補釋　㲋，元本作「兔」，切三、燉煌王韻同。案：段校本《説文》。

○二十七銜

見齊人要術　人，段氏改作「民」。

補釋　唐人避太宗諱改「民」作「人」，例見本卷四十葉六條。又耕韻「劉」字注「齊人要術」亦當改。

五十一葉

○二十八嚴

說文曰嚴令急也　嚴，惠氏改作「教」。

補釋　惠校據《說文》。

韇（胡被也）　惠氏云：「《六書故》。」

補釋　案：《廣雅·釋器》云：「韇，被也。」《玉篇》二十六「韇」字云：「胡被也。」「韇」又見本書上聲琰韻虛檢切下，云：「胡被。」與此同。

○二十九凡

廣韻三家校勘記補釋卷三

惠定宇棟　先生校本
段若膺玉裁先生校本　後學范祥雍補釋
顧千里廣圻先生校本

上聲

韻目

一　葉

二　葉

（蒸上）拯　上，顧氏云：「宋『迥』。」

補釋　上，曹本作「迥」。案：本韻「拯」字注云：「無韻切，音蒸上聲。」各本皆同。（切三云：「無反語，取蒸上聲。」）「迥」非是。

○一董

故名履字太乙　太，惠氏改作「天」。顧氏云：「宋『天』。」

補釋　太，宋巾箱本、曹本作「天」。案：成湯字天乙，見《史記·殷本紀》，當據改正。

三　菶

琫（邊孔切）　注「邊」字，顧氏云：「宋『并』。」

補釋　邊，元本作「并」，切三作「方」。案：「并」「方」聲同類，與「邊」當同屬幫紐，相通。（「方」字切韻家列之非紐。案：「方」字古讀爲重脣音，當與「并」字同入幫紐，而與「邊」聲相類。）

又拗攏籌也謂酒律　謂，段氏改作「出」。

補釋　周祖謨云：「覃韻『啉』下云：『酒巡匝曰啉，出酒律。』是其例。」

○二腫

埫容不安　容，顧氏云：「宋『嵱』。」

補釋　容，宋巾箱本、曹本、黎本、元本均作「㙌」，燉煌王韻同。案：本韻「㙌」字注云：「堣㙌不安。」與此文相同，作「㙌」是也。

奉　惠氏云：「奉姓。漢有光禄奉肹，見《風俗通》。」

補釋　案：《古今姓氏書辨證》二十一有奉姓，云：「出《姓苑》。謹案：《後漢・獨行・戴就傳》：光禄奉肸（○原書作「肹」，今據《後漢書》正）上就爲主事。」惠氏云《風俗通》者，見《戴就傳》注引。

㴋（方言曰慫涌歡也）　注「涌」，顧氏云：「宋『㴋』。」歡，段氏改作「勸」。

補釋　注「涌」字，宋巾箱本、曹本、元本作「㴋」。案：《方言》十云：「慫㴋，勸也。」郭注：「㴋音涌。」此注當涉注音而誤，「歡」當作「勸」。段校從《方言》。

四　葉

説文作𢪿恐鞏類並从此　「𢪿」上，段氏補「𢀜」字，顧氏云：「宋有『扟』無『𢪿』。」

補釋　𢪿，宋巾箱本作「𢀜」，無「𢪿」字。曹本作「扟」。黎本原作「巩」，當是「𢀜」之誤。案：《説文》作「𢀜」，段校據之。

○三講

釋名曰項确也堅确受枕之處　兩「确」字，段氏改作「确」。

補釋　兩「确」字，元本作「确」。案：段校本《釋名·釋形體》。

○四紙

坻（隴阪也又直尼當禮二切）　坻，段氏改作「坻」。

補釋　案：《説文》「坻」字云：「小堵也。」大徐音直尼切，與此字又音合，本書平聲脂韻直尼切、上聲薺韻都禮切下均作「坻」，與此同，段氏未校改。則段氏此校當爲迻寫者涉下文「坻」字而誤。黄録段氏校本在下「坻」字，可證。

坻（説文云坻著也）　坻，段氏改作「坻」。

補釋　案：段校本《説文》注「坻」字亦當作「坻」。（注「著」字曹本作「渚」，爲「坻注」之誤。）

五　葉

吴志云是儀本姓氏孔融嘲之曰氏字民無上乃改爲是字　惠氏云：「《吴志》非也。

順帝時已有訾陵是氏，皆作『是』。」

補釋　是儀事見《三國志・吴志》本傳。《九經古義》十二云：「『氏』與『是』同。漢末有是儀，亦作『氏』，陳承祚撰《魏志》，以爲孔文舉改『氏』爲『是』。殊不知訾陵是姓，順帝前已見於碑（見洪适《隸續》），何至漢季始改『氏』爲『是』乎？」

詭（又横財物爲詭遇也）　注「財」字，惠氏云：「當作『射』。」

補釋　案：《孟子・滕文公下》云：「爲之詭遇。」趙注云：「横而射之曰詭遇，非禮之射。」與此注相同，惠説是也。

神女賦曰既姽嫿於幽静　嫿，段氏改作「婳」。

補釋　段校本《文選・神女賦》。

累（又良僞切）　注「僞」字，顧氏云：「宋『爲』。」

補釋　案：「累」字又見去聲寘韻良僞切下，此注「僞」字是也。

説文曰絫坂土爲牆壁　坂，顧氏云：「宋『坺』。」

補釋　坂，宋巾箱本作「坺」，與《説文》合，當從。

六　葉

㤦（㦓㤦又去奇切儉急也）　注「㦓㤦」，顧氏云：「宋作『咸』，無『㤦』。」

補釋　注「惐徛」，宋巾箱本、元本作「滅」，無「徛」字。黎本原作「滅徛」。曹本作「滅也」。儉急，巾箱本、黎本、元本作「儉意」，黎本原作「儉」，無「急」字。案：本書下平聲鹽韻「惐」字注云：「惐徛，意不安也。」《玉篇》八云：「惐徛，儉急。」《集韻》云：「惐徛，儉意。」是「惐徛」不誤，「急」當作「意」，儉意即意不安。

⿱艹⿰日鳥　顧氏云：「宋『⿱艹⿰目鳥』。」

補釋　曹本作「⿱艹⿰目鳥」，切三同，元本作「瞗」。案：《玉篇》十二作「⿱艹⿰目鳥」，《類篇》同，《集韻》作「瞗」。「⿱艹⿰日鳥」或作「⿱艹⿰目鳥」，猶「⿰日曾」之作「⿰目曾」，「晧」之作「皓」也。

豸（說文云獸長𦟝行豸豸然）　注𦟝字，段氏改作「脊」。

補釋　注「𦟝」，宋巾箱本作「脊」。（曹本作「⿱⿰夫夫月」，當是「脊」之誤。）案：段校本《說文》。

七　葉

國語曰狹溝而㢆我　狹，顧氏云：「當作『俠』。宋『俠』，不誤。」

補釋　狹，宋巾箱本、曹本、黎本作「俠」。案：今《吳語》作「夾」。《說文》「㢆」字引《春秋國語》作「俠溝而㢆我」。顧說據之。

葰（雞頭也北燕謂之葰）　注「北燕謂之葰」，顧氏云：「宋無五字。」

補釋　注「北燕謂之葰」五字，宋巾箱本、曹本、黎本、元本均無。葰，宋巾箱本作「葰」，誤。

案：「葰」又見入聲昔韻營隻切下，注云：「燕人呼芡。」與此可互證。《方言》三云：「葰（宋本作「葰」，今據戴校）、芡，雞頭也，北燕謂之葰。」爲此注所本。

八　葉

○五旨

眉（赤鶋眉也）　注「眉」字，惠氏云：「疑當重。」

補釋　案：《集韻》「眉」通作「几」。《詩·豳風·狼跋》云：「赤舄几几。」毛傳云：「几几，絇皃。」赤鶋即赤舄，爲此注所本。眉字當重，故惠氏云然。

頯（小頭）　注「小頭」，段氏乚其旁。

補釋　案：《集韻》「頯」字云：「嬴屬，中央廣而兩耑鋭。」《爾雅·釋魚》云：「蚆博而頯。」郭注云：「頯者，中央廣，兩頭鋭。」小頭之意當即據之。「小」疑當作「尖」，尖頭與兩頭鋭義近。

九　葉

柅　惠氏云：「『柅』與十一薺『檷』字同。《易·遘》『初六，繫於金柅』，《説文》引作『檷』，云：『絡絲柎。』知同字也。」

補釋　案：《集韻》本切下有「檷」字，注云：「通作『柅』。」

圮　段氏改作「圮」。

補釋　切三作「圮」。案：段校本《說文》。

敳(刺)　敳，顧氏云：「宋『敳』。」

補釋　宋巾箱本、元本作「敳」，燉煌王韻同。案：《說文》攴部「敳」字云：「刺也。」（《集韻》作「敱」，同。《玉篇》《類篇》皆在攴部。）當從改正。注「刺」字，段氏作「刺」，注云：「今案：『敱』與『撴』雙聲，定作『刺』。」（《集韻》引《說文》作「刺」。）

⿰目啇　顧氏云：「宋『⿰目啇』。」

補釋　宋巾箱本、曹本、黎本、元本均作「⿰目啇」，燉煌王韻同。案：《玉篇》四作「⿰目啇」，與此同。以諧聲言之當從商聲。本書去聲至韻香季切下作「⿰目啇」，是也。《玉篇》疑亦誤。《集韻》作「⿰目蔏」。

巋然高峻皃　皃，顧氏云：「宋無。」

補釋　曹本、元本無「皃」字。

○六止

十　葉

周禮曰司市掌市之治教政形量度禁令　形，顧氏云：「宋『刑』。」

補釋　形，曹本作「刑」。案：《周禮・地官・司市》作「刑」。

世本衛有史朝朱駒　朱，顧氏云：「宋『夫』。」

補釋　案：《姓解》三云：「《世本》衛有大夫姓史朝名朱駒。」與此文同，「朱」字不誤。史朝見《左傳・昭公七年》。或作「史晁」。《元和姓纂》六史晁複姓下云：「《世本》衛史晁之後。」當即一人。此蓋以官名爲氏者，朱駒其後人也。

十一葉

待(又看所望而往)　注「看」字，段氏改作「有」。所，顧氏云：「宋『朔』。」

補釋　待，切三、燉煌王韻作「偫」。(曹本作「待」，誤。)注「所」字，宋巾箱本、曹本作「朔」。案：黄録段氏校本「待」改作「偫」，與《説文》合，(《集韻》亦作「偫」。)是也。此字當改。

詩曰庤乃錢鎛庤具也亦作畤　畤，顧氏云：「宋『偫』。」

補釋　畤，宋巾箱本、元本作「偫」，黎本作「時」。案：《詩・周頌・臣工》云：「庤乃錢鎛。」《周禮・考工記》總目鄭注引「庤」作「偫」。「待」亦「偫」字之誤，當改。玄應《一切經音義》十二云：「『偫』古文作『庤』(○原書作「痔」，誤，今正)，時、峙三形同。」是黎本作「時」亦可。「畤」當爲「時」之誤。

左傳鄭大夫子人氏　氏，顧氏云：「宋『九』，是。」

補釋 宋巾箱本、黎本原作「子人九」。案：《左傳・桓公十四年》云：「鄭子人來尋盟。」杜注云：「子人即弟語也，其後爲子人氏。」以下文魯大夫子服氏例證之，則「氏」字不誤。子人九見《僖公二十八年傳》。

儗 脅 顧氏云：「宋『脅』在上。」

補釋 曹本與宋本同。

○七尾

娓（人名鄭大夫蔡娓） 段氏云：「恐即『己爲蠆尾』之誤。」

補釋 案：「己爲蠆尾」語見《左傳・昭公四年》，係鄭人謗子産者，與此注不涉，段説未詳。蔡娓不見於《左傳》。

十二葉

易曰匪冠婚媾 冠，段氏改作「寇」。顧氏云：「宋『寇』。」

補釋 冠，宋巾箱本、曹本、黎本作「寇」。案：段校據《周易・屯》，是也。

蟦（又符沸切） 注「符」字，顧氏云：「宋『扶』。」

補釋 注「符」字，宋巾箱本、曹本作「扶」。案：「扶」當是「扶」字，疑爲迻寫之誤。「蟦」又見去聲未韻扶涕切。扶、符聲同類，相通。

○八語

左傳有大夫圍公陽　惠氏云：「楚大夫。」

補釋 案：楚大夫圍公陽見《左傳・哀公十六年》。依此書例，「大夫」上當有「楚」字。

桶端連綿木名　桶，段氏改作「桷」。

補釋 案：《韻會》引此文作「桷」，段校是也。

十三葉

世本曰羅父作杵臼　羅，段氏改作「雝」。

補釋 案：本書有韻「臼」字注云：「《世本》曰：雍父作臼。」《太平御覽》七六二引《世本》云：「雍父作舂杵臼。」雍即雝字，段校是也。

禮記曰女者如也　段氏云：「此大戴《本命篇》。」

漢有巨武爲荆州刺史　爲，顧氏云：「宋『馬』，非。」

虡　顧氏云：「宋『虡』。」

補釋　宋巾箱本、元本作「虡」。案：《説文》作「虡」，《集韻》同，當從。

俗作簴　簴，顧氏云：「宋『簴』。」

補釋　簴，宋巾箱本、元本作「簴」，《集韻》作「簴」。

説文曰樻盝負戴器也　樻，段氏改作「樻」。

補釋　樻，宋巾箱本、元本作「樻」，曹本作「樻」。案：《説文》作「樻」，段校據之。（《集韻》作「撌」，誤。《類篇》不誤。）

十四葉

篆(飤牛筐)　注「飤」字，顧氏云：「宋『飲』，非。」

補釋　注「飤」字，宋巾箱本、曹本、黎本、元本皆作「飲」。案：《説文》作「飲」，《韻會》作「飯」，《集韻》作「飤」。「飯」與「飤」同，段氏改作「食」，注云：「按『萎』下曰食牛，『餧』下曰食馬，今正。」

緒(基緒)　注「基」字，顧氏云：「宋『由』。」

補釋　注「基」字，宋巾箱本作「由」。（切三「緒」注云：「次。」敦煌王韻注云：「葉。」）周祖謨云：「『由』蓋『抽』字之誤。《太玄・玄瑩》云：『羣倫抽緒。』」（《校勘記》）案：希麟《音義》六引《切韻》亦作「由緒」。「由」當即「紬」字，《説文》云：「大絲繒也。」《集韻》宥韻「紬」字云：「緒也。」可證。又案：「基」字疑當爲「繭」字，希麟《音義》六引《字書》云：「繭緒也。」「繭」與「基」聲相近，因以致誤。《韻會》「緒」字云：「又基緒，統系也。」疑亦誤。

去（説文从大口也） 口，顧氏云：「當作『凵』。」

補釋 顧説據《説文》。

左傳云難必抒矣 惠氏云：「抒，服虔《左傳解誼》作『汿』，杜預《集解》作『抒』。」

補釋 案：文見《左傳・文公六年》。抒，孔疏云：「服虔作『舒』。」「汿」字爲迻寫之誤。

杼 段氏改作「柔」。

補釋 案：段校本《説文》。

皻（皺皻皮裂） 二「皻」字，段氏改作「皻」。顧氏云：「宋『皻』，又注，皆不誤。」

補釋 皻，宋巾箱本、元本作「皻」，切三、燉煌王韻同。案：「皻」字見上平聲模韻倉胡切卜，从且，注云：「皮皵惡也。」與此注義近。《玉篇》二十六亦作「皻」。（《集韻》誤作「皻」。《類篇》不誤。）

吺咀脩藥也 脩，顧氏云：「宋『清』。」

補釋 脩，宋巾箱本、黎本原作「清」。案：「咀」字又見本韻慈吕切下，注云：「咀嚼。」麌韻「吺」字注云：「吺咀，嚼也。」《集韻》「咀」字云：「吺咀，謂商量斟酌之。」

○九麌

説文低頭也太史公書頫仰字如此　公，段乚其旁。顧氏云：「宋『云』。」

補釋　案：「公」字宋本《説文》作「卜」，《集韻》《韻會》引同。段氏注云：「『卜』或作『公』，誤。《匡謬正俗》引正作『卜』。《漢書·藝文志》蓍龜十五家，四百一卷，《太史卜書》當在其內。言『此』者，以正當時多作『俛仰』，非古也。」

十五葉

武(又州名本自白馬玄地)　注「玄」字，段氏改作「氐」。顧氏云：「宋『氐』，不誤。」

補釋　注「玄」字，宋巾箱本作「互」，當是「互」之誤，即「氐」俗字。案：《漢書·地理志》云：「武都郡，武帝元鼎六年置，莽曰樂平。」注云：「應劭曰：故白馬氐羌。」段校是也。

山海經曰帝後八子始爲舞　後，段氏改爲「俊」。

補釋　《山海經·海內西經》作「帝俊」，段校據之。

鴮鴮越鳥　鴮鴮，顧氏云：「宋『鴮鴮』。」

補釋　鴮，黎本原誤作「鴂」。鴮，燉煌王韻作「鴩」，亦誤。案：《玉篇》二十四云：「鴮鴮越鳥。」與此文同。

十六葉

左傳鄭有大夫豎拊　惠氏云：「昭十六年。」又云：「今《左傳》作『豎柎』。」

補釋　《元和姓纂》六引《左傳》亦作「豎拊」。

以主切十二　二，顧氏云：「宋『三』，非。」

補釋　案：本切下凡十二字，作「十三」，非。

華國志曰郪縣宜君山出麈尾　「華」下段氏補「陽」字。

補釋　「華」下元本有「陽」字。案：此文見《華陽國志·蜀志》，段校是也。

説文曰宗廟宔祏　祏，段氏改作「祏」。

補釋　祏，元本作「祏」。案：段校據《説文》。

炷（燈炷）　惠氏云：「古文作『主』。」

補釋　案：《説文》「主」字云：「鐙中火主也。」即今「炷」字。

、（説文曰有所絶止、而識之也）　二「、」字，顧氏云：「宋『丨』。」

補釋　、，宋巾箱本、元本作「丨」。案：《説文》作「、」，此體勢之異。

黈（黈點義與上同）　注「點」字，惠氏云：「疑。」

補釋 案：《玉篇》二十一「黚」云：「點黚也。」與此注同。《集韻》「黚」與「丶」爲一字。俗稱點畫之丶爲點，疑此注「點」字即「丶」也。又衛恒《四體書勢》引崔瑗《草書勢》云：「黚黚點黭，狀如連珠，絶而不離。」《集韻》上聲紙韻「黚」字云：「黚黚，《草書勢》。崔子玉記。」忝韻「黭」字云：「點黭，《草書勢》。」是「黚點」或爲「黚黚點黭」之省乎？

榪氏木名 氏下，惠氏云：「疑有脱。」

補釋 案：《詩·小雅·十月之交》云：「榪維師氏。」鄭箋云：「榪，氏。」又「榪」見本韻王矩切下，注云：「木名。」此文木名上當脱「又」字。

羸陾縣名在交阯 羸，段氏改作「羸」。

補釋 羸，宋巾箱本、黎本作「羸」，切三、燉煌王韻作「羸」。案：本書下平聲先韻落賢切下有「羸」字，注云：「羸陾縣在交趾。」與此文同，段校據之。（《集韻》作「羸」，即「羸」之譌。）《漢書·地理志》作「羸陾」，注引孟康云：「羸音蓮。」

又虜三字姓三氏 下三字，顧氏云：「宋『二』。」

補釋 宋巾箱本作「二」。案：下文凡吐谷渾、吐伏盧二氏，作「二」是也。

○十姥

十七葉

楛(木名可染繒) 楛，段氏改作「枰」。

補釋 楛，黎本作「枰」。案：《集韻》《類篇》均作「枰」。「枰」字見本書上平聲模韻落胡切下，注云：「黄枰木可染也。」與此注合，段校是也。(「楛」見入聲末韻郎括切、薛韻力輟切下，注云：「木名。」)

居 顧氏云：「宋『居』。」

補釋 案《説文》在厂部作「居」，《集韻》同。本韻侯古切下作「居」，不誤，當據改正。

古(又姓) 惠氏云：「漢有古霸，見《東平王傳》。孝子古初見《郅惲傳》。」

補釋 漢，曹本作「魏」。案：《魏書·官氏志》有「胡古口引氏，後改爲侯氏」。胡疑爲胡族之稱，《元和姓纂》六作「古口引氏」。「漢」字誤。

後漢書有古口引氏 漢，顧氏云：「宋『魏』，不誤。」

鼓(小作鼓) 注「鼓」字，顧氏云：「宋『鼓』。」

補釋 注「鼓」字，宋巾箱本作「鼓」，元本作「鼓」。周祖謨云：「此作『鼓』，非。鼓，《説文》：『擊鼓也。』與『鼓』字有別。」(《校勘記》)

五(又姓左傳有五奢) 惠氏云：「俗本(〇原書作「木」，今正)《左傳》皆从人旁五。唐石經猶從古，後人改刻從人。」

補釋　案《漢書·古今人表》有五聲五子胥，伍奢伍尚仍作伍。今《左傳》五皆从人作伍。《古今姓氏書辨證》二十四云：「謹案：史傳伍奢父子皆作『五』，則『伍』『五』通用。《陳涉傳》有銍人五逢。」（《元和姓纂》六五姓云：「本伍氏，避仇去『人』氏焉。」其説於史傳不符，茲不取。）

風俗通云氏於職焉三烏五鹿是也　惠氏云：「三烏，複姓。沛郡上計掾三烏羣。」

補釋　案：《潛夫論·志氏姓》云：「三烏五鹿，青牛白馬，所謂志也。」《古今姓氏書辨證》二十四云：「《風俗通》曰：氏於官者三烏五鹿。」與此文同。三烏羣見本書下平聲談韻「三」字注。《通志·氏族略》三云：「《風俗通》：漢有三烏羣爲上郡計。」

粗（麤也）　注「麤」字，顧氏云：「宋『麄』。」

十八葉

戴延西征記曰　「延」下，段氏云：「即戴延之也。」顧氏云：「宋有『之』。」

補釋　戴延之《西征記》二卷見《隋書·經籍志》。

軥（車頭中骨）　注「骨」字，顧氏云：「宋『也』。」

補釋　注「骨」字，宋巾箱本、黎本原作「也」。案：《玉篇》十八「軥」字云：「頭中骨。」

苦（麤也） 注「麤」字，顧氏云：「宋『麄』。」

西京記云抱土含䖖 記，段氏改作「賦」。

補釋 案：《文選·西京賦》云：「抱土含鄂。」「土」與「杜」、「䖖」與「鄂」古通。（抱，黎本原誤作「枹」。）

○十一薺

禮（又姓） 惠氏云：「《後漢》有平原禮震，見《歐陽歙傳》。」

艬（大舟也） 注文，顧氏云：「宋『小船補也』。」

補釋 注文，宋巾箱本、黎本、元本作「小船補也」。切三注云：「小舡。」案：「艬」字《説文》作「欚」，云：「江中大船也。」《玉篇》十八「艬」字云：「大舟。」（《集韻》同）爲此注所據。原本《玉篇》「艬」字云：「《字書》或『欚』字也。欚，小艖也。在木部。」洪稚仁（亮吉）《釋舟》云：「大舟又謂之欚，《方言》：『東南丹陽會稽之間謂艖爲欚。』按《方言》艖爲小舸，欚與艖同，則欚亦不盡是大舟矣。」（《卷施閣文甲集》）是「艬」字亦可訓小艖，與「小船補也」義近。

欚（亦作艬） 注文，顧氏云：「宋無三字。」

補釋 注三字，宋巾箱本、曹本、黎本、元本皆無。

十九葉

晵(説文云雨而晝晴也)　注「晴」字，顧氏云：「宋『止』。」

補釋　注「晴」字，宋巾箱本、黎本作「姓」，與《説文》合。「姓」即「晴」字。曹本、元本注作「《説文》：雨而晝見日」。案：「晵」字又見去聲線韻去戰切下，注云：「雨而晝止。」與宋本此注同。

⿱⿰户夂月(肥腸)　注「肥」字，段氏改作「腓」。

補釋　案：「⿱⿰户夂月」又見去聲霽韻苦結切下，注云：「《字林》云：腨腸。」《説文》「腨」字云：「腓腸也。」(《廣雅·釋親》云：「腓、⿱⿰户夂月，腨也。」)段校據之。《山海經·海外北經》云：「無⿱⿰户夂月之國爲人無⿱⿰户夂月。」郭傳云：「⿱⿰户夂月，肥腸也。」郝蘭皋云：「郭注『肥腸』當爲『腓腸』，因聲同而譌也。《玉篇》亦作『肥腸』，又承郭注而譌。」郝説與段校同。(「腨」字亦作「蹲」，慧琳《音義》七十五云：「《字書》云蹲謂腓腸也。《古今正字》从足耑聲，或作『腨』字。」)

米(説文作米)　注「米」字，惠氏改作「米」。

補釋　惠校本《説文》。

蓙　侳　顧氏云：「宋『侳』在上。」

補釋　曹本與宋本同。

○十二蟹

晉有解狐解楊　楊，惠氏改作「揚」。

補釋　案：《左傳·宣公十五年》作「解揚」，惠校據之。《漢書·古今人表》作「解陽」，解狐見《左傳·襄公三年》。

獬(陸作獬豸也)　惠氏云：「陸輯本。」

補釋　案：隋陸法言《切韻》本。切三「獬」字云：「獬豸獸名。」可證。

芐　顧氏云：「宋『芐』。」

補釋　宋巾箱本、曹本、黎本、元本作「芐」，切三同。《集韻》作「芐」。

二十葉

拐(手脚之物枝也)　注「物枝」，顧氏云：「宋『拐拐』。」

○十三駭

𦁦(䆯𦁦)　鍇(鐵好)　注「䆯𦁦」及正文「鍇」，顧氏云：「宋脱去。」

補釋　案：蟹韻「𦤸」字注云：「𦤸𩑶，短也。」與「𩑶」注同。「𨎲」字，《説文》云：「九江謂鐵曰𨎲。」爲「𨎲」注所本。《集韻》本切下有「𩑶」「𨎲」二字。宋脱，非。（𩑶，黎本原作「𩑶」，誤。）

○十四賄

讃（説文胡對切中止也）　注「胡對切中止也」，顧氏云：「宋『云中止也。又胡對切』，與此不同，似是。」

補釋　宋巾箱本、曹本、元本注與宋本同。案：本韻「聉」字注云：「《説文》：五滑切，無知意也。」是釋義不必在音切前也。

二十一葉

顡（説文音聵癡顛不聰明也）　注「顛」字，段氏改作「顡」。

補釋　案：「顡」字又見去聲怪韻他怪切，注云：「《説文》：癡顡不聰明也。」段校據之。今《説文》作「癡不聰明也」。段氏亦據《玉篇》《廣韻》補「顡」字。

嵬（又玉回切）　注「玉」字，顧氏云：「宋『五』。」

補釋　注「玉」字，曹本、元本作「五」。案：「嵬」字又上平聲灰韻五灰切下，「玉」字誤。

○十五海

呼改切二　二，顧氏云：「宋『三』。」

補釋　宋巾箱本、曹本、元本作「三」，與本切字數合，是。

駘（又音臺十）　注「十」下，顧氏云：「宋有『一』。」

補釋　宋巾箱本、曹本、黎本、元本均作「十一」，與本切下字數合，是。

戰國策晉有亥唐　段氏云：「當云《孟子》。」顧氏云：「廣圻案：此衍『策』字。」

補釋　案：亥唐爲晉平公時人，見《孟子·萬章下》，非戰國時人，顧說似未允。《古今姓氏辨證》二十四作「《孟子》」。姚寬以爲《戰國策》逸文。

豎孩神人　豎，段氏改作「竪」。

補釋　案：豎該見《山海經·海外東經》。

二十二葉

○十六軫

診（候脤）　注「脤」字，段氏改作「脈」。

補釋　注「脤」字，元本作「診」。案：《史記・扁鵲倉公傳》云：「特以診脈爲名耳。」《列子・力命》云：「診其所疾。」殷敬順《釋文》云：「診，候脈也。」段校據之。

蟦衍蚰蜒　顧氏在「蜒」旁加△，云：「宋『入』。」

補釋　案：《爾雅・釋蟲》云：「蟦衕入耳。」郭注云：「蚰蜒。」《釋文》云：「『衕』本又作『蛩』。」《方言》十一云：「蚰蜒自關而東謂之蟦蛩，或謂之入耳。」爲此文所本。宋本「入」字下當脱「耳」字，疑迻寫之譌。

揗（伸又布也）　注文，段氏改作「申布也」。

補釋　案：《玉篇》六揗字云：「申布也。」（《集韻》在準韻，注同。）段校據之。燉煌王韻「揗」字云：「布。」

二十三葉

○十七準

齊定王時有尹文子　定，段氏改作「宣」。

補釋　案：《漢書・藝文志・尹文子》一篇云：「説齊宣王，先公孫龍。」段校是也。

朐（漢朐䏰縣名在巴東郡地下溼多朐䏰蟲）　朐，顧氏云：「宋『朐』，又注。」

補釋 朐，宋巾箱本、黎本、元本作「朐」。案：《漢書·地理志》作「朐忍」，《補注》引錢大昭云：「《郡國志》《曹全碑》並作『朐忍』。顔音朐爲劬，是也。闞駰《十三州志》乃曰：『朐音春，䏰音閏。其地下溼，多朐䏰蟲，因以名縣。』既有春音，則字已近朐。然《玉篇》無『朐』字，《通典·州郡門》作『朐䏰』。朐音如順切，䏰音如尹切，讀如閏蠢。杜雖用闞音，字猶未變。至徐鉉定《説文》，竟於肉附入『朐䏰』二字，可謂好信異説矣。」《説文》新附字「朐」云：「朐䏰，蟲名。漢中有朐䏰縣，地下多此蟲，因以爲名，从肉旬聲。」夷考其義，當作潤蠢，如順切。」《説文》「朐」字段氏注云：「朐引伸爲凡屈曲之偁。漢巴郡有朐忍縣。《十三州志》曰：『其地下溼，多朐忍蟲，因名。』朐忍蟲即蚯蚓，今俗云曲蟺也。漢碑、古書皆作朐忍無異。不知何時『朐』譌『朐』，『忍』譌『䏰』。闞駰上音春，下音閏。《通典》上音蠢，下音如尹切。《廣韻》則上音蠢，下音閏。而大徐乃於肉部增『朐』『䏰』二篆，上音如順，下音尺尹。不知爲朐忍之字誤，且謂其地在漢中，又不知漢朐忍在今夔州府雲陽縣名萬户垻者，是去漢中遠甚。」錢、段二氏説同，是「朐䏰」爲「朐忍」之誤無疑。「朐」字見本書上平聲虞韻其俱切下，字誤作「朐」。

○十八吻

户吻切十二 三，顧氏云：「宋『四』。」

補釋 宋巾箱本、曹本、元本作「十四」，與本切字數合，是也。

齔(百勞所化) 注「化」字，顧氏云：「宋『作』。」

補釋 注「化」字，宋巾箱本作「作」，與《説文》合，《集韻》亦作「作」。

二十四葉

抎 惠氏云：「古『隕』字。」

補釋 案：《説文》「抎」字引《春秋傳》云：「抎子辱矣。」抎，今《左傳·成公二年》作「隕」。「抎」爲「隕」之古字。

左傳云無勇麇之 惠氏於「無勇」旁注云：「趙羅。」

補釋 案：《左傳·哀公二年》云：「趙羅，宋勇爲右，羅無勇，麇之。」「勇」上脱「羅」字，當補。

○十九隱

檃(説文括也) 段氏云：「今作『檃』。」

居隱切十 「十」下，顧云：「宋有『一』。」

補釋　宋巾箱本、曹本、元本作「十二」，與本切下字數合，是。

巹　段氏改作「巹」。顧氏云：「宋『巹』。」

補釋　宋巾箱本、黎本作「巹」，曹本作「巹」，切一、燉煌王韻同。「巹」即「巹」字。案：《說文》在巳部作「巹」。段校據之。《集韻》亦作「巹」。

○二十阮

阮（姓出陳留）　惠氏云：「《後漢》有南陽太守阮況。」

補釋　案：阮況見《後漢書・任光傳》。

左傳曰晉侯鄭伯戰于鄢陵　惠氏云：「有脱。」

補釋　案：《春秋經・宣公十六年》云：「晉侯及楚子鄭伯戰於鄢陵。」

匽　惠氏云：「匽姓。《後漢》有匽后。」

補釋　案：《古今姓氏書辨證》二十五有匽姓，云：「後漢孝莊帝母匽氏諱明。」《史記》曰：「匽姓，皋陶之後。」按此則偃姓，後世或去「人」爲「匽」。鄧氏以匽即偃氏，是也。惟愚疑「匽」爲本字，後世或加「人」爲「偃」，恰與相反。匽后見《後漢書・皇后本紀》。

屵（屵碣又大脣）　注「又」字，段氏删。

補釋　案：入聲藥韻昌約切下「⿰石肩」字注云：「大脣屵⿰石肩皃。」與注互證，不當有「又」字，段删是也。切一、切三、燉煌王韻「屵」字注皆云：「屵⿰石肩，大脣皃。『⿰石肩』字處灼反。」無「又」字，可證。

二十五葉

阪（大陂不平）　注「陂」字，顧氏云：「宋『阪』。」

補釋　注「陂」字，曹本、元本作「阪」。燉煌王韻「阪」字云：「大坡。」案：《説文》「阪」字云：「坡者曰阪。一曰澤障，一曰山脅。」「陂」字云：「阪也。」則「陂」字不誤。（《倭名類聚抄》一引《唐韻》云：「坂，地險也。」與此不同。）

〇二十一混

沌（混沌）　坉（上同）　顧氏云：「『坉』疑『伅』，見『倱』（〇原書作「混」，不合，殆迻寫之誤，今正）字下。」

補釋　案：《本韻》「倱」字下注云：「倱伅，四凶之一。《春秋》（案：當脱「傳」字）作『混沌』。」顧説據之，是也。切一、切三正作「伅」，注云：「倱伅。」可證。《集韻》「伅」「敦」爲一字，云：「倱伅，不慧。或作『敦』。」（燉煌王韻「沌」字注云：「混沌。亦作『⿰阝屯』、『坉』。」是作「坉」亦可。按：混沌爲叠韻，「沌」字作「伅」、作「坉」、作「阤」、作「敦」，音紐相符，皆通。然以體例言之，仍以作「伅」爲是。）慧琳《音義》七十四引《通俗文》云：「大而無形曰倱伅也。」

㡒（貯也） 注「貯」字，段氏改作「䶛」。

補釋 案：《説文》「㡒」字云：「載米䶛也。」「䶛」字云：「㡒也。」（《集韻》亦云：「載米䶛。」）段校據之。

䯨（尚書本作鯀） 注「鯀」字，顧氏云：「宋『鯀』。」

補釋 注「鯀」字，宋巾箱本、曹本、黎本、原元本皆作「鯀」，與今《尚書・堯典》同。

輥（車轂齊等皃） 惠氏云：「見《考工》。」

補釋 案：此注本《説文》。又《説文》引《周禮》云：「望其轂，欲其輥。」輥，《周禮・考工記・輪人》作「眼」，鄭注云：「出大貌也。鄭司農云：『眼讀如限切之限。』」《釋文》讀作魚懇反。（《集韻》本韻魚懇切下有「限」與「眼」字，依二鄭音讀也。本書無之。）

二十六葉

獖（守犬） 注「守」字，顧氏云：「宋『牢』。」

補釋 案：《廣雅・釋畜》云：「狂獖，犬屬。」王懷祖云：「《初學》（案當脱「記」字）引《纂文》云：『守犬爲獖。』」《集韻》「獖」字云：「一曰守犬。」是「守」字不誤。

撪（車弓） 撪，段氏改作「輽」。

補釋 撪，曹本作「輽」。案：《玉篇》木部「輽」字云：「步本切。又拘簍車弓也。」與此注音義均合，段校是也。《集韻》作「輽」，不誤。

○二十二很

墾 段氏改作「𡐤」。

補釋 段校本《說文》。

懇 段氏改作「𢤱」。

補釋 段校本《說文》。

○二十三旱

亶 惠氏云：「亶姓。《後漢》有中謁者亶誦，見《律曆（○原書作「術」，誤，今正）志》。」

補釋 案：《古今姓氏書辨證》宋本目有亶姓，今本書無之。

又羌複姓有罕井氏　井，段氏改作「幵」。

補釋　案：罕幵羌見《漢書·趙充國傳》。《古今姓氏書辨證》二十五云：「罕幵，虜姓。」段校是也。（《通志·氏族略》五亦誤作「罕井」。）

二十七葉

鬢（款皃）　注「款」字，顧氏云：「宋『欵』，疑。」

補釋　案：《玉篇》五「鬢」字云：「髮光澤也。」「鬢」又見本書去聲翰韻則旰切下，注與之同。《集韻》在緩韻，注云：「髮好也。一曰光澤皃。」此注「款」字疑爲「髮」字之誤。「款」、「髮」草書形相似。（元本注作「款」也。）

○二十四緩

悹悹憂無告也　悹，惠氏云：「《爾雅》作『灌』。」

補釋　案：見《爾雅·釋訓》。《釋文》「灌」本或作「懽」。《玉篇》八「悹」字注亦作「悹悹憂無告也」。《釋訓》又云：「痯痯病也。」鄭注云：「賢人失志懷憂病也。」「痯」即「悹」字，《說文》「悹」字云：「憂也。」亦與「懽懽」相同。本書去聲換韻「懽」字云：「憂無告也。」

詩傳云𢡱𢡱無所依　惠氏云：「《詩》作『管管』。」

補釋　案：今《詩・大雅・板》作「管管」。

鏉（鏉鏠）　注「鏠」字，段氏改作「縫」。

補釋　案：《匡謬正俗》六「鏉」字云：「今官曹文案於紙縫上署記謂之欵縫者，何也？答曰：此語言元出晉魏律令，《字林》本作『鏉，刻也』。古未有紙之時，所有簿領皆用簡牘，其編連之處恐有移動，故於縫上刻記之，謂之鏉縫。」段校據之，是也。（「鏉」又見去聲換韻口喚切下，注云：「燒鐵炙也。」《集韻》換韻「鏉」字注云：「一曰灼鐵以識簡次。」與「鏉縫」義同。）

稉（方言曰沛國呼稻也）　注「方言」，段氏云：「此《説文》語。」

伴（侣也）　惠氏云：「《九章》曰：又何以爲此伴也。」王逸云：「伴，侣也。」

鏋（金精）　注「精」字，顧氏云：「宋無。」

補釋　宋巾箱本、黎本注無「精」字，元本注云：「金也。」案：《集韻》云：「金精謂之鏋。」與此注同。

〇二十五潸

赧　段氏改作「赧」（原書作「赧」，疑迻寫之誤，今據《説文》正）。

補釋　曹本作「赧」，切一、切三、燉煌王韻作「䞕」。案：段校本《説文》。

俗作赧　赧，顧氏云：「宋『䞕』。」

補釋　赧，曹本作「䞕」。周祖謨云：「案：赧，唐人俗寫作『䞕』。《集韻》『赧』或从皮。」

僩（又音簡）　注「音簡」，顧氏云：「宋『姑限切』。」

補釋　注「音簡」，曹本作「姑限切」，切三同。（切一作「始限切」，「始」爲「姑」之譌。）案：「僩」字又見産韻古限切下，「音簡」亦同。

䴮（黄蒸子玉篇餅也）　注「玉篇餅也」，顧氏云：「宋無四字。」又云：「有也。」

補釋　注文，宋巾箱本、曹本、黎本、元本均作「黄蒸子也」。《集韻》云：「黄蒸䴮子。」（《玉篇》十五「䴮」字云：「胡關切。䴮餅也。」本書上平聲删韻户關切下無「䴮」字。）

二十八葉

○二十六産

⿵門艮（又作痕⿸户艮）　注「痕」字，段氏改作「⿸户艮」。（案：「⿸户艮」字當作「⿸户艮」。《集韻》「⿸户艮」爲「⿵門艮」之或字，《類篇》在户部。此殆爲迻寫之誤，當正。）

○二十七銑

二十九葉

哯（又不顧而吐）　惠氏云：「出《玉篇》。」

補釋　切三「哯」注云：「歐亂。」案：《説文》「哯」字云：「不歐而吐也。」段氏注云：「欠部曰：歐，吐也。歐以匈喉言，吐以出口言也。有匈喉不作惡而已吐出者，謂之哯。《玉篇》《廣韻》作『不顧而唾』，非也。」

緆（緆綃）　注「綃」字，段氏改作「緒」。

補釋　切三「緆」注云：「緆絹。」案：《説文》「絛」字云：「扁緒也。」段氏注云：「《廣雅》作『緆緒』，《漢書》及賈生《新書》『偏諸』。蓋上字作『緆』，下字作『諸』，爲是。諸者，合衆采也。《賈誼傳》曰：『僮者，爲之繡衣絲履偏諸緣。』服虔曰：『偏諸如牙條，以作履緣。』又：『白縠之表，薄紈之裏，緁以偏諸。』」此校蓋本《説文》。

到（一虎者非也）　到，段氏改作「倒」，顧氏又改作「到」。

補釋　案：「到」與「倒」，古字同，故顧氏以爲不必改。

輯（説文曰大車縛軛靼也）　注「靼」字，段氏改作「鞙」。

補釋　段校本《說文》。

𤸷（骨風病也。）　𤸷，顧氏云：「宋『𤸷』。」

補釋　𤸷，元本作「𤺌」。案：《集韻》作「𤺌」，去聲綫韻𣈞面切下同。（本書線韻婢面切下無之。）《類篇》在疒部，是也，當據改正。

狗有懸蹄者曰犬　者，顧氏云：「宋無。」

補釋　曹本無「者」字。案：《說文》「犬」字云：「狗之有懸蹄者也。」

○二十八獮

三十葉

槽（木瘤）　注「瘤」字，顧氏云：「宋『瘤』。」

補釋　注「瘤」字，曹本、元本作「瘤」，《集韻》同，是也，當正。

幝（車蔽）　注「蔽」字，段氏改作「敝」。

補釋　案：《詩·小雅·杕杜》云：「檀車幝幝。」毛傳云：「敝貌。」段校據之。《集韻》云：「車弊皃。」「弊」亦當作「敝」。

搴（取也）搴（上同）　搴，段氏改作「攓」。

補釋　案：《方言》十云：「攓，取也。楚謂之攓。」段校據之。《玉篇》十「㩮」在「搴」字下，云：「同上，出《説文》。」今《説文》作「攐」，當爲「攐」之誤。《集韻》攐、攓、搴爲一字，注云：「俗作『㩮』，非是。」

譱　顧氏云：「宋『譱』。」

補釋　曹本、元本作「譱」。

墠（除墠地名）　注「除墠」，顧氏云：「宋『徐壇』。」

補釋　注「墠」字，宋巾箱本、黎本原作「壇」。切三「墠」字注云：「壇墠。」趙元任云：「此文不可通。當作『除地曰墠』。《禮記・祭法》『一壇一墠』注：『除地曰墠。』《書・金縢》傳：『墠，除地也。』均其證。」（周氏《校勘記》引）案：趙説是也。《公羊傳・宣公十八年》云：「墠帷。」何注云：「埽地曰墠。今齊俗名之云爾。」埽地即除地也。此注例誤，疑爲「除地名墠」。（《集韻》「墠」字云：「一曰：除地祭處。」）

鱓（異苑云死人髮化也）　注「化」字，顧氏云：「宋『作』。」

補釋　注「化」字，宋巾箱本、黎本原作「作」。

鄯（又音擅）　注「擅」字，顧氏云：「宋『亶』。」

補釋　案：「鄯」又見去聲線韻，與「擅」同紐，此注音擅是也。「亶」見下平聲仙韻諸延切下，同紐無「鄯」字，不合。宋本誤也。

翦（戩也齊也殺也勒也俗作剪） 惠氏云：「案：《説文》『翦』从羽，前聲。羽生也。剪从刀前聲，前，斷也。翦剪異物，難分雅俗。」

補釋 注「勒」字，宋巾箱本作「勤」，與《爾雅・釋詁》合，疑是。案：《集韻》「翦」字云：「《説文》：羽生也。」「前」字云：「《説文》：齊斷也。俗作『剪』，非是。」翦、剪二字義不同。此注疑與下文「剪」字淆。（《韻會》與《集韻》同，惟「前」字作「剪」，注云：「通作『翦』。」是二字已溷矣。）

陶人爲甗甗無底甑也 下「甗」字，顧氏云：「宋無。」

補釋 曹本無下「甗」字。

䛒 段氏改作「𧦝」，云：「𧦝爲辨，見《魏書・江式傳》。」

補釋 案：宋祁《筆記》中云：「後魏北齊時里俗作僞字最多，如巧言爲辯，文字爲學之比。隋有柳䛒，又『𧦝』之訛，以『巩』易『巧』矣。予見佛書，以言辯字多作䛒，世人不復辨詰。」則「𧦝」又訛爲「䛒」矣。《玉篇》言部亦作「䛒」，張自烈《正字通》「䛒」「䛒」二字並收，亦以爲「𧦝」字之僞。

三十一葉

䩌（勒靻名也） 注「靻」字，段氏改作「靼」。

補釋 段校本《説文》。

瞏（説文曰兒初生蔽目者） 注「蔽目」，段氏改作「瞥」。

補釋 案：注「蔽目」，《説文》作「瞥」，段校據之。段氏本《説文》「瞥」字，又改作「蔽目」，注云：「蔽目謂外有物雍蔽之，非牟子之翳也。」是段氏晚年以「蔽目」爲然也。（《玉篇》四「瞏」字注亦作「蔽目」。《集韻》作「瞥」。）

莬（萸也） 注「萸」字，惠氏云：「疑『萸』。」

補釋 案：「莬」字又見本韻以轉切下，注云：「草也。」（《集韻》本切下無「莬」字，以轉切下有，注云：「草名，雀弁也。」萸非草名，故惠氏以爲「萸」之誤。）《爾雅・釋草》云：「莬，雀弁。」郭注云：「未詳。」郝蘭皋疏云：「下文蔨蘆，陸機疏：『一名爵弁。』『爵』與『雀』古字通。」萸爲木耳，與莬疑非一物。

圎（囚刑固出） 注「固」字，顧氏云：「宋『圓』。」

補釋 注「固」字，宋巾箱本、黎本作「圓」。案：《集韻》《類篇》作「固」，「固」疑與「錮」同。（元本「圎」字注云：「囚刑固。」）

選（思兖切又思絹切又思管切三） 注文，顧氏云：「宋『思絹、思管二切，三』，非。」

補釋 曹本注與宋本同。元本注作：「又思絹、思管二切。」

蜎（一名孑孑） 注「孑孑」，惠氏改作「孑孓」。

補釋　案：《爾雅・釋魚》郭注作「孑孓」，惠校是也。（宋巾箱本作「孑孑」，誤。）

三十二葉

蒧（備也一曰去貨）　惠氏云：「《春秋傳》曰『以蒧陳事』，賈逵曰：『勅也。』服虔同。」

補釋　案：《説文》新附字有「蒧」字，注引《春秋傳》，與惠氏同。賈服注見《左傳・文公十七年》本疏。

○二十九條

磟㠥垂皃　㠥，段氏云：「未詳。」顧氏云：「宋『虳』。」

補釋　案：《集韻》「磟」字注云：「磟𥔲，石垂皃。」「𥔲」字注云：「磟𥔲，懸石皃。」（本書本韻都了、士了二切下均無「𥔲」字。）「㠥」與「𥔲」音切相同，磟㠥爲疊韻，「磟㠥」疑即「磟𥔲」也。「垂」上當脱「石」字。

窈（窈窱深也静也）　注「深也」之「也」字，惠氏云：「疑衍。」

補釋　案：本韻「窱」字注云：「窈窱，深遠皃。」與此注相證，當無「也」字，惠校殆據之。

𨁈𧿹長而不勁　𧿹，段氏乚其旁。

補釋　案：《集韻》「𨲎」字注云：「𨲎𨱬，長而不勁。」「𨱬」字注同。「𨱬」字本書亦誤作「𨲠」，説見下。切三注無「不」字，殆脱。

𨲠（𨲎𨲠）　二「𨲠」字，段氏云：「𨱬，《集韻》《文子·自然》《淮南·齊俗》皆曰『沙地宜𨱬』。」

補釋　案：「沙地宜𨱬」，今本《淮南》高注「𨱬」作「肆」。盧召弓（文弨）云：「唯葉林宗本作『𨱬』，从長从朩。案：《文子·自然篇》：『水用舟，沙用𨱬，泥用楯，山用樏。』《釋音》云：『𨱬，乃烏切，推版具。』今檢《玉篇》無『𨱬』字，有『𨱬』字，从镸从土从小。《音正》同，云：『𨲎𨱬長不勁。』蓋與『婹嫋』同義。《廣韻》則从镸从赤。三字不同。案：『朩』字亦有茾音，當以从朩爲正。」

嬥（韓詩云嬥歌）　惠氏云：「《韓詩》：嬥嬥公子。」注「韓」字，顧氏云：「宋『又』。」

補釋　案：《詩·小雅·大東》云：「佻佻公子，行彼周行。」《釋文》云：「佻佻，《韓詩》作『嬥嬥』，往來皃。」惠説據之。

三十三葉

○三十小

戰國策趙有大夫庳賈　策，顧氏云：「亦衍。」

補釋　案：《姓解》一亦作「《戰國策》」，注與此同。《古今姓氏書辨證》二十五庳姓云：

「與『肇』同，亦作『兆』。《戰國策》趙將軍庫賈之後。」姚寬以爲《戰國策》佚文。

趙（少也久也）　注「久」字，段氏改作「夂」。

補釋　案：趙，《説文》云：「趍趙也。」「夂」訓爲行遲曳夂夂，與「綏」同。二字義相近。

釋名曰龜蛇爲旐　「釋名」，顧氏曰：「宋無。」

補釋　曹本無「釋名」二字。案：文見《釋名·釋兵》。

字統云　惠氏云：「《字統》二十一卷，楊承慶撰。」

補釋　楊承慶《字統》見《隋書·經籍志》。

敿（盾也）　盾，段氏改作「繫」。（黄録段校本注「盾」上補「繫」字。）

補釋　案：《説文》「敿」字云：「繫連也。《周書》曰：『敿乃干。』」段氏注云：「《粊誓》某氏注云：『施汝盾紛。』王云：『敿盾當有紛繫持之。』鄭云：『敿猶繫也。』按鄭云『猶』者，鄭意敿是繑拂之偁，敿之而後繫之，非一事也。敿不訓繫，故云『猶』。」是此校當從黄録本「盾」上補「繫」字。

左傳晉大夫矯文　段氏疑。

補釋　案：《元和姓纂》七、《通志·氏族略》均作「《左傳》晉大夫矯父」。今《左傳》未見。《姓氏急就篇》上引《廣韻》云：「《風俗通》：晉大夫矯父之後。」「文」字當從改作「父」。「左傳」疑爲「風俗通」之誤。

後漢有蟜慎字彦仲　惠氏云：「案：《逸民傳》慎字仲彦，又作『蟜』，與此異也。」

補釋　案：《姓解》二蟜姓云：「《姓苑》漢有蟜慎，字彦仲。亦作『蟜』。」蟜姓云：「《東觀漢紀》有蟜慎。」《元和姓纂》七蟜姓云：「後魏蟜慎，扶風人。」「魏」當是「漢」字之誤，無蟜姓。

狢（獪也）　狢，顧氏云：「宋『狢』。」

補釋　宋巾箱本、曹本、元本作「狢」。案：「狢」字从咎，本書有韻作「咎」，則《説文》「咎」字在人部，則「狢」字爲是。《集韻》作「狢」，燉煌王韻本亦誤作「狢」。

三十四葉

眈抗　段氏初改作「眈抗」。顧又云：「此必宂聲，改『穴』最謬。」

補釋　元本作「眈抗」。案：《説文》「眈」「抗」二字，或譌從穴。（宋本「眈」亦作从穴。）段氏注本皆作從宂。此校疑初據爲通行之《説文》譌本，繼爲之訂正以釋耳。

力小切　小，顧氏云：「宋『少』。」

補釋　小，曹本作「少」。少、小音同，相通。

〇三十一巧

佼（庸人之敏説文交也）　惠氏云：「古以『佼』爲『交』，見《管子》。」又云：「佼姓。漢有佼彊，見《王昌傳》。」

補釋　案：《廣雅・釋言》云：「佼，交也。」《史記・趙世家》云：「齊之事王，宜爲上佼。」上佼，《戰國策・趙策》一作「上交」，是「佼」與「交」相通。佼姓，《姓解》一有之。《古今姓氏書辨證》二十五亦有云：「《後漢・劉永傳》：『更始拜西防賊帥佼彊爲横行將軍。』注曰：『佼音絞。』又曰：『周原伯佼之後，見《蓋延傳》。』」

昴茆二字及注　顧氏云：「宋倒轉。」

補釋　曹本與宋本同。

烄（烄木然也）⿰炎攵（上同）　⿰炎攵，惠氏云：「疑。」

補釋　案：「⿰炎攵」當作「⿰烄攵」，形似而誤。《説文》「⿰烄攵」字云：「交灼木也。」大徐音古巧切，與「烄」音義相同。《玉篇》二十一「⿰烄攵」與「烄」爲同字，與此相合，可證。（燉煌王韻「⿰炎支」注云：「交炊木。」「⿰炎支」即「⿰炎攵」，亦誤。《集韻》「烄」「⿰烄攵」爲二字。「⿰烄攵」字不誤。）

抓（亂搔搯也）　注「搯」字，惠氏云：「疑『掐』。」

補釋　案：《玉篇》六「掐」字云：「抓也。爪按曰掐。」「搯」義不合。惠説是也。

⿱日儿　顧氏改作「⿱日乚」。

補釋　案：《集韻》作「⿱日乚」，顧校據之。⿱日儿，平聲肴韻於交切下誤作「⿱宀儿」，説見二卷十二葉七條。

三十五葉

鸐　炒　顧氏云：「宋倒轉。」

補釋　曹本與宋本同。

○三十二晧

又姓本出武落鍾離山黑穴中者見蜀録　惠氏云：「當考。」

補釋　案：《古今姓氏書辨證》二十六云：「《蜀録》有暤氏，出武落鍾離山黑穴中。」與此文同，當出崔鴻書。

夰（長也）　顧氏云：「宋『夰（夰長也）』。」

補釋　夰，宋巾箱本、曹本作「夰」，燉煌王韻亦作「夰」（注云：「是。」當誤）。案：《玉篇》二十一、《集韻》皆作「夰」。

堖（頭堖）　二「堖」字，段氏改作「𡿺」。

補釋　案：「堖」字，《説文》在匕部，作「𡿺」，段校據之。《集韻》「𡿺」，不誤。

蚤（又古借爲蚤暮字）　注「蚤」字，段氏改作「早」。

補釋 案：上文「早」字注云：「晨也。」是「早」爲早暮本字，「蚤」爲借用字，此注不當作「蚤」，段校是也。

三十六葉

臯本藥 **補釋** 宋巾箱本、曹本、元本「藥」下有「名」字。

「藥」下，顧氏云：「宋有『名』。」

冃(重覆) 惠氏云：「疑『冃』。」又云：「不然，見候韻。」

補釋 案：《説文》「冃」云：「重覆也。」爲此文所本。「冃」又見去聲候韻莫候切下。

○三十三哿

袉(長舒皃) 顧氏云：「宋『忙』。疑『拕』。」

補釋 袉，元本作「袉」。案：「袉」又見本韻徒可切下，注云：「裾也。」《集韻》亦作「袉」。「袉」字本訓爲裾，引伸爲長舒義，从衣爲是。（《説文》「袉」字云：「裾也。从衣它聲。」《論語》曰：『朝服袉紳。』」袉，今《論語·鄉黨》作「拖」，「拖」即「拕」字，故顧氏疑此字爲「拕」。）

鄵(鄵鈞) 注「鈞」字，顧氏云：「宋『鈞』。」

補釋　注「鈞」，黎本作「釣」。案：鉚，《集韻》作「鉚」，注云：「曳釣也。」

三十七葉

秦有左師觸龍　秦，段氏改作「趙」。

補釋　趙左師觸龍見《史記·趙世家》。（《戰國策·趙策》誤作「觸讋」，説見《讀書雜志》。）

○三十四果

揣（揺也）　注「揺」字，段氏改作「捶」。

補釋　案：《説文》「揣」字云：「一曰捶之。」段校據之。

稛（小積）　「積」下，顧氏云：「宋有『之』。」（「之」下，疑當有「皃」字，爲迻寫者脱去。）

補釋　注文，曹本、元本作「小積之皃」。案：「稛」又見去聲寘韻是僞切下，注云：「小積。」與此同。《集韻》本韻注云：「禾積也。」寘韻注云：「小積。」

墮（倭墮髻也）　注「髻」字，顧氏云：「宋『髻』。」

補釋　注「髻」字，宋巾箱本、曹本、元本作「髻」。案：《集韻》本韻「倭」字注云：「倭，墮髻皃。」（本書本韻「倭」字注云：「倭，墮。」）是「髻」當作「髻」。（《廣雅·釋詁》一云：「髻，墮也。」是「髻」「墮」相通，而與「倭墮」不同，此注疑涉之而誤。）

三十八葉

河圖挺左輔曰 挺，段氏改作「挺」。顧氏云：「宋『挺』。」

補釋 案：《經義考·毖緯》一有「河圖挺佐輔」。「佐」與「左」同。

○三十五馬

郁鄢縣名在犍爲 郁，段氏改作「郁」。

補釋 郁，元本作「郁」。案：「鄢」字又見去聲禡韻莫駕切下，注云：「縣名，在犍爲。」《漢書·地理志》郁鄢縣在犍爲郡，段校據之，是也。本書上平聲魂韻「郁」字注云：「郁鄢縣在戎州。」戎州即犍爲，用唐時州縣名也，可證「郁」字之誤。《集韻》亦誤作「郁鄢」。

三十九葉

㞕（青絲履又繩履） 㞕，段氏改作「㞕」。

補釋 段校本《説文》。

謏(强事言語) 謏,顧氏云:「宋『謏』。」

補釋 謏,《集韻》作「謏」。案:下「傻」字从叜,則「謏」字从叜作「謏」,殆是。

○三十六養

孝子傳有養奮 惠氏云:「奮字叔高,又見《廣州先賢傳》。」

補釋 《姓解》三與此文同。(《後漢書·五行志》三劉昭注引《廣州先賢傳》有「鬱林布衣養奮字叔高」,惠説據之。)

潒瀁及注 顧氏云:「宋倒轉。」

補釋 曹本與宋本同。

奬 顧氏云:「宋『獎』。」

補釋 曹本、元本作「獎」。案:「獎」字與「奬」爲同字,此字依《説文》从犬,是也。「獎」爲「奬」之或作,與注不合,非。

四十葉

㢮(追也) 注「追」字,顧氏云:「宋『迫』。」

補釋 注「追」字，宋巾箱本、黎本、元本作「迨」，《集韻》同，與《說文》合，當從。（燉煌王韻「勥」云：「勔勥。」與《集韻》本韻舉兩切下「勥」字注同。）

茚(昌蒲別本) 注「昌」字，顧氏云：「宋『菖』。」

補釋 注「昌」字，曹本、元本作「菖」。昌、菖相通。（《集韻》「茚」注作「昌」。）

𠃛(反爪) 顧氏云：「宋『𠃛』。」

補釋 曹本、元本作「𠃛」。案：此爲體勢之異。《說文》篆作𠃛。

爽(貰也) 注「貰」字，惠氏云：「疑『責』。」

補釋 案：《廣雅・釋詁》云：「爽，賚也。」「賚」即「責」字，惠說是也。

襁(廣八寸長二尺) 注「長二尺」，段氏云：「《釋文》『長丈二』。」

補釋 案：襁長丈二，見《論語・子路篇》釋文。《一切經音義》六十二引《博物志》云：「織縷爲之，廣八寸，長丈二尺，以約小兒於背上也。」則此注「長」下當脱「丈」字。

仿(説文曰相似也) 注「也」字，顧氏云：「宋無。」

補釋 曹本無「也」字。

四十一葉

周禮有瓬人爲簋者蓋摶埴之工 摶，顧氏云：「宋『延』。」(「延」當作「埏」，疑爲迻寫之誤。)

補釋 搏,宋巾箱本、曹本、黎本、元本均作「埏」。《周禮·考工記》作「搏」,與此同。案:《説文》「瓬」字云:「周家搏埴之工也。」「搏」又作「摶」。段氏注云:「『搏』作『摶』者誤。《考工記》曰:『搏埴之工陶瓬。』鄭曰:『搏之言拍也。埴,黏土也。』」(《集韻》引《説文》,「搏」作「摶」。)

○三十七蕩

崵(山名漢高帝隱處) 段氏云:「《史》《漢》皆作『碭』。」

補釋 注「帝」字,宋巾箱本、黎本原誤作「鳳」。案:高帝隱於碭山,見《史》《漢》本紀,从石作「碭」。《集韻》「崵」注云:「山名,通作『碭』。」高鳳隱於西唐山,見《後漢書》本傳。本書下平聲唐韻「唐」字云:「貞觀改爲唐州,因唐城山爲名,即高鳳隱所。」與崵山不同。作「鳳」者蓋涉「唐」字注之誤。

駔(又牡馬也) 注「牡」字,段氏改作「壯」。顧氏云:「宋『壯』,不誤。」

補釋 注「牡」,元本作「壯」。案:《文選·魏都賦》云:「冀馬填廐而駔駿。」李注云:「《説文》曰:駔,壯馬也。」壯,今《説文》作「牡」,與此注同,段氏改作「壯」,注云:「士部曰：『壯者，大也。』介部：『奘者，駔大也。』《釋言》曰：『奘，駔也。』案本大馬之稱，引伸爲凡大之稱。」此校與之同。（《集韻》「駔」字注亦誤作「牡」。「奘」字注云：「或作『駔』。」）

𡕒　惠氏云：「《説文》作『迒』。」

補釋　《集韻》作「斻」，與《説文》同。

四十二葉

麃（丘晃切）　麃，顧氏云：「宋『麃』。」

補釋　麃，曹本、元本作「麃」，《集韻》同，不省。案：《説文》作「麃」。本韻苦朗切下作「麃」，注云：「又丘廣切。」則此字當相同，作「麃」爲是。

軦軦軥也　首「軦」字，段氏改作「轎」。

補釋　案：《廣雅·釋詁》云：「軒、軦、轎，軥也。」（王懷祖云：「皆上舉之意也。」）段校據之。「軦」又見本韻苦朗切下，注云：「車軦之名。」

○三十八梗

蛃（蛃蟲名）　注「名」字，顧氏云：「宋無。」

補釋　曹本無「名」字。

廣志曰　段氏云：「可證『瓜』字注。」

四十三葉

盯䁅　惠氏云：「疑倒，見『䁅』下。」

補釋　案本韻莫幸切下「䁅」字注云：「䁅，盯視皃。」《集韻》《類篇》均作「䁅盯」，惠説是也。

○三十九耿

○四十静

騁（馳騁）　二「騁」字，顧氏云：「宋『騁』。下同。」

補釋　元本作「騁」。切三作「騁」，即「騁」之俗寫。案：《説文》「騁」从甹，作「騁」爲是。

梬（梬棗）　二「梬」字，顧氏云：「宋『梬』。」

補釋　「梬」字《説文》从甹作「梬」。

涇（玉篇云寒也）　涇，段氏改作「涇」。顧氏云：「宋『涇』，不誤。」

補釋　涇，曹本作「涇」。案：《玉篇》在冫部作「涇」，段校據之。

屏(風俗通云卿大夫以帷士以廉以自障蔽)　注「廉」字，顧氏云：「宋『簾』。」(原書作「竹」，當是加「竹」，爲迻寫者之誤，今正。)

補釋　注「廉」字，曹本作「簾」。案：《禮記·郊特牲》云：「臺門而旅樹。」鄭注云：「屏謂之樹，禮，天子外屏，諸侯内屏，大夫以簾，士以帷。」大夫、士恰與應劭説相顛倒，作簾則一，可證「廉」字之誤。(《韻會》亦作「簾」，不誤。)

周禮祭五帝則供鉼金　鉼金，惠氏改作「金版」。

補釋　案：《爾雅·釋器》云：「鉼金謂之鈑。」郭注引《周禮》云：「祭五帝則供金鈑。」爲此文所本。鉼金當是涉上文「鉼金」而誤，惠氏改「金版」是也。今《周禮·秋官·職金》云：「旅于上帝則共其金版。」「版」與「鈑」同。

頃　䫇(古文)　䫇，顧氏云：「宋『䫇』，疑。」

補釋　䫇，宋巾箱本、曹本、元本作「䫇」。案：「䫇」當是「頴」字之誤。《集韻》「頃」字注云：「田百畝也。亦从田。」「䫇」字亦誤。

·罋之象也　·，顧氏云：「宋無。」

補釋　宋巾箱本、元本無「·」。案：《説文》有「·」，《集韻》同。

四十四葉

渻(說文曰少減也一曰水門又水出丘前謂之渻丘)

注「出」字，顧氏云：「宋無。」

補釋　注「出」字，宋巾箱本、元本脫去。《集韻》有「出」字，與《說文》合。此注不誤。

丈井切一

一，顧氏云：「宋『二』。」

補釋　宋巾箱本、曹本、元本作「二」，與本切字數合，是。

浧(通也)

惠氏云：「疑。」

補釋　案：「浧」字不合諧聲，疑誤。《集韻》作「涅」，注云：「通流也。」或省作「浧」，當從。

○四十一迥

蝙蠕似蛙

蠕，段氏改作「蝏」。

補釋　案：蠕，本韻乃挺切下作「蝏」，注云：「似蛙。」《說文》「寧」字，段氏注云：「《僞古文》：『萬邦咸寧。』《音義》曰：『寍，安也。』《說文》安寧字如此。寗，願詞也。語甚分明，自衛包改正文，李昉、陳鄂又改釋文，令人不可讀矣。」此校从「寧」，當依其例。

訂(平議)

注「平」字，顧氏云：「宋『評』。」

箵笭篣籠　**補釋**　注「平」字，曹本作「評」。案：《説文》作「平」，與此注同。

惠氏云：「疑。」

補釋　案：「箵笭」當作「笭箵」。《集韻》「箵」字云：「笭箵，車籠也。」「笭」字云：「笭箵也。」《類篇》同。唐宋人詩文中亦都作「笭箵」，可證。

笭（篣笭籠也）　注「笭」字，惠氏云：「疑。」

補釋　案：《玉篇》十四「笭」字云：「籯也，籠也。」此注「篣」字疑爲「箵」字之誤（「箵笭」亦當作「笭箵」），與上「箵」字注相同。

○四十二拯

𢈡　惠氏改作「𢈡」。顧氏云：「宋『𢈡』。」

補釋　宋巾箱本作「𢈡」。案：《説文》作「𢈡」，《集韻》同，當從。此字又見本書下平聲蒸韻署陵切下，亦作「𢈡」。

氶（晉譙王名）　氶，顧氏云：「宋『丞』。」

補釋　案：《集韻》亦作「氶」，注云：「縣名。」譙王名氶，今《晉書·宗室列傳》譙閔王名承，此可證其誤。

四十五葉

○四十三等

○四十四有

萠(蒞實亦作莥)　「萠」及注「莥」，顧氏云：「宋互易。」

補釋　宋巾箱本、曹本與宋本同，「萠」「莥」互易。

西秦録有下將軍醜門于弟　于，顧氏云：「宋『干』。」

補釋　案：《姓解》三云：「《西秦録》有將醜門干。」《古今姓氏書辨證》二十八作「西秦下將軍醜門弟子」。(《通志·氏族略》同，惟「西秦」作「西魏」，當誤。)

又鍬小切　鍬，顧氏云：「宋『湫』。」

補釋　「鍬」「湫」同音相通。

蟲(蟲螽)　二「蟲」字，顧氏云：「宋『蟲』。」

補釋　宋巾箱本、元本作「蟲」。

玉蕡草　玉，惠氏改作「王」。

補釋 玉，元本作「王」。案：《禮記・月令》云：「王瓜生。」鄭注云：「今《月令》云『王萯生』，《夏小正》云『王萯秀』。」《説文》亦作「王萯草」，當從，惠校是。

廣雅曰無石曰阜 「無」上，顧氏云：「宋有『山』。」

補釋 曹本「無」上有「山」字。案：《廣雅・釋丘》與此文同，無「山」字。《説文》「阜」字云：「大陸山無石者。」)

四十六葉

缶(瓦器鉢也) 注「鉢」字，顧氏云：「宋『盆』。」

補釋 注「鉢」，宋巾箱本、曹本、元本作「盆」。

姤(好皃也) 注「皃」字，顧氏云：「宋『色』。」

補釋 注「皃」字，宋巾箱本、曹本、元本作「色」。案：《玉篇》云「姤」字云：「好皃。」《集韻》同。「姤」又見本書上平聲咍韻普才切，注云：「好色皃。」是「皃」「色」二字相同。

孟子曰舜飯糗茹草 飯糗，顧氏云：「宋倒，誤。」

補釋 飯糗，宋巾箱本、曹本作「糗飯」。文見《孟子・盡心篇下》。

漢有糗宗爲嬴長 嬴，顧氏云：「宋『羸』。」

補釋　案：《姓解》二、《通志·氏族略》五皆作「嬴」，與此文同。

楺(屈木)　楺，顧氏云：「當是『揉』。」

補釋　案：《易繫辭》云：「揉木爲耒。」揉，《漢書·食貨志》作「煣」，《玉篇》在木部作「楺」。是「揉」「煣」「楺」三字相同。(《集韻》「煣」「揉」「楺」爲一字，云：「屈申木也。」)其从木、从火、从手，各依其類言之，皆可。此字似不必改爲「揉」。

㮁　䋺(上同)　䋺，段氏改作「䣻」。顧氏云：「宋『䣻』，不誤。」

補釋　䋺，宋巾箱本、元本作「䣻」。案：《説文》「㮁」字或从示作「䣻」。段校據之，是也。(《集韻》作「䣻」，不誤。)

楚孝烈王自陳徙都壽春号曰郢　郢，顧氏云：「宋『郢』。」

補釋　郢，宋巾箱本作「郢」。案：孝烈王，《史記·楚世家》作「考烈王」，「孝」當從作「考」。《楚世家》云：「東徙都壽春，命曰郢。」則「郢」字是也。

四十七葉

○四十五厚

蝌蚪蟲也　也，顧氏云：「宋『名』。」

補釋　也，曹本、元本作「名」。（蝌，宋巾箱本、黎本原誤作「蜊」。燉煌王韻「蚪」字注云：「斗蟲。」「斗」即「蚪」。）

垢（塵垢）　注「垢」字，顧氏云：「宋『也』。」

騄（馬摇銜走）　顧氏云：「可證今本《公羊》注。」

補釋　燉煌王韻云：「摇銜走。」案：《公羊傳·定公八年》云：「陽越下取策，臨南騄馬而由乎孟氏。」騄馬，何注云：「捶馬銜走。」「捶」當是「摇」字之誤，此注可證。《集韻》亦云：「摇馬銜走。」故顧氏云然。

操（車轂中空）　惠氏云：「見《考工》。」操，段氏改作「橾」。顧氏云：「宋『橾』，不誤。」

補釋　操，宋巾箱本、黎本、元本作「橾」。燉煌王韻作「橾」，注云：「車轂空。」案：《説文》在木部作「橾」，云：「車轂（宋本作「聲」，誤）中空也。讀若藪。」爲此文所本，段校據之。《周禮·考工記·輪人》云：「以其（即轂）圍之防捎其藪。」鄭注云：「捎，除也。防，三分之一也。鄭司農云：『謂轂空壺中也。』」「藪」與「橾」同，《集韻》「橾」字亦云：「通作『藪』。」）故惠氏云然。

四十八葉

○四十六黝

○四十七寑

鋟（爪刻鏤版） 惠氏云：「見《公羊》。」

補釋 燉煌王韻「鋟」字云：「爪刻鐨板。」案：《公羊傳·定公八年》云：「睋而鋟其板。」何注云：「以爪刻其饋歛板。」此注「鏤」字疑當作「饋」，王韻「鐨」字尚存，右「貴」不誤。

䑙 顧氏云：「宋『般』，疑『𦪈』。」

補釋 曹本作「𦨶」。切三「朕」注云：「古作『𦨉』。」案：朕，《説文》作「𦪈」，與「䑙」相似而譌，顧説殆是。

銋（鍖銋） 注文，顧氏云：「宋『錤銋』。」（原書無「錤」字，當係爲迻寫者脱去，今補。）

補釋 注「餵餁」，宋巾箱本、曹本、黎本、元本皆作「鍖銋」。案：本韻「錤」字注云：「錤銋。」可證從食之誤，當正。《集韻》云：「錤銋，聲不進皃。」

四十九葉

品（官品又類也衆） 注六字，顧氏云：「宋無。」

補釋 注六字曹本無之。

○四十八感

䃭（石篋見封禪議） 注「議」字，惠氏改作「儀」。

補釋 案：「䃭」字，《韻會》云：「一曰石篋，封禪所用。」《舊唐書·禮儀志》載高宗時封禪儀注有云：「又爲石䃭以藏（二字據《通典》補）玉匱，用方石再累各方五尺，厚一尺，刻方石中，令容玉匱。」《初學記》十三引封禪儀注云：「壇上置石䃭。」惠校是也。

倓（安也） 注「安」上，顧氏云：「宋有『候』。」

補釋 案：《說文》「倓」字云：「安也。」爲此注所本。「候」字疑非。

五十葉

⿰米宋（窨藏木瓜） 注「木」字，顧氏云：「宋『宋』，疑『果』。」

補釋　粖，宋巾箱本、黎本原作「粽」。切三亦作「粽」，注同。案：「粖」即「糝」字，爲「糂」之或作。《説文》「糂」字段氏注云：「按《廣韻》《集韻》《類篇》《干禄字書》皆有『粖』字，云：『蜜漬瓜食也。』蓋糝有零星之義，故今之小菜，古謂之糝，别製其字作『粖』。《通鑑》盧循遺劉裕益智粖；宋廢帝殺江夏王義恭，以蜜漬目睛，謂之鬼目粖。《廣韻・二仙》：『枸櫞樹皮可作粖。』《南方草物狀》：『建安八年，交州刺史張津以益智子粖餉魏武帝。』俗多改『粽』字。胡三省注《通鑑》曰：『角黍也。』蓋誤認爲送韻之『粽』字。《齊民要術》引《廣州記》：『益智子用取外皮蜜漬爲糝，味辛。』徑作『糝』字。」「粽」見去聲送韻作弄切，音義與「粖」迥不同，誤。

鋊（字書曰瑣連環也）　注「環」字，顧氏云：「宋『鐶』。」

補釋　注「環」字，宋巾箱本、曹本、元本作「鐶」。《集韻》「鋊」字云：「連鐶也。」

嬐（嬐害惡姓也）　二「嬐」字，顧氏云：「宋『嬐』，誤。」又云：「注未詳。」

補釋　嬐，切三作「嫡」，注云：「嫡害，惡性。」案：《集韻》作「㜝」，注云：「含怒也。」「㜝」見本韻五感切下，注云：「含怒皃。」（《集韻》鄔感切下亦有，注同。）與《説文》合。（《説文》「㜝」字云：「含怒也，一曰難知也。」大徐音五感切。）此疑是重出，「嬐」當作「㜝」，「嫡」字亦誤。（「㜝」字下平聲鹽韻一鹽切下又誤作「嬐」，注云：「含怒也。又魚檢切。」本書琰韻魚檢切下無之。燉煌王韻琰韻魚檢反下作「㜝」，注云：「重頤。又烏兼反。」）注「姓」字當從切三作「性」。

轗(輡轗)　注「輡」字，顧氏云：「宋『轁』。」(〇轁，疑本作「輡」，爲迻寫者之譌。)

補釋　注「輡」，宋巾箱本、曹本、元本作「輡」。案：本韻苦感切下「輡」字注云：「輡轗，車行不平。」可證此注「輡」字之誤。《集韻》亦作「輡」。

眈(虎視)　眈，段氏改作「眈」。顧氏云：「宋『眈』，不誤。」

補釋　眈，曹本、元本作「眈」，切三作「眂」。案：《説文》在目部作「眈」，云：「《易》曰：虎視眈眈。」《集韻》亦作「眈」。段校是也。

冄(姓也)　冄，顧氏云：「宋『冄』，未詳。」

補釋　冄，宋巾箱本、曹本、黎本原作「冄」。案：《古今姓氏書辨證》二十八有「冄」(目作「冄」，書作「丹」，今從目)姓云：「《姓苑》有冄(原書作『丹』，今從目改)氏。」

〇四十九敢

菿(説文曰萑之初生)　注「萑」字，顧氏云：「宋『萑』，『生』下有『也』。」

補釋　注「萑」字，宋巾箱本作「藿」，曹本作「藿」，黎本原作「藿」。案：《説文》作「萑」，無「也」字，與此注合。(《集韻》《韻會》「萑」亦作「萑」。)

緂(説文充三切)　注「三」字，顧氏云：「宋『彡』。」

補釋　案：《説文》「緂」字，大徐音充𢒼切。（「緂」又見下平聲談韻他酣切、鹽韻處占切下。）

芃（蕁芃藩）　注「藩」字，顧氏云：「宋『蕃』。」

補釋　案：「芃」字又見下平聲侵韻直深切作「莐」。《爾雅·釋草》云：「蕁莐，藩。」爲此注所本。本書上平聲元韻「藩」字注云：「蕁芃，葉如韭。」則作「藩」爲是。

五十一葉

𡜮（鄉名在河東猗氏縣亦作鄉）　注「鄉」字，顧氏云：「宋『𡜮』，疑『郶』。」

補釋　𡜮，切三作「𡜮」。注「鄉」字，宋巾箱本、黎本原作「𡜮」。案：「𡜮」字，《玉篇》三、《集韻》同。「𡜮」殆爲俗寫之誤。注「鄉」字於音義無取，（作「𡜮」與正文「𡜮」無別，亦非。）此係地名，故顧疑當从邑作「郶」。

○五十琰

扊（扊扅户牡所以止扉或作剡移）　注「牡」，段氏改「牡」。

補釋　案：《顔氏家訓·書證篇》云：「《古樂府歌·百里奚辭》曰：『吹（當作「炊」）扊扅。』案：蔡邕《月令章句》曰：『鍵，關牡也，所以止扉，或謂之剡移。』然則當時貧困，并以門牡木作薪炊耳。」此注正本《月令章句》，段校是也。（本書上平聲支韻「扅」字注云：「扊扅户扃。」户扃即鍵關牡也。）「牡」之譌爲「壯」，猶「壯」之譌爲「牡」（本書蕩韻「駔」字注「壯」誤作「牡」，見前），相同。（慧琳《音義》七十九引《埤蒼》云：「居扅，庋也。」《考聲》：「今元門居也。」「居扅」當即「扊扅」，「居」爲「扊」之聲轉。）

貶　异（或同上）　异，段氏改作「导」。顧氏云：「宋『导』，不誤。」

補釋　异，宋巾箱本、曹本作「导」。按：《説文》「导」字云：「从寸，臼覆之。杜林説以爲『貶損』之『貶』。」段校據之。《集韻》作「导」，不誤。

頩（頩頠不平）　二「頩」字，段氏改作「䫰」。

補釋　案：「頩」字从平，於諧聲不合，故段氏改作「䫰」。惟《玉篇》四、《集韻》皆作「頩」，（《集韻》「頩」爲「頠」之或字。）本韻「頠」字注亦同。「䫰」字各書未見，則此字存疑可也。似不必改。（頩，宋巾箱本作「䫰」，亦「頩」之誤，非異字。）

頠（頩頠）　注「頩」，段氏乚其旁。

補釋　説見上。

噞喁魚口上下皃　下，顧氏云：「疑當作『見』。」

補釋　案：《説文》新附「噞」字云：「噞喁，魚口上見也。」（「喁」字云：「魚口上見。」）與此文同，下字當從作「見」。

周禮染人掌染綏帛　綏，顧氏云：「宋『絲』。」

補釋　綏，宋巾箱本、曹本作「絲」。案：《周禮・天官・染人》作「絲」，當從改正。

五十二葉

腌（屋腌雀也）　注「雀」字，惠氏云：「疑。」

補釋　案：《玉篇》二十九「腌」字注同。《集韻》云：「屋檐耑版也。」

説文曰屮相蔪苞也　屮，顧氏云：「宋『草』。」

補釋　屮，曹本、元本作「草」。

蔪（埤倉曰麥秀皃）　惠氏云：「見《書大傳》。」

補釋　案：《文選・魏都賦》注引《尚書大傳》云：「微子將往朝周，遇殷之墟，見麥秀之蔪蔪。」惠説本此。

○五十一忝

䏶　顧氏云：「宋『䏶』。」

補釋　曹本、元本作「䏶」。

忝（俗作㤥）　注「㤥」字，顧氏云：「疑『㤥』。」（原書作「㤥」，據范韻「忝」字校記改正。）

補釋　注「㚇」，元本作「㚇」。案：《集韻》作「㚇」。

〇五十二儼

儼（魯掩切）　注「魯」字，段氏改作「魚」。顧氏云：「宋『魚』。」

補釋　注「魯」字，宋巾箱本、曹本、黎本、元本皆作「魚」。案：本書韻目作「宜奄切」，《玉篇》作「宜檢切」，《集韻》《類篇》作「魚檢切」。「魚」「宜」皆屬疑紐，與「儼」聲同類。「魯」屬來紐，不合，段校是也。

〇五十三䥶

五十三葉

〇五十四檻

〇五十五范

範（常也式也前也）　注「式」下「也」字，段氏删。

補釋　案：《周禮・夏官・大馭》云「祭軓」，鄭注云：「故書『軓』字爲『範』。杜子春曰：『軓當爲軋，軋謂車軾前也。』」《説文》「軓」字云：「車軾前也。」段氏注引戴東原云：「車旁曰輢，式前曰軓。」「軓」「軋」與「範」相通，故段校據之。

軓（周禮曰立當前軓）　惠氏云：「古《周禮》『立當前侯』，今《周禮》作『前疾』，誤。《説文》作『前軓』，當從之。」

補釋　案：《説文》「軓」字段氏注云：「《周禮・大行人》：『上公立當車軹，侯伯立當前侯，諸子立當車衡。』前侯，自唐石經已下皆譌作『前疾』。而《詩・小雅》疏、《論語》疏皆作『前侯』，不誤。此稱『前軓』，從來謂『前侯』之異文，今按非也。蓋《周禮》『車軹』本作『前軓』，前軓者前乎軓也。自前軓以至車衡八尺幾半，而前侯介其中，前侯者前乎下垂拄地者也，其相去尺寸之差也。若作車軹謂害頭，則自軹至前侯凡七尺五寸有餘，而自前胡距衡四尺有餘而已，恐非也。」是段説與惠氏不同。

𡕝（俗作㚇）　注「㚇」，顧氏云：「宋『𡖀』。」

補釋　注「㚇」，元本作「𡖀」，曹本作「𡖀」，見本卷五十二葉五條。

府犯切　犯，顧氏云：「宋『范』。」

補釋　犯，曹本、元本作「范」。

廣韻三家校勘記補釋卷四

惠定宇棟先生校本
段若膺玉裁先生校本　後學范祥雍補釋
顧千里廣圻先生校本

去聲

一　葉

○韻目

乎困　乎，顧氏云：「宋『胡』，下同。」

補釋　曹本作「胡」。下文「乎艮」「乎旦」「乎喚」「乎教」「乎到」，「乎」字曹本亦均作「胡」，與宋本同。「乎」「胡」聲同類，相通。

二　葉

（於命）映　顧氏云：「宋『（居命）敬』。」（原書無「命」字，蓋省文也，今補。）

補釋　案：燉煌王韻、《唐韻》皆作「敬」。宋避翼祖諱改爲「映」，「敬」列第二紐。顧氏所據之宋本，猶存唐時之舊。

豔（㮇釅同用）　注「釅」字，顧氏云：「宋無。」

補釋　曹本無「釅」字。

釅第五十七　顧氏云：「宋『陷（鑑同用）』在五十七。」

補釋　曹本「釅」注「鑑同用」。案：去聲尾六韻之併部與敘次，説見一卷一葉（朱彝尊序）一條。此不重。

陷第五十八（鑑梵同用）　顧氏云：「宋『鑑』在五十八。」

補釋　注「鑑梵同用」，曹本無之。

鑑第五十九　顧氏云：「宋『釅（梵同用）』在五十九。」

補釋　曹本「鑑」注：「梵同用。」

○一送

雍州本自白馬玄羌所居　玄，段氏改作㐆。顧氏云：「宋：互。」

補釋　玄，宋巾箱本、黎本作「互」。按「互」即「㐆」之譌。「㐆」即「氐」之俗寫。（虞韻「符」字注「武都氐人」，「氐」亦譌作「互」。）

箻（杯箈名）　注「箈」字，顧氏云：「宋『箻』。」

補釋　注「箈」，曹本作「箻」。案：《說文》「箻」字云：「桮答也。」爲此注所本。杯答即桮落。《方言》五云：「陳楚宋衛之間謂之桮落，又謂之豆筥。自關東西謂之桮落。」《廣雅・釋器》云：「箻，杯落也。」是此注不誤，作「箻」非。

𢬵（又音東）　惠氏云：「見《一東》。」

出秦戲山　秦，段氏改作「泰」，又云：「《郡國志》注作『泰』。」

補釋　秦，上平聲東韻「𢬵」字注同。《山海經・北山經》云：「泰戲之山，虖沱之水出焉。」郭傳云：「今虖沱水出鴈門鹵城縣南武夫山。」《元和郡縣志》十四繁畤縣下云：「泰戲山一名武夫山，在縣東南九十里，滹沱水出焉。」皆作「泰」，爲段注所本。（宋紹興本《後漢書・郡國志》注引《山海經》作「秦」，與段注不同。）

三　葉

戙　段氏改作「⿰同弋」。

補釋　案：《玉篇》在弋部，作「⿰同弋」，《集韻》同。段校是也。

痛（病也傷也姓）　注「姓」上，顧氏云：「宋有『亦』。」

補釋　注「姓」上，曹本、元本有「亦」。以本書例言之，有「亦」爲是。

覺時所道之而寱　之，顧氏云：「宋無。」

補釋　曹本無「之」字。案：《周禮·春官·占夢》注作「覺時道之而夢」。

〇二宋

〇三用

封（又方容切）　注「方」字，顧氏云：「宋『萬』。」

補釋　案：「封」字又見平聲鍾韻府容切。「府」「方」聲同類，相通。「萬」字不合，非。蓋「方」譌爲「万」，「万」又譌爲「萬」也。

四　葉

毴　段氏改作「毦」。

補釋　案：「毴」字於諧聲不合，故段氏改之。《玉篇》二十六「毦」字云：「人鍾切，氄毦也。」（本書鍾韻而容切下無此字，《集韻》有之。）《集韻》「毴」「毦」皆爲「毴」之或字。

○四絳

糭（楚絳切）　注「楚」字，顧氏云：「宋『所』。」

補釋　案：「楚」「所」聲紐不同。「糭」如讀作所絳切，則與下紐「淙」字色絳切相同，不須分開，是「所」字誤也。《集韻》亦作「楚絳切」。

○五寘

忮（懻忮害心説文很也）　惠氏云：「《字書》同，很也。」

補釋　案：《詩·大雅·瞻卬》云：「鞫人忮忒。」毛傳云：「忮，害。」《集韻》云：「懻忮，强害也。」《史記·貨殖列傳》云：「人民矜懻忮，好氣任俠爲姦。」

垝（坫堂隅可致物）　注「致」字，顧氏云：「當作『庋』。」

補釋　案：《爾雅·釋宮》云：「垝謂之坫。」郭注云：「在堂隅坫端也。」《集韻》云：「坫也。可以攱物。」此注「致」字當即「攱」字之譌。（本韻「攱」字云：「攱戴物。」）「攱」與「庋」同。

五　葉

佊（哀也論語云子西佊哉）　注「哀」字，惠氏改作「衺」。段氏云：「『哀』當作『衺』，紙韻引《埤倉》：『佊，邪也。』」顧氏云：「宋『表』。」

補釋　案：《廣雅·釋詁》云：「佊，衺也。」《集韻》亦作「衺」，段校是也。注「佊哉」，今《論語·憲問》作「彼哉」。

剌　顧氏云：「宋『刺』。下同。」

補釋　宋巾箱本、黎本、元本作「刺」。案：《玉篇》《集韻》皆作「刺」。《說文》「刺」在刀部，剌在束部，形音義均不同，此字不當作「剌」。

庲（偏庲舍也）　注「庲」字，顧氏云：「宋『陳』。」

補釋　燉煌王韻「庲」云：「偏庲屋。」案：《廣雅·釋宮》云：「庲（據王懷祖校），舍也。」又云：「㢋，庵也。」（王懷祖云：「『庲』與『㢋』字同。」本書入聲曷韻盧達切作「庲」，注云：

「《廣雅》曰：庵也。亦獄室也。」)

誼(又善也) 注「又」字，顧氏云：「宋無。」

補釋 曹本無「又」字。

漢有義縱 「漢」下，顧氏云：「宋有『書』。」

補釋 曹本「漢」下有「書」字。案：義縱見《史記》《漢書·酷吏傳》。

骴 段氏改作「骴」。顧氏云：「宋『骴』，不誤。」

補釋 曹本作「骴」。燉煌王韻「殰」字注云：「亦作『骴』。」案：段校據《説文》。本書上平聲支韻疾移切下亦作「骴」，注云：「殘骨。又音自。」(案：至韻疾二切下無「骴」字，《集韻》疾二切下亦無。此注疑有誤。)與此相合，當從。(《集韻》作「骴」，不誤。)

䄻(䄲羅) 惠氏云：「疑有脱字。」

補釋 案：《集韻》「䄻」字云：「羅也。」「䄲」字云：「人心薄言而語謂之䄻䄲。」(本書本韻「䄲」字云：「内也。」)疑此注兼包二義，當作「䄻，䄲也，羅也。」

爾雅曰蛄䗐強蛘 蛄，段氏改作「蛄」。

補釋 蛄，宋巾箱本、黎本作「蛄」。案：段校本《爾雅·釋蟲》。

六 葉

襹(褷襹毛羽衣皃) 顧氏云：「宋塗改不可辨。」

補釋　注「[衤徒]襹」，宋巾箱本、曹本、黎本、元本皆作「褷襹」。案：「褷」與「襹」爲一字（見上平聲支韻山爾切下「褷」字注），不當合併爲詞，此當作「襳襹」。本書上平聲支韻山爾切下「襹」字注、下平聲鹽韻「襳」字注皆云：「襳襹，毛羽衣。」與此注相同，可證。《集韻》作「襳襹」不誤。

娷（竹恚切飢聲）　注「飢」字，顧氏云：「宋『飲』。」

補釋　案：《集韻》竹恚切下「娷」爲「諈」之或字，訓與此注不合。（「娷」字又見女恚切下，注云：「女字。」亦不合。）且「娷」字从女，不當釋爲飢或飲，當是「[食垂]」字之譌。《集韻》同切下「[食垂]」字云：「飢也。」與此注相合，宜從。

譇（譇恨也）　注「也」字，顧氏云：「宋『言』。」

補釋　注「也」字，曹本作「言」。案：《集韻》云：「一曰『恨言』。」

○六至

左傳周禮有摯荒　惠氏删「禮」字。顧氏云：「宋有『禮』，無『有』，誤。」

補釋　案：摯荒見《左傳·昭公二十二年》，惠删是也。

篃（竹名）[竹媚]（笄冬生名）　段氏云：「『篃』『[竹媚]』一字。」顧氏乚，云：「此書不得以是律之。」

煝(焅熱)　注「焅」字，段氏改作「焅」。顧氏云：「宋『焅』，不誤。」

補釋　注「焅」字，宋巾箱本、黎本、元本作「焅」。案：《廣雅·釋器》云：「焅謂之煝。」爲此注所本，段校據之，是也。《集韻》「煝」字云：「一曰旱熱。」《説文》云：「焅，旱氣也。」是焅熱即旱熱也。

玉蔧草　玉顧氏云：「宋『王』。」

補釋　玉，宋巾箱本、曹本、黎本作「王」。案：《爾雅·釋草》云：「葥王蔧。」郭注云：「土帚也，似藜，其樹可以爲埽蔧。」《説文》作「蒔王蔧」，段氏注云：「按凡物呼王者皆謂大。」此文「玉」字當從作「王」。「玉」「王」篆文極似易誤，此猶「王蒷草」之譌爲「玉蒷草」也(見前)。

七　葉

垒墼也出字林　塹，段氏云：「『塹』當是『墼』。《字林》義同許而音異。」顧氏云：「宋『墼』，不誤。」

補釋　塹，宋巾箱本、曹本作「墼」。案：《説文》「垒」字云：「絫墼也。从厽从土。」大徐音力軌切。(本書上聲旨韻力軌切下無「垒」字，有「壘」字。《玉篇》二十二以「垒」亦作「壘」，段氏極辨之爲誤。此不具。)「垒」與「厽」同音。《説文》「厽」字段氏注云：「其音力詭切，在古十六部。大徐力軌切，非也。凡古厽聲之字在十六部。畾聲之字在十五部，此必當辨者也。」故此校云然。《集韻》力遂切下無「垒」字。

𧮭（說文作纞）　注「纞」字，段氏云：「纞，《五經文字》。」顧氏云：「宋塗改不可辨。」

補釋　注纞，宋巾箱本作「纞」，與《五經文字》合。黎本作「𧮭」，與《說文》合。

妛（女子）　注「子」字，惠氏云：「疑。」

補釋　案：《集韻》「妛」字云：「女名。」《類篇》同。此注「子」字當爲「字」字之譌，女字猶女名也。

𤻲　段氏改作「𤻲」。

補釋　宋巾箱本、元本作「𤻲」，燉煌王韻同。案：「𤻲」字从㚇，作「𤻲」爲是。

濭　顧氏云：「宋『濭』。」

補釋　宋巾箱本、曹本、黎本作「濭」。案：《玉篇》十九、《集韻》亦作「濭」。

奰　㚇　段氏删右旁「、」。顧氏云：「宋無『、』。」

補釋　曹本無「、」。宋巾箱本、元本「㚇」字作「㚇」，無右旁「、」。案：《説文》在大部，無「、」爲是。

軷　顧氏云：「宋『軑』。」（「軑」疑當作「鞁」，爲迻録之譌。）

補釋　宋巾箱本、曹本、黎本、元本皆作「鞁」，燉煌王韻同。案：《玉篇》二十七「鞁」字云：

「平秘切，車軾也。」與此音義均同。《集韻》亦作「軷」。「軷」字爲譌，當正。（「軷」亦作「軙」。《玉篇》云：「皮秘切，又扶卜切，車軾也。」）

帥（曹憲文字指歸云佩巾也） 段氏云：「《說文》云然。」

補釋 見《說文》巾部。案：「帥」與「帨」同。

樻梧木腫節可爲杖 梧，惠氏云：「疑『椐』。見《九御》。」

補釋 燉煌王韻無「梧」字。案：《爾雅·釋木》云：「椐樻。」郭注云：「腫節可以爲杖。」爲此文所本，「梧」字當誤。本書御韻「椐」字注云：「靈壽木名。」《集韻》「樻」字注云：「木名，靈壽也。」是樻與椐即靈壽木，惠說是。

𨌬（地名） 𨌬，段氏改作「𨏮」，云：「大𨏮。」

補釋 案：《集韻》作「𨏮」，注云：「里名，在洛陽。」《說文》土部「𨏮」字云：「洛陽有大𨏮里。」段校據之。「𨏮」見本書上平聲䰟韻户昆切下，作「𡓃」，注與《集韻》同。

視 眂（古文） 眂，惠氏乚其旁。

補釋 案：《說文》「視」字古文作「眂」，此「眂」字誤，當據改正。本書上聲旨韻承矢切「視」下古文作「眂」，可證。

利（梁改爲黎州） 注「黎」字，顧氏云：「宋『秦』。」

補釋 注「黎」字，宋巾箱本作「秦」。案：《隋書·地理志》義城郡云：「梁曰黎州。」是

「黎」字不誤。

舍利獸名　舍，顧氏云：「宋『含』，是。」

補釋　舍，曹本作「含」。案：《文選・西京賦》云：「含利颬颬，化爲仙車。」薛注云：「含利，獸名，性吐金，故名含利。」是「舍」字當從作「含」。（《晉書》二十三《樂志》云：「後漢正旦，天子臨德陽殿受朝賀。舍利從西方來，戲於殿前，激水化成比目魚，跳躍嗽水，作霧翳日。畢，又化成龍，長八九丈，出水遊戲。」《後漢書・禮儀志》中劉昭注引蔡質《漢儀》同，此「舍利」疑亦爲獸。）《太平御覽》九一三引鄭衆《婚禮謁文贊》云：「舍利爲獸，廉而能謙，禮義乃食，口無譏訾。」則「舍」字亦可。

八　葉

㨗踕（並俗）　注「並」下，顧氏云：「宋有『上同』。」

補釋　注「並」下，曹本有「上同」二字，元本亦有，作「同上」。

又屎噻多詐　屎噻，惠氏云：「疑倒，見本韻『噻』下。」

補釋　案：本韻明秘切下「噻」字云：「噻屎，小兒多詐獪。」《集韻》亦作「噻屎」。

⿰臬桑（分蠶）　⿰臬桑，顧氏云：「當作『⿰臬桑』。」

補釋　案：《集韻》作「⿰臬桑」。「⿰臬桑」見上聲旨韻楮几切，注云：「移蠶就寬。」與此注義合，顧說當是。

冀(續漢書安平國故信都郡光武師薊南行太守任光開門出迎今州城是) 注「師」字，顧氏云：「宋『自』。」又云：「宋『師』在紙損處，以字數之，應無。曹刻兩有，亦非。」

補釋 注「師」下曹本有「自」字。案：《後漢書·任光傳》云：「世祖自薊還，狼狽不知所向，傳聞信都獨爲漢拒邯鄲，即馳赴之。光等孤城獨守，恐不能全，聞世祖至，大喜，即時開門，率官屬迎謁。」是「師」字當從作「自」。

髤 段氏改爲「髤」，云：「髤(原書誤作『髤』，今正)字不音次。」

補釋 案：《說文》「髤」字在桼部，从桼，髟聲。大徐音許由切。《玉篇》桼部有「髤」字，髟部亦有「髤」字，云：「七二切，漆也。《說文》音休。」與此音義同。《倭名類聚抄》五引陸詞《切韻》作「髤」，亦云：「音次。」是次音不誤。段校字作「髤」是，其說則失考。「髤」又見下平聲尤韻許尤切下，字亦誤作「髤」。《集韻》此字同誤。

泗(說文曰受沛水東入淮) 注「沛」字，段氏改「泲」。

補釋 段校本《說文》。

晉有唐邑大夫季連齊有鬼方氏第六子名季連其後氏焉 「有鬼方氏」之「有」字，惠氏云：「疑『自』。」

補釋 有，宋巾箱本作「古」。案：《元和姓纂》八云：「晉有唐邑大夫季連齊，出自陸終第六子季連之後。」與此文相同，「有」爲「自」字之誤，惠説殆是。

九 葉

説文曰引气自臯也 臯，段氏改作「畀」。

補釋 段校本《説文》。

瘴(足氣不生) 注「生」字，段氏改作「至」。

補釋 注「生」字，燉煌王韻作「至」。(元本作「王」，誤。)案：段校本《説文》。

坒(地相次坒也) 注「坒」字，段氏改作「比」。

補釋 案：段校本《説文》。(燉煌王韻「比」字注云：「地相次，或作『笓』。」)

頔(首也) 頔，顧氏云：「宋『頔』。」

補釋 頔，宋巾箱本、曹本作「頔」。(《集韻》作「頔」，與此同，注云：「犬初生子。」)

地(元命苞曰故立字亦從水土者爲地) 注「亦從水」，顧氏云：「宋無『亦』，从大。」

(案：即宋本从水作从大也。)

補釋 注文「元命苞」下，宋巾箱本作「故立字从大一，一者爲地」，曹本無「亦」字。周祖謨云：「當從《御覽》卷三十六引《春秋元命苞》作『故其立字土力於乙者爲地』。」案《藝文類聚》六引《春秋元命苞》云：「故其立字土力於乙者爲地。」(《白氏六帖》一引《元命苞》作「故其字力於一者爲之[。])與《御覽》同。(《玉燭寶典》一注引《元命苞》曰：「故其立字吐(當作「土」)力之物，一者爲地。」又引宋均注云：「地加土以力者，言地變化成物功著也。加一者奉太一也。」「大一」疑涉宋均注誤也。又《佩觿》上云：「《古今訓》地乃土乙力。」注云：「張顯所作。」《爾雅·釋地》釋文引張顯《古今訓》云：「土乙力爲地。」)

謚　顧氏云：「宋『謚』。」

補釋　宋巾箱本、曹本、元本作「謚」。《集韻》「謚」爲「謚」之或省。

易曰　曰，段氏改作「名」。

補釋　曰，宋巾箱本、黎本、元本作「名」，燉煌王韻同。案：《韻會》引《增韻》云：「誄行之號以易名也。」段校是。

又申也　申，段氏改作「曳」，云：「《釋名》。」

補釋　案：《釋名·釋典藝》云：「謚，曳也。物在後爲曳，言名之於人亦然也。」

澅(澅清侯出漢書王子侯表)　二「澅」字段氏改作「澅」，注「王子侯表」改作「功臣表」。顧氏云：「誤。」

補釋　案：《漢書·功臣表》「澅清侯參」，顔注云：「澅音獲。又音胡卦反。」(「澅」見本書卦韻胡卦切下，注云：「水名，在齊。」入聲麥韻胡麥切下無此字。)與此不合，故顧氏以段校爲誤也。《集韻》亦作「澅」，云：「澅清，漢侯國名。」「澅清侯」今《漢書·王子侯表》無之，疑脱。

蠮（蛩蠮） 注「蛩」字，段氏改作「蛩」。

補釋 說見一卷二十四葉五條。《集韻》作「蛩蠮」，不誤。

蛘蟿蟲名 蛘，段氏改作「蚲」，云：「蚲，《廣雅》。」

補釋 案：見《廣雅·釋蟲》。《玉篇》二十五「蟿」字注亦作「蚲」。

屍（似皴皃也） 惠氏云：「疑。」

補釋 案：《集韻》「屍」亦云：「似皴皃。」（燉煌王韻「屍」注云：「似皴。」）

〇七志

十　葉

樒（木立死亦作檣） 注「檣」字，惠氏云：「當作『樒』。」

補釋 案：「檣」見下平聲陽韻在良切下，與此不合，當誤。「畗」爲「畄」之或字，「樒」之作「檣」，猶「菑」之作「蔷」。「畗」與「啬」形似易誤，惠氏改作「樒」，是也。

眙（直視） 注「直」字，顧氏云：「宋『住』。」

補釋 注「直」字，宋巾箱本、黎本作「住」，疑爲「住」字之誤。燉煌王韻作「住」。案：《說文》「眙」字云：「直視也。」玄應《一切經音義》二十引《通俗文》云：「直視曰眙。」爲注所本。又《方言》七云：「眙，逗也。西秦謂之眙。」郭注云：「逗即今『住』字也。眙謂住視也。」直視與住視義相近。

聃(以牲告神神欲聽也) 惠氏云：「《公羊傳》云：叩其鼻以聃社。」

補釋 案：《山海經·東山經》郭傳引《公羊傳》云：「叩其鼻以聃社。」今《公羊傳》無此文，蓋爲《穀梁傳》之誤(見僖公十九年)，郝疏已辨之。此惠氏轉引郭傳文未檢原書也。《穀梁傳》「聃」作「衈」。

郭璞曰今江東呼貉爲豽貗 豽貗，顧氏云：「宋『貗豽』。」

補釋 豽貗，宋巾箱本、曹本、黎本原作「貗豽」。案：《爾雅·釋獸》注作「豽貗」，《集韻》同。

○八未

菋(五味子藥名) 注「味」字，顧氏云：「宋『菋』。」

補釋 注「味」字，元本作「菋」，燉煌王韻同。

十一 葉

謂(言也告也説文報也) 注「説文」上，顧氏云：「宋有『説也』。」

補釋　曹本「說文」上有「說也」二字。

犪牛肉數千斤　犪，顧氏云：「宋『㹋』。」

補釋　犪，宋巾箱本、黎本、元本作「㹋」。說見一卷二十九葉五條。

襀（襀細）　注「細」字，顧氏云：「宋『紐』。」

補釋　注「細」字，宋巾箱本、曹本、黎本原、元本作「紐」。案：「襀」字又見至韻丘愧切下，注云：「紐也。」《集韻》二注皆云：「細也。」

風俗通曰火斗曰尉　「風俗通」，段氏改作「通俗文」。

補釋　案：《太平御覽》七一二引作「通俗文」，段校是也。

䰯　顧氏改作「䰯」，云：「宋『䰯』。」

補釋　曹本作「䰯」。案：《說文》作「䰯」，與此同。

說文曰　曰，顧氏云：「宋無。」

補釋　曹本、元本無「曰」字。

郭璞讚云狒狒怪獸披髮握竹　披，顧氏云：「宋『被』。」

補釋　披，宋巾箱本、曹本作「被」。案：《太平御覽》九〇八引《山海經圖讚》云：「萬萬，怪獸，被髮握竹。」萬萬即狒狒，見《爾雅・釋獸》注。

蟹（蟹蟦）　二「蟹」字，段字改作「蜚」。

補釋 説見一卷二十四葉五條。

禮曰苴麻之有蕡 「禮」下，顧氏云：「宋有『記』。」

補釋 曹本「禮」下有「記」字。案：《儀禮·喪服》傳云：「苴絰者，麻之有蕡者也。」即此文，不當作「《禮記》」。

十一葉

既（吳王夫槩之後） 惠氏云：「『夫槩』作『夫既』，古文也。此文據《風俗通》。」段氏云：「『王』當在『既』下。」

補釋 案：《元和姓纂》八既姓云：「《風俗通》：吳夫槩王之後，子孫因避仇改爲既氏。」與此文同，段校是也。夫槩王爲吳王闔廬之弟，見《左傳·定公四年》。

豎居獸似蝟尾赤也 尾，顧氏云：「宋『毛』，非。《七志》『尾』。」

補釋 尾，宋巾箱本、曹本、黎本、元本皆作「毛」。燉煌王韻「豎」字云：「獸似蝟，赤尾。」案：志韻去吏切下「豎」字云：「似蝟而赤尾。」《集韻》作「毛」。

○九御

豦（獸大如狗似猴多䍐好奮迅其頭能投石擲人出建平山） 注「䍐」字，顧氏云：

「宋『髯』。」

補釋　注「䎃」字，宋巾箱本、曹本、元本作「髯」。案：《爾雅・釋獸》云：「豦迅頭。」郭注云：「今建平山中有豦，大如狗，似獼猴，黄黑色，多髯鬣，好奮迅其頭，能舉石擿人。」爲此注所本，作「髯」爲是。

㰦(近倨切)　注「近」字，段氏改作「丘」。顧氏云：「宋『丘』，不誤。」

補釋　注「近」字，宋巾箱本、黎本、元本作「丘」。案：《集韻》作「丘據切」。陳蘭甫云：「㰦，丘倨切。張本、曹本『近倨切』，誤。今從明本、顧本。」(《切韻考》四)

䭈(犬糜又豕食)　注「糜又」，顧氏云：「宋『麋』，無『又』字。」

補釋　注「糜」，曹本作「麋」，無「又」字。《唐韻》作「麋」。

蠧(爾雅云翥醜鏬剖母背而生或作螙)　注「翥」字，段氏改作「蠧」。

補釋　注「螙」字，宋巾箱本、黎本作「蠧」。案：《爾雅・釋蟲》作「翥」，與此注同。段氏改作「蠧」者，以「翥」字上見，此注引《爾雅》以釋蠧，當爲「蠧」字也。周祖謨云：「此云或作『蠧』者，謂《爾雅》『翥醜鏬』之『翥』或作『蠧』，故本紐出『蠧』字，非謂正文『蠧』或作『螙』也。此與其他或作例不同。」(《校勘記》)

庋(又音恕)　注「又」下，顧氏云：「宋有『音煑』。」

補釋　庋，宋巾箱本、黎本、元本作「庶」，《唐韻》同。注「又」下，曹本「音煑」。案：上聲語韻章與切下無「庹」字，本韻商署切下有之。音耆非也。

十三葉

沮（亦作湘）　注「湘」字，顧氏云：「宋『坦』。」

補釋　沮，《唐韻》作「湘」。注「湘」字，曹本作「坦」。案：《集韻》「湘」字云：「通作『沮』。」

豫（辨也）　注「辨」字，顧氏云：「宋『平』。」

補釋　注「辨」字，曹本作「辦」。案：「平」與「辨」同。《尚書·堯典》「平章百姓」，鄭康成本作「辨章百姓」。

屐（履屬）　屐，段氏改作「屛」。

補釋　案：「屛」見本韻羊洳切下，又見上聲語韻徐呂切下，注云：「履屬。」與此注同。《集韻》作「屍」。（燉煌王韻余據反下「屛」字云：「履屬，又徐舉反。」）

〇十遇

十四葉

戍（舍也）　注「舍」字，顧氏云：「宋『害』。」

補釋　案：《詩・王風・揚之水》釋文云：「戍，《韓詩》云『舍』。」與此注同，「害」疑爲「舍」之譌。

鶨　顧氏云：「宋『鶨』。」

補釋　曹本、元本作「鶨」，《唐韻》同。案：《集韻》作「鶨」。

具（又姓）　惠氏云：「《後漢》有宦者具瑗。」

補釋　案：具瑗見《後漢書・宦者列傳》。

廣雅云蜀漢以芋爲資凡十四等大如斗魁其車聲鋸子旁巨青烏等四等多子　「廣雅」，段氏改作「廣志」。魁，顧氏云：「宋無。」聲，顧氏云：「當作『轚』。」

補釋　案：《齊民要術》二引《廣志》云：「蜀漢既繁芋，民以爲資。凡十四等：有君子芋，大如斗魁，如杵簇；有車轂芋，有鋸子芋，有旁巨芋，有青邊芋，此四芋多子。」（《藝文類聚》八七引《廣志》云：「有君子芋，大如斗魁，青邊芋、談善芋大如瓶。」）與此文合，段改「廣雅」作「廣志」，顧改「聲」作「轚」，皆是。「青烏」當作「青邊」，「四等」當作「四芋」。宋本無「魁」字，誤。

數（贏不足）　注「贏」字，顧氏云：「宋『盈』。」

補釋　《周禮・地官・保氏》作「贏」，與此同。（注「足」字，曹本作「能」，當誤。）

賦　惠氏云：「《春秋傳》曰：『敝邑以賦。』服虔曰：『賦，兵也。以田賦出兵，故謂之賦。』」

補釋　案：《左傳》文見隱公四年。服注見《詩・邶風・擊鼓》疏引。

傳(亦姓本自傳說出傳巖因以爲氏)　注「說」字，顧氏云：「宋重『說』。」

補釋　注「說」字，曹本重，《唐韻》同。

閏　顧氏云：「宋『閏』。」

補釋　宋巾箱本、曹本、黎本原作「閏」。案：《集韻》作「閏」。

庢　顧氏云：「宋『庢』。」

補釋　宋巾箱本、曹本、黎本原作「庢」。案：《集韻》作「庢」。

十五葉

○十一暮

篗(蠶篗)　注「蠶」字，段氏改作「䉂」，云：「見覃韻。」

補釋　黎本、元本注作「蚕篗」。「蚕」即「蠶」之俗字。案：下平聲覃韻「䉂」字云：「䉂篗。」與此同，故段校云然。《廣雅・釋器》云：「篗謂之簪。」王懷祖云：「《說文》『鐕，可以綴着物』。《衆經音義》卷十四引《通俗文》云：『綴衣曰䉂。』『鐕』『䉂』並與『簪』同。」

風俗通云漢有上黨都尉露平　惠氏云：「露平見《鮑永傳》，作『路』。」

補釋　《姓解》一亦作「露平」。

鷺（江東人取以爲睫攡名之曰白鷺縗） 注「睫攡」，惠氏云：「按即『接䍦』也。」

補釋 案：此注本《爾雅・釋鳥》郭注，「攡」作「欐」。本書上平聲支韻「䍦」字云：「接䍦，白帽。」《世說新語・任誕篇》云：「時時能騎馬，倒着白接䍦。」接䍦即睫攡也。

𤸎（痡𤸎痞病） 注「痡𤸎」，惠氏云：「即哺露也，可證《釋名》。又見捕紐、怖紐。」

補釋 案：本韻捕紐、怖紐「痡」字注與此同。《釋名・釋疾病》云：「小兒氣結曰哺，哺露也。哺而寒露，乳食不消，生此疾也。」「痡𤸎」與「哺露」聲相同，故惠氏云然。

肶胍腹大 段氏云：「與『胍』下不同，疑此例。」

補釋 說見一卷三十七葉四條。

𦋺𦊓取魚具也 𦋺𦊓，顧氏云：「宋『𦊓𦋺』。」

補釋 案：本韻「𦋺」字注亦作「𦋺𦊓」。（《集韻》「𦊓」字注作「𦋺𦊓」，「𦋺」字注作「𦊓𦋺」。）

十六葉

出周公夢書 惠氏云：「『周公』疑作『周宣』。」

補釋 案：《隋書・經籍志》有《占夢書》一卷，周宣等撰。

布（藏之曰帛） 注「帛」字，段氏改作「泉」。顧氏云：「宋『泉』，不誤。」

補釋 注「帛」字，宋巾箱本、曹本、黎本、元本皆作「泉」。案：《周禮・天官・外府》鄭注云：「其藏曰泉，其行曰布。」爲此注所本，段校是也。

晉有步埸　埸，惠氏改作「揚」。段氏云：「今《左傳》步揚御戎。」顧氏云：「宋『揚』，不誤。」又云：「曹反依此改『埸』，謬甚。」

補釋　埸，宋巾箱本、黎本作「揚」。《唐韻》作「楊」。楝亭本作「埸」，與此同，故顧氏云然。步揚見《左傳·僖公十五年》。

芓（説文曰亂稾也）　注「稾」，顧氏云：「宋『藁』。」

補釋　注「稾」字，宋巾箱本、曹本、黎本、元本皆作「藁」。案：今《説文》作「艸」。

○十二霽

鬄（婦人束小髻也）　注「婦」上，顧氏云：「宋有『説文曰』三字。」

補釋　曹本注「婦」上有「説文曰」三字。案：「鬄」字當依《説文》作「鬄」。《説文》云：「束髮少也。」「鬄」又見本書入聲屑韻子結切、薛韻姊列切下，注皆引《説文》云：「束髮少小也。」與此注不同，似不當有「説文曰」三字。

十七葉

漢書王莽傳有中常侍𩀱惲　惲，惠氏改作「惲」。顧氏云：「宋『惲』，不誤。」

補釋　憚，曹本作「惲」，《唐韻》同。案：《王莽傳》作「甍惲」，惠校據之。

偙腣及注　顧氏云：「宋倒轉。」

補釋　曹本與宋本同。

説文本作暜　暜，惠氏改作「暜」。

補釋　暜，宋巾箱本、黎本原作「普」。案：惠校本《説文》。

⿸尸⿰彳氏（亦作屟⿸尸⿰彳也）　注「⿸尸⿰彳也」字，段氏改作「屜」。顧氏云：「宋『屜』，不誤。」

補釋　注「屜」字，宋巾箱本、曹本、元本作「屜」。案：《集韻》「屜」「⿸尸⿰彳氏」爲「屟」之或字。此出「⿸尸⿰彳氏」字，「屟」「屜」爲或字，段校是也。

笶　顧氏云：「宋『笶』。宋『笶』（原書作「⿱竹⿸厂矢」，誤，今正）下紙損。」

補釋　宋巾箱本、元本作「笶」。案：《玉篇》《集韻》《類篇》皆作「笶」。（燉煌王韻亦作「笶」。）

笶（車節也）　注「節」字，段氏改作「筤」。

補釋　案：《玉篇》十四「笶」字云「車筤」，段校據之。《集韻》「笶」注云：「車鞏竹也。」

締（結也）　注「結」下，顧氏云：「宋有『締』。」

軑（説文曰車轄也）　注「轄」字，顧氏云：「宋『輨』，非。大紐『轄』。」

補釋　注「轄」字，宋巾箱本作「輨」。案：《説文》作「輨」，《集韻》同。「軑」字又見泰韻大紐，注云：「車轄。」《玉篇》十八云：「轄也。」《離騷》云：「齊玉軑而並馳。」王注云：「軑，錮也。一曰車轄也。」

後漢有計子勳　惠氏云：「見《方術傳》。」

槷（爾雅曰枕槷梅）　注「枕」字，段氏改作「杋」。

補釋　注「枕」字，宋巾箱本、曹本、黎本作「杋」。案：段校本《爾雅·釋木》。下平聲尤韻「杋」字注不誤。

蹔（舟中互序而行也）　注文，段氏改作「舟車蹔互，序而行之」。

補釋　案：《周禮·秋官·野廬氏》云：「凡道路舟車蹔互者序而行之。」段校據之。《集韻》「蹔」字云：「舟車序行也。」）

十八　葉

妎（心不了也說文妬也）　注「了」字，顧氏云：「宋『忍』。」

補釋　《唐韻》亦作「心不了」。案：「妎」又見泰韻胡蓋切下，注云：「《字林》云：疾妎，妬也。」（《爾雅·釋言》云：「苛，妎也。」郭注云：「煩苛者多嫉妎。」《方言》二云：「齘、苛，怒也。小怒曰齘，陳謂之苛。」齘，郭注云：「言禁齘也。」是「妎」與「齘」同。《說文》「齘」字云：「齒相切也。」）

瘛　顧氏云：「宋『瘈』。」

補釋　元本作「瘈」。案：此字祭韻尺制切，入聲薛韻昌列切皆作「瘛」。《説文》同。《集韻》「瘈」爲「瘛」之或作。

盭（説文云器中盡）　注「盡」字，顧氏云：「宋『虚』。」

補釋　案：《説文》作「器中盡也」，與此注同。

瘱　顧氏云：「宋『瘱』。」

補釋　曹本作「瘱」，墩煌王韻同。案：《説文》作「瘱」，《集韻》同。

緊（是也賴縚走絲也）　注「縚」字，顧氏云：「宋紙損。」

補釋　案：「緊」又見平聲齊韻烏奚切下，注云：「是也，辭也。又赤黑繒，亦戟衣也。」《集韻》云：「一曰緊絡小兒次衣；一曰赤黑繒。」此注「賴縚走絲」，未詳。

惠（又姓）　惠氏云：「棟案：《寰宇記》惠姓出瑯邪、扶風二望也。」

桂（又姓後漢太尉陳球碑有城陽炅横漢末被誅有四子一守墳墓姓炅一子避難居徐州姓昋一子居幽州姓桂一子居華陽姓炔此四字皆九畫）昋炅炔（並見上注）　顧氏云：「《集韻》『炅』字下云：『姓也。』引《炅氏譜》『桂貞』云云，一曰云云，與此同。今案：當以譜『桂貞』爲近是。如《漢書・師丹傳》『炔欽』，蘇林『音桂』。又《儒林傳》齊炔欽幼卿，在炅（原書誤作「灵」，今正）横先矣。」

補釋 注「居華陽姓炔」，《唐韻》作「居華陰姓快」。下正文「炔」字，《唐韻》亦作「快」。案：《集韻》云：「《炅氏譜》桂貞爲秦博士，始皇阬儒，改姓吞。其孫避地朱虛，改爲炅。第四子居齊，改爲炔。今江東名桂姓。」又「一曰」下與此注同。炔欽，本書夬韻「快」字注、《元和姓纂》九皆作「快欽」，與今《漢書》異。（《唐韻》夬韻「快」字注同。）《元和姓纂》八吞姓亦引陳球碑與此注同，是炅横之説猶未可廢。陳球碑，漢光和元年立，有二碑，在下邳，見《金石録》十七。文載《隸釋》十，無炅横事。洪氏云：「《姓苑》載炅氏兄弟各分一姓，曰炅、吞、桂、炔，字皆九畫一音，引漢太尉陳球碑陰有城陽炅横。此碑亦不見之。若非石損，則恐是彼一碑也。」《説文》「炅」字，段注云：「《廣韻》云四字皆九畫。按：『桂』字十畫，其三字皆八畫。蓋六朝木旁多作『扌』，圭作五畫，然則當云四字皆八畫也。」文廷式《純常子枝語》卷三十七云：「四字皆九畫，語出漢人，不得以六朝説之。蓋漢人作隸字，每畫皆斷，無縱横相連爲一畫者，曰夬皆作五畫，圭字中畫貫下亦五畫，故四字皆九畫矣。此正可考古人作字之法，段氏妄改，謬也。」

映（映𥇦） 惠氏云：「《廣雅》：𧮰映，蔙也。」（映，當作「䀗」，「蔙」當作「箙」，疑迻録之誤。）

補釋 注文，宋巾箱本、黎本作「映田」。敦煌王韻正文作「畊」，注云：「𥇦畊。」案：王韻本是也。《玉篇》此字在由部，「由」即「甾」之古文，「畊」字注云：「𥇦畊也。」「𥇦」字注云：「𥇦畊，大箙也。」《廣雅·釋器》云：「𥇦畊，筲箙也。」《集韻》《類篇》作「𧮰䀗」，同。此文誤，當改。

殃殃殗妖也　妖，段氏改作「妖」。（「妖」疑爲「殀」字之譌。）

補釋　殗，宋巾箱本、黎本、元本作「極」。妖，黎本、元本作「殀」。燉煌王韻「殃」字云：「殀極。」案：《廣雅·釋詁》云：「殃殀，極也。」（依王氏疏證本）《玉篇》十一「殃」字云：「殀殃。」「殀」字云：「殀殃，困極也。」本韻他計切下「殀」字云：「殀殃。」是此文「殃殃」當作「殀殃」，「殗妖」當從王韻作「殀極」。殀極，猶困極也。

隸（上同俗作隷）　注「隷」字，惠氏云：「疑『隸』。」

補釋　注「隷」字，宋巾箱本、元本作「𨽻」。燉煌王韻「隷」字云：「亦作『隸』。」與此互易。

盭　顧氏改作「盭」，云：「宋『盭』。」

補釋　《唐韻》作「盭」。案：此字又見入聲屑韻練結切下，作「盭」。《集韻》同。《說文》在血部作「盭」，當從改正。（燉煌王韻作「盭」，誤。）

唳蜧及注　顧氏云：「宋倒轉。」

補釋　曹本與宋本同。

沴　惠氏云：「『沴』與『厲』古今字。」

說文曰水不利也　顧氏云：「宋無『水』，『不』下有『順』。」

補釋　案：《說文》與此同，無「順」字。

籙　顧氏改作「籙」，云：「宋『籙』。」

補釋　曹本、元本作「籙」，《唐韻》作「⿱⺮⿰每录」。

麓　惠氏云：「見《易》。」

補釋　《易·離》云：「百穀草木麗於地。」《釋文》云：「麗，《説文》作『麓』。」

草木生亞上也　上，段氏改作「土」。顧氏云：「宋『土』。」

補釋　上，宋巾箱本、黎本、元本作「土」。燉煌王韻云：「草木生惡土。」案：《説文》「麓」字云：「艸木相附麓土而生。」《集韻》云：「草木生着地。」是「上」字當誤。段校是也。

十九葉

○十三祭

祭（祀也）注「祀」字，顧氏云：「宋『福』。」

補釋　案：此注本《説文》。（《韻會》引《廣韻》云：「享也，薦也，至也，察也。」獨闕祀也。蓋以已引《説文》，省重複耳。）「福」字疑非。

⿱髟⿰隹戈（露髻）⿱髟⿰隹戈，段氏改作「⿱髟截」。

補釋　⿱髟⿰隹戈，元本作「⿱髟⿰雈戈」，《唐韻》同。案：「⿱髟截」見《説文》。《文選·西京賦》注引《通俗文》云：「露髻曰⿱髟截。」（據王懷祖校）與此注合，段校據之，是也。此字又見霽韻，誤作「⿱髟⿰雈戈」，惟入聲屑韻、薛韻不誤。（《集韻》亦誤作「鐡」。）

衛（垂也）　注「垂」字，顧氏云：「宋『重』。」

補釋　注「垂」字，曹本作「重」。案：《韻會》引《廣韻》亦作「垂」。

魏文置朝歌郡　歌，顧氏云：「宋無，脱。」

璏（王莽碎玉劍璏）　二「璏」字，段氏改作「璏」。

補釋　案：凡从彘之字，《説文》从比作「彘」，段校據之。《集韻》此字真列切下作「璏」，于歲切下亦與此同誤。

𩮜　顧氏云：「可正後誤。」

補釋　燉煌王韻作「鬆」。案：《説文》作「𩮜」，與此同，王韻誤。

腏（又皮腏著也）　注「皮」字，顧氏云：「宋『曰』。無『也』。」

補釋　曹本注無「也」字。

獘（困也）　獘，段氏改作「獘」。

補釋　燉煌王韻作「獘」，注云：「獸名。」案：此字《説文》在犬部作「獘」，段校據之。

二十葉

周禮云王享先公響射則鷩冕　響，段氏改作「饗」。顧氏云：「宋『饗』，不誤。」

補釋　響，宋巾箱本、黎本作「饗」，與《周禮・春官・司服》同，是也。

劀（剖劀斷割也）　注「剖」字，顧氏云：「宋『剞』。」

補釋　注「剖」字，曹本、元本作「剞」。案：《集韻》爲「劂」之或字，注亦作「剞劂」。「剞劀」即「剞劂」。本書上聲紙韻「剞」字云：「剞劂，曲刀。」（《説文》同）剞劂本訓曲刀，引伸之則爲斷割義。《淮南子・俶真訓》云：「鏤之以剞劀。」高注云：「剞，巧工鈎刀也。劀者，規度刺畫墨邊箋也，所以刻鏤之具也。」與此義亦相近。

瘛　顧氏云：「宋『瘈』。」

補釋　曹本、元本作「瘈」，説見本卷十八葉二條。

懘（怗懘音不和也怗樂記作帖）　注「怗」與「帖」，惠氏云：「『怗』見《廿四鹽》（原書作『監』，誤，今正）。帖，同上。」

補釋　案：下平聲鹽韻「怗」字注云：「怗懘，音不和也，《禮記》作『怗』。」（今《禮記・樂記》作「怗」。）與此注同，惠校是也。

鋫（除利也）　惠氏云：「未詳，今本《玉篇》同。又見滯紐。」

補釋　案：《集韻》「鋫」字云：「除利器也。」此當補「器」字。「利」與「黎」相通，（《山海經・海外北經》柔利國，《大荒北經》作「牛黎國」。郝蘭皋云：「牛黎、柔利聲相近。」）即「黎」字也。《爾雅・釋草》云：「茨，蒺藜。」《説文》作「薺疾黎」，可證。本書咍韻「萊」字注云：「藜草。」是「除利器」疑爲「除藜草之器」。

晢（星光也）　注「光」字，顧氏云：「宋無。」

補釋　《唐韻》「晢」注云：「光星。」疑誤倒。案：《詩·陳風》云：「明星晢晢。」毛傳云：「晢晢猶煌煌也。」《集韻》云：「明也。」不當無「光」字。

甍（古人姓）　惠氏云：「即甍憚，已見『甍』下。」

補釋　案：《集韻》此字作「甍」，云：「姓也，王莽時有甍憚。」與霽韻「甍」字相同，惠説是也。當從改正。

逝（去也時制切）　注「時」上，顧氏云：「宋有『乃至』。」

補釋　曹本「時」上有「乃至」二字。案：《韻會》引《廣韻》與此注同。

巫威作筮　威，段氏改作「咸」。

補釋　案：《周禮·春官·龜人》注引《世本》作云：「巫咸作筮。」段校據之。

藝（静也）　惠氏云：「未詳。」

褹　惠氏云：「郭璞云：『褹』即『袂』字，袂音藝。」

補釋　郭説見《方言》四注。

[illegible]　段氏改作「[illegible]」。

補釋　段校本《説文》，下从[illegible]之字倣此，不重。

銐（除利也） 惠氏云：「見前。」

補釋 說見本葉五條。

瓛 段氏改作「瓛」。

鱥 段氏改作「鱥」。

二十一葉

丑例切十一 一，顧氏云：「宋『二』。」

補釋 宋巾箱本、曹本、黎本作「十二」，元本作「十三」。案：本切下凡十二字，此文與元本均誤。

侘傺又敕加切 又，段氏改作「侘」。

補釋 又，宋巾箱本、曹本作「侘」。（元本「侘」字、「又」字皆作「佗」，爲「侘」字之形誤。）案：下平聲麻韻敕加切下有「侘」字，段校是也。

䗽 顧氏云：「宋『䗽』。疑即『䗽』，見前，又泰韻。」

補釋 案：「䗽」見此芮切下，泰韻祖外切下作「䗽」。案：《集韻》二切下皆作「䗽」，本切下無之，顧說是也。

○十四泰

忲(奢也又逝大二音)　忲，顧氏云：「宋『汰』，非。後『忲』。」

補釋　忲，曹本作「汰」，《唐韻》同。案：本韻徒蓋切下有「忲」字，亦不從太。

古今人表有太史疕　疕，顧氏云：「宋紙損。」

補釋　案：《漢書·古今人表》作「太史庇」，(《史記·宋世家》《周本紀》作「疕」。)此「疕」字當從更正。(宋巾箱本作「亭」，誤。)

蓋　惠氏云：「蓋姓。《後漢》有徐州刺史蓋豫，見《周防傳》。」

補釋　案：蓋姓見入聲盇韻古盇切下，注云：「姓也。漢有蓋寬饒。」《元和姓纂》蓋姓亦在盇韻，與此字音義不同，惠氏偶失考。

奈(又致箇切)　注「箇」字，顧氏云：「宋『个』。」

補釋　注「致箇切」，曹本作「乃个切」。元本作「奴箇切」。「箇」「个」相同。案：「奈」字又見箇韻奴箇切下，「致」與「奴」聲不同類，當是「奴」字之譌，宜改正。

説文曰沛之也　沛之，顧氏云：「宋『渿沛』。」

補釋　沛之，曹本、元本作「渿沛」。案：《説文》作「沛之」，與此文同。

鈦(鉗也又大計切) 注「也」下，顧氏云：「宋有『説文曰天鉗也』六字。」

補釋 曹本注作「鉗鈦，《説文》曰：『鐵鉗也。』又大計切」。元本作「鉗也，在項曰鉗，在足曰鈦。以鑠加足也。又音裺」。

二十二葉

貝(居陸名賧) 注「賧」字，顧氏云：「宋『賧』，是。」

補釋 注「賧」字，宋巾箱本、黎本、元本作「賧」。案：《説文》作「賧」，《集韻》同，當從。

會(古作會) 注「會」字，惠氏改作「會」。

補釋 曹本正文作「會」，注作「會」。案：此字正文與古作無別，當誤。注「會」字疑是「𠓗」字之譌。「𠓗」見《玉篇》十五、《集韻》，爲「會」之古文。(《説文》「會」字古文作「㣛」。)與「會」形似而誤。

漢有會相 相，顧氏云：「宋『栩』，是。」

補釋 相，宋巾箱本、黎本作「栩」。案：《元和姓纂》八云：「後漢武陽令會相。」與此文同。《姓解》三作「會栩」。(《名賢氏族言行類稿》四四作「會炳」。)

䢅 段氏云：「音辰。」

補釋 案：《説文》「䢅」字云：「辰亦聲。」段氏改作「會亦聲」。注云：「考《廣韻·十四泰》有『𣋡』，黃外切，《十七真》無『𣋡』字，是可證《說文》本作『會亦聲』也。《玉篇》曰：『𣋡，時真切，日月會也，今作「辰」。』蓋當希馮時《說文》已有作『辰亦聲』者，而顧從之，《集韻》《類篇》亦沿誤耳。」是段氏晚年以本韻此字爲然，此校猶據《說文》舊本也。

𩯭　顧氏云：「又祭韻。」

補釋　說見本卷二十一葉三條。

濊（汪濊深廣）　注「廣」下，顧氏云：「宋有『又水多貌』四字。」

補釋　注「廣」下，曹本、元本有「又水多皃」四字。案：「濊」又見本韻呼會切下，注云：「《說文》曰：水多皃。」

磕（硠磕石聲）　磕，顧氏云：「宋『礚』，注同。『硠』下『磕』。」

補釋　案：《集韻》「礚」爲「磕」之或體。《說文》作「磕」，云：「石聲。」《文選・子虛賦》云：「礧石相擊，硠硠礚礚。」

𩫏（擊也）　惠氏云：「《墨子》云：祧神而𩫏之。」

補釋　𩫏，宋巾箱本、元本作「𩫖」。案：《墨子・明鬼篇》云：「祧神之而稾之。」稾，畢秋帆（沅）訓爲敲。惠氏蓋以爲即𩫏字。

二十三葉

爤（火之毒皃）　注「皃」字，顧氏云：「宋無。」

補釋 注「皃」字，宋巾箱本、曹本、黎本、元本皆無。

沬(水名) 沬，段氏改作「沫」。 顧氏∟。

補釋 本書入聲末韻莫撥切下「沫」字云：「水沫。一曰水名，在蜀。又武泰切。」與此注合，段校據之。顧氏於末韻「沫」字校云：「似『沬』誤耳。」是以「沫」「沬」爲二字，「沬」字注誤，故∟段校也。案：《説文》「沫」字云：「沫水出蜀西南徼外，東南入江，从水末聲。」大徐音莫割切。「沬」字云：「洒面也，从水未聲。」大徐音荒内切。（本書隊韻荒内切下有「頮」字，無「沬」字。）《玉篇》十九「沬」字與「頮」同，云：「又莫貝切，水名。」與此字音義相合，是「沫」「沬」爲二字，「沬」字不誤，顧説是也。（《玉篇》「沫」字云：「亡活、莫蓋二切，水名。又水浮沫也。」與本書「沫」字注同，莫蓋切音疑亦因「沬」而誤。）《集韻》亦作「沬」，與此同。

○十五卦

潘岳射雉賦云出剛挂以潛擬 出剛挂，惠氏云：「《文選》作『屬剛罫』。」

陒 「陒」字下，顧氏補「峗(困也)」，云：「宋有。」

補釋 曹本、元本「陒」字下有「峗(困也)」。案：《集韻》本切下有「峗」字，云：「險也。」又有「佹」字，云：「困也。」

畫（俗作盡）　注「畫」字，顧氏云：「宋『盡』。」

補釋　注「畫」字，宋巾箱本、曹本、黎本、元本皆作「盡」。案：正文「畫」字與俗作無別，當誤，宜改正。

繣微乖違　微，段氏改作「徽」。

補釋　案：「繣」又見入聲麥韻呼麥切下，注云：「徽繣乖違。」與此相同，段校據之。《集韻》「繣」字云：「徽也。」

庍（到別方卦切）　惠氏云：「未詳。」

補釋　注「到」字，黎本原作「則」。案：《集韻》卜卦切下有「庍」字，注云：「舍別也。」疑即此字。

⿰鬲易　段氏改作「⿰鬲易」。顧氏云：「段改未是。」

補釋　案：《玉篇》十五作「⿰鬲易」，與此同。《集韻》作「⿰鬲易」。

〇十六怪

二十四葉

説文作𠆬俗作分　分，惠氏改作「分」。

補釋　燉煌王韻「尒」字云：「大或从大尒，通。俗作『介』。」下從介之字均作尒。（黎本原尒作「分」，誤。）

悈（飾也）　惠氏云：「悈，飾也。飾，古『飭』字，今作『勑』。」

補釋　案：《説文》「悈」云：「飾也。」爲此文所本。《匡謬正俗》八云：「飭音與敕同。字從食從力。其修飾之字從巾。曲學之士不能詳別，遂使書寫訛謬，『飾』『飭』二字混而爲一，並食傍加芳，縱或知有勑音，止謂借『飾』爲『飭』耳。全不辨者，總讀爲飾，蓋大失之矣。」

褹（紩布襦）　注「襦」字，顧氏云：「宋『也』。」

補釋　燉煌王韻「褹」字云：「結布襦。」案：《集韻》云：「複襦也。」《方言》四云：「複襦，江湘之間謂之襡，或謂之筩褹。」郭注云：「今筩袖之襦也。」是「襦」字不當無。

⿱此大（説文曰瞋大聲也）　注「瞋」字，顧氏云：「宋『⿱此大』。」

補釋　案「⿱此大」字，《説文》作「⿱大此」，云：「瞋大也。」

祄（補膝裙也説文祐也）　注「補」與「祐」二字，段氏改作「⿰衤束」與「袥」。

補釋　注「祐」字，曹本作「袥」。案：《説文》作「袥」。本書入聲昔韻七迹切下「⿰衤束」字注云：「⿰衤束膝帬祄。」與此互證，「補」字當誤，段氏據改。（《玉篇》二十八「祄」字云：「刺膝也。」「刺」當亦「⿰衤束」字之誤。又「⿰衤束」字云：「⿰衤束膝裙祄也。」「⿰衤束」字从束，不从朿。）

⿰血又（太息）　注「太」字，顧氏云：「宋『大』。」

補釋 燉煌王韻作「皷」，云：「大息。亦作『𠌳』。」

揩（鼓名） 顧氏云：「宋『揩』。」

補釋 揩，宋巾箱本、曹本、黎本原、元本作「揩」。《集韻》「鞜」字云：「鼓名。通作『揩』。」周祖謨云：「唐驃國樂有揩鼓，見《唐書・南蠻傳》及《通典》。」（《校勘記》）按：《倭名類聚抄》六引《律書樂圖》亦云「揩鼓」，作「揩」是也。當正。

○十七夬

簸竹名 簸，顧氏云：「宋無。」

補釋 簸，曹本、元本無。案：「簸」又見怪韻苦怪切下，注云：「箭竹名。此『簸』字疑是『箭』之譌。」

漢有快欽 顧氏云：「此炔欽耳。」

補釋 説見本卷十八葉七條。

二十五葉

噲（惡也） 注「也」字，顧氏云：「宋『見』。」

補釋　注「惡也」，宋巾箱本作「惡見」，元本作「惡皃」。案：「懀」又見泰韻烏外切下，注云：「惡也。」與此同。「見」字疑是「皃」之譌。《集韻》「懀」字云：「心惡。」

⿰壴又（何犗切）　注「犗」字，顧氏云：「宋『喝』。」

補釋　注「犗」字，元本作「喝」。案：「犗」「喝」音同，相通。

○十八隊

⿱隊韭（韲也）　注「韲」字，顧氏云：「宋『⿱般韭』。當作『䪢』。」

補釋　注「韲」，宋巾箱本作「⿱敕韭」，元本作「䪢」。案：《說文》「韲」字云：「『䪢』或从韲。」是「韲」與「䪢」爲一字。「⿱般韭」、「⿱敕韭」皆誤。

朏（向曙色也）　惠氏云：「疑。」

補釋　朏，《唐韻》作「昢」。案：《玉篇》日部「昢」字云：「滂佩切。向晴也。」與此音義均合，當從作「昢」。（《集韻》作「朏」，注云：「月未盡之明也。」案：《說文》「朏」字，大徐音普乃切，又芳尾切。《玉篇》二十「朏」字音芳尾、普乃、普骨三切，本書上聲尾韻敷尾切、海韻普乃切下有「朏」字，與之合。《集韻》本切下之「朏」字疑亦爲「昢」字之譌，而注改從朏義，遂不可辨也。此注未易，尚能審正文之誤。）「昢」字又見入聲没韻普没切下，注云：「明旦日出皃。」

漢文責對而面言多謂非誠對故去其口以從士也　面，顧氏云：「宋無，是。」士，顧氏改「士」。

補釋　曹本無「面」字。元本「責對」上有「以」字。案：《説文》「對」字云：「漢文帝責對而爲言多非誠對，故去其口以從士也。」（小徐云：「士，事也。」）爲此文所本，顧校據之。

魋（魋㞂瘷風苦熱）　注「瘷」字，顧氏云：「宋『廢』。」

補釋　注「瘷」字，宋巾箱本、黎本、元本作「廢」，《唐韻》同。

二十六葉

螝（蟲蛹）　注「蟲」字，惠氏改作「蚕」。

補釋　案：《集韻》「螝」字云：「蟲名，蛹也。」此疑有脱字。

蚚（又音析）　注「析」字，顧氏改作「祈」。

補釋　案：「蚚」字又見上平聲微韻渠希切下，入聲錫韻無之，顧校是也。

○十九代

趙襄子以銅斗擊殺代王　斗，顧氏云：「宋無，非。」

補釋　案：事見《史記·趙世家》，「斗」作「料」，同。

載（又材代切）　注「材」字，顧氏云：「宋『丁』。」

補釋　案：「載」字又見本韻昨代切下，「材」「昨」同聲，相通。「丁」字非。

愾（大息）　注「大」字，顧氏云：「宋『太』。」

補釋　注「大」字，元本作「太」，與《集韻》同。

山公集有佴湛　惠氏云：「當作《山濤啟事》中。」

補釋　案：《隋書·經籍志》有晉少傅山濤集九卷，是《山公集》不必改。

耏（頿也）　注「頿」字，段氏改作「須」。

補釋　案：《玉篇》五「耏」字云：「頰須也。」「須」乃「髭須」之「須」。「須待」之「須」，《說文》作「頿」，與「耏」字不合，段校是也。

戴（本自宋戴穆公之後）　注「穆」字，段氏云：「衍。」

補釋　案：《元和姓纂》九戴姓云：「宋戴公之後，以謚爲姓。」無「穆」字，段校是也。

凡氏於謚　謚，顧氏云：「宋『謚』。」

補釋　謚，宋巾箱本、曹本作「謚」。

萊（草也）　注「草」字，顧氏云：「宋『查』。」

補釋　注「草」字，宋巾箱本、黎本原作「查」。案：「萊」又見上平聲咍韻洛哀切下，注云：

「藜草。」《詩·小雅》云：「北山有萊。」毛傳云：「萊，草也。」與此注同，「査」字非。

二十七葉

又音礙　「礙」下，顧氏云：「宋有『一』。」

補釋　宋巾箱本、曹本、黎本、元本皆有「一」。

○二十廢

廢（方胇切）　胇，段氏改作「肺」。

補釋　注「胇」字，黎本、元本作「肺」。案：「胇」字，韻目作「肺」。「胇」在紙韻，與此不合，形似而誤也，段校是。

濊（或作獩⿰豸頁）　注「獩」字，顧氏云：「宋『穢』。」⿰豸頁，「宋無，是。」

補釋　注「獩⿰豸頁」，宋巾箱本、黎本原作「穢貊」。曹本「⿰豸頁」作「貊」。元本有「獩」，無「⿰豸頁」字。案：《集韻》作「獩貊」。「獩」通作「穢」、「濊」。

⿸疒彖　⿰歹彖（上同）　⿰歹彖，段氏改作「⿰歹希」。

補釋　案：《方言》《玉篇》《集韻》《類篇》皆作「⿰歹彖」，段校从「希」，未詳。

⿱辟乂（才人名）　注「人」字，顧氏云：「宋無。」

補釋　案：「⿱辟乂」與「乂」同。本切下「乂」字注云：「才也。」《尚書·皋陶謨》云：「俊乂在官。」鄭康成注云：「才德通千人爲俊，百人爲乂。」此注疑當爲「才過百人名」。稕韻「儁」字注云：「智過千人曰儁。」是其例。

○二十一震

吝（俗作⿱丕厶）　注「⿱丕厶」，顧氏云：「宋『⿱丕厶』。」

補釋　案：《集韻》「吝」在稕韻，古作「⿱乂右」。「⿱乂右」與「⿱丕厶」同。

⿱⺮𨳌（損也）　注「損」字，段氏改作「植」。

補釋　案：《廣雅·釋器》云：「⿱⺮𨳌謂之植。」（王懷祖云：「未詳。」）段校據之。《集韻》此字在稕韻，注引《廣雅》同。

二十八葉

⿰粦刂（水在石閒）　⿰粦刂，段氏改作「⿰粦巛」。

補釋　案：《集韻》此字作「⿰粦巛」，在稕韻。「⿰粦巛」見上平聲真韻力珍切下，注云：「水在石閒。又力刃切。」與此相合，段校是也。(《説文》巜部「粼」字云：「水生厓石閒粼粼也。」)

𡏭(石似玉)　𡏭，惠氏改作「璶」，顧氏云：「宋『璶』，不誤。」

補釋　𡏭，曹本、元本作「璶」，燉煌王韻同。案：《集韻》在稕作「璶」，不誤。

浕(滓也)　注「也」字，顧氏云：「宋『浕』。」

補釋　注「滓也」，元本作「滓浕」。案：「浕」又見焮韻吾靳切，注云：「《爾雅》曰：澱謂之浕。」

縉(又古有縉雲氏)　惠氏云：「疑有姓。」

補釋　案：《姓解》二有縉姓云：「《姓苑》云：縉雲氏之後。」《姓氏急就篇》以縉雲爲複姓。

釁　顧氏改作「釁」，云：「宋『釁』。」

補釋　宋巾箱本、曹本、黎本作「釁」。燉煌王韻「舋」字云：「許覲反，罪。正作『釁』。」案：《説文》作「釁」。

舋　顧氏改作「舋」，云：「宋『舋』。」

補釋　宋巾箱本、曹本、黎本、元本皆作「舋」。

朩(匹刃切)　注「匹」字，顧氏云：「宋『撫』。」

補釋　注「匹」字，黎本作「撫」。燉煌王韻「朩」字云：「撫刃反，麻片。又口賣反，一。」案：

「宂」字又見卦韻匹卦切下，注云：「又匹刃切。」與此相合。燉煌王韻卦韻「宂」字云：「又匹刃反。」可證隊韻撫刃反之「撫」字爲誤。又本切下「⿵門賔」(當作「⿵門賓」)「覿」二字皆从賓聲，與匹同聲，是此注「匹」字不誤，撫聲不類，非也。

呁(唁也) 注「唁」字，段氏改作「吐」。顧氏云：「宋『言』。」

補釋 案：《廣雅·釋詁》云：「呁，吐也。」段校據之。《集韻》此字在稕韻，注云：「吐也。」

○二十二稕

二十九葉

智過千人曰儁又羌複姓有儁蒙氏 二「儁」字，顧氏云：「宋『雋』。」

補釋 儁，元本作「雋」。

⿱北瓦(獵之韋袴) ⿱北瓦，段氏改作「⿱北冗」。

補釋 案：「⿱北瓦」又見上聲獮韻而兖切下，注云：「柔韋。又作『⿱北冗』，見經典。」《說文》此字篆作，云：「柔韋也。从，从皮省。」段氏注云：「謂也，非耳非瓦，今隸下皆作『瓦』矣。」《集韻》此字作「⿱北⿱冖夂」。(「⿱北瓦」爲「⿱北⿱冖夂」之或作。)

閏(閏餘也)　閏，顧氏云：「宋『閏』。注同。」

補釋　閏，黎本、元本作「閏」。下文「潤」字，黎本、元本亦作「潤」。

漢朐䏰縣名地下濕多朐䏰蟲朐音蠢　朐，顧氏云：「宋『朐』，下同。又準韻，又『萬』字下。」

補釋　説見三卷二十三葉二條。案：願韻「萬」字注云：「自漢及梁猶爲朐䏰縣地。」「朐」字不誤。

○二十三問

璺(破璺亦作𤮪)　璺，顧氏改作「璺」，云：「宋『璺』。」注「𤮪」字，顧氏云：「疑。」

補釋　案：注「𤮪」字，疑當作「𤬺」。《集韻》「璺」下出「𤬺」字云：「器裂。」與「璺」字音義相同。

方言曰秦晉器破而未離謂之𤮪　𤮪，段氏改作「璺」。顧氏云：「宋『璺』，不誤。」

補釋　𤮪，曹本、元本作「璺」。案：《方言》六作「璺」。段校據之。

詩曰微亦柔止　微，段氏改作「薇」。

補釋　案：段校本《詩·小雅·采薇》。

抆（拭也） 注「也」字，顧氏云：「宋『之』。」

鄆（又州名魯太昊之後風姓禹貢兗州之域即魯之附庸須句國也） 注「魯」字，惠氏云：「衍。」

補釋 案：《說文》「鄆」字云：「河内沁水鄉，魯有鄆地。」鄆州唐時在河南道。《元和郡縣志》十云：「《禹貢》兗州之域，春秋時屬宋，即魯附庸須句國。太昊之後，風姓。」與此注相同，「魯」下疑脱「地」字。

故春秋傳曰上大夫受郡是也 段氏改作「故《春秋傳》曰『上大夫受縣，下大夫受郡』，是也。」

補釋 案：《說文》「郡」字引《春秋傳》與此同，段氏注本據《水經注》引補。此校與之同。文見《左傳·哀公二年》。

三十葉

〇二十四焮

脪（説文曰瘡肉反出也） 注「瘡」字，惠氏改作「創」。

補釋 案：《説文》作「創」，《集韻》引同。

劤(多力皃) 注「皃」字，顧氏云：「宋無。」

補釋 注「皃」字，曹本、元本無。

櫦(屋脊又棟也) 注「棟」下，顧氏云：「『説文棼』，宋有三字。」

補釋 注「棟」下，曹本有「説文棼」三字。

濦(又於覲切) 注「覲」字，顧氏云：「宋『勤』，是。」

補釋 燉煌王韻作「於謹反」。案：平聲欣韻於斤切下有「濦」字，「斤」「勤」音同相通。震韻無「濦」字。「覲」字誤，「謹」字亦非，當從宋本作「勤」。

○二十五願

於願切 願，顧氏云：「宋『愿』。」

補釋 願，曹本作「愿」。

方願切 願，顧氏云：「宋『愿』。」

補釋 願，曹本作「原」，當是「愿」之誤。

西魏有柱國万紐于謹 紐，顧氏云：「宋『忸』，是極。」

補釋 紐，宋巾箱本、黎本原作「忸」。案：《魏書・官氏志》作「勿忸于氏」。《通志・氏族略》五同，云：「疑與万紐于同。」《古今姓氏書辨證》三十二云：「万忸于，『忸』一作『紐』。魏有柱國万紐于謹。」是「忸」與「紐」相淆已久矣。

㿸(皮悅) 注「悅」，惠氏云：「脫，《玉篇》。」

補釋 案：「㿸」又見上聲阮韻無遠切下，注云：「皮脫也。」惠校是。

⿺尢攵 段氏改作「奿」。

補釋 宋巾箱本、黎本作「⿺尢乜」。案：《說文》此字在丸部，作「奿」。段校據之。

旔(捷也) 惠氏云：「疑。」

補釋 案：《集韵》無此字，疑爲「踺」字之誤。《集韻》「踺」字云：「行皃。」意相近。

禮云大曰羹獻 大，段氏改作「犬」。

補釋 段校本《禮記·曲禮下》。

⿰⿱⺮艮殳(芳万切) 注「芳」字，顧氏云：「宋『又』。」李子仙(福)云：「福案：⿰⿱⺮艮殳，穿母，今『芳万』之『芳』，疑是『叉』、『⿱双勿』等字之誤也。」顧氏云：「是。」

補釋 注「芳」，宋巾箱本、元本作「又」。案：《集韻》作「⿱双勿萬切」。「又」字當爲「叉」字，形近而誤。「叉」與「⿱双勿」同聲。「芳」字非，李說是也。

三十一葉

圈 段氏云：「圈，《玉篇》。」

補釋　燉煌王韻作「圈」。案：《玉篇》二十九「圈」字云：「巨萬切，邑名。」與此相同，故段氏據之。「圈」字見本書上聲阮韻求晚切、獮韻渠篆切下，與此義不同。《集韻》「圈」爲「圈」之或作，疑非。

○二十六慁

䫲（惠氏云：「中多『、』，應去。」）

補釋　案：《說文》「䫲」字，中無「、」，當從。

鐏（說文曰秘下銅也）　注「秘」字，惠氏改作「柲」。顧氏云：「宋『柲』，不誤。」

補釋　注「秘」字，宋巾箱本、曹本、元本作「柲」，與《說文》合，當從。

徂悶切　徂，顧氏云：「宋『祖』。」

補釋　徂，曹本作「祖」，《唐韻》同。燉煌王韻作「徂困反」。案：祖悶切與本韻子寸切相同，疑非。此「徂」字當不誤。

說文曰度量衡以粟生　段氏云：「《說文》無。」

補釋　「說文」，宋巾箱本、黎本作「說苑」。案：文見《說苑·辨物篇》，「文」字當據作「苑」。（昔韻「尺」字注亦引此文，正作「說苑」，不誤。）

十粟爲一分　一，顧氏云：「宋無。」

補釋　曹本無「一」字。按：昔韻「尺」字注有「一」字。

奔（甫悶切又音犇一）　惠氏云：「丁度曰：急赴也。」

補釋　説見《集韻》恨韻「奔」字注。

○二十七恨

○二十八翰

亦詞翰　詞，顧氏云：「宋『辭』。」

補釋　詞，宋巾箱本、元本作「辭」。

三十二葉

洝（説文曰溲水也）　注「曰」與「也」，顧氏云：「宋無。」

補釋　曹本、元本注無「曰」與「也」二字。

獵狚獸名似狼　獵，段氏改作「獦」。

補釋　案：入聲曷韻「獦」字云：「獦狚獸也。」《玉篇》二十三、《類篇》犬部皆作「獦狚」，段校是也。《集韻》作「猲狚」，《山海經・東山經》云：「有獸焉其狀如狼，赤首鼠目，其音如豚，名曰猲狚。」郭注云：「葛苴二音。」郝疏云：「案經文『猲狚』當爲『獦狚』，注文『葛且』當爲『葛旦』，俱字形之譌也。」

岸（水涯高者）　注文，顧氏云：「『涯岸，又水際』。宋如此。」

補釋　曹本注與宋本同。

喭（弔失容又五肝切）　注「容」字，段氏改作「國」。失，顧氏云：「宋『扶』。」又云：「『喭』在《論語》，段改未是。唁，弔失國，喭同，見線韻。𠯗喭、失容，見換韻。」

補釋　案：《集韻》「喭」字云：「弔失國曰喭。」與本書線韻「唁」字注同，《詩・鄘風》云：「歸唁衛侯。」毛傳云：「弔失國曰唁。」「唁」與「喭」同，故段校據之。《論語・先進篇》云：「由也喭。」《集解》云：「鄭曰：子路之行，失於畔喭。」邢疏云：「舊注作『𠯗喭』。」《字書》：『𠯗喭，失容也。』今本『𠯗』作『畔』。」是「𠯗喭」訓爲失容，與換韻「𠯗」字注同。此注「弔」字疑爲衍文。

靬（乾革）　注「乾」字，顧氏云：「宋『軟』。」

補釋　燉煌王韻「靬」字注云：「乾韋。」案：《説文》「靬」字與此注同。「軟」字當誤。

抱罕縣在河州亦作罕抱音扶　二「抱」字，段氏改作「枹」。

補釋　二「抱」字，元本作「枹」。案：本書上平聲虞韻防無切下作「枹」，注云：「枹罕，縣名，在河州。」與此文相同。《漢書・地理志》枹罕在金城郡，注云：「師古曰：讀曰膚，本枹鼓字也，其字從木。」段校是也。

讕（逆言）　注「逆」字，顧氏云：「宋『逸』。」

補釋　注「逆」字，宋巾箱本、曹本、黎本、元本皆作「逸」。案：「讕」又見上平聲寒韻落干切下，注云：「逸言。」此注「逆」字當正。（《玉篇》九「讕」字云：「誣言相加被也。」《集韻》「讕」字在換韻，注同。）

⿰巾嬰　段氏改作「⿰巾𡢽」。

補釋　燉煌王韻作「幔」，爲「⿰巾嬰」之譌。案：《說文》「⿰巾嬰」字段氏改作「⿰巾𡢽」，注云：「篆體各本皆誤作『⿰巾嬰』，今正。𡢽，古文『婚』字，亦讀若閔。此爲𡢽聲，而非嬰聲，明甚。《說文》及《漢書》『⿰巾𡢽』皆誤『⿰巾嬰』，賴可據音以正其形。」此校與之同。

巾捫　捫，段氏改作「㨉」。

補釋　捫，燉煌王韻作「撋」。案：《說文》云：「以巾㨉之。」段校據之。

⿸尸食（食也）　⿸尸食，段氏改作「⿸尸⿱夕食」。顧氏云：「宋『屑』，不誤。」

補釋　⿸尸食，曹本作「⿸尸⿱夕食」。案：《說文》作「饡」，段氏注云：「《考工記》注曰：『瓚』讀『⿱行食⿸尸⿱夕食』之『⿸尸⿱夕食』，『⿸尸⿱夕食』即『饡』也。」

䆾(祖賛切)　注「祖」字,顧氏云:「宋『得』。」

補釋　注「祖」,黎本作「徂」,《唐韻》同。案:《集韻》「䆾」字在換韻,音才賛切。陳蘭甫作「徂賛切」,云:「祖賛切與『賛』字則旰切音同,誤也,今從明本、顧本。」「徂」「才」同聲相通。「祖」字誤,「得」字當爲「徂」之形譌。

○二十九換

垸(桼補垸也)䯘(膝骨)　注「補」字,顧氏云:「宋『宜』。」

補釋　此文宋巾箱本、黎本、元本作「垸(漆骨垸也)䯘(上同)」,曹本注「桼」作「黍」,「骨」作「䯘」,誤。燉煌王韻「垸」字云:「骨漆曰垸。」《唐韻》「垸」字云:「膝骨垸,亦作『䯘』。」案:「垸」字又見上平聲桓韻胡官切下,注云:「漆加骨灰上也。」《説文》「垸」字云:「以桼和灰而髤也。」段氏注引玄應《音義》云:「《通俗文》曰:『燒骨以漆曰垸。』《倉頡訓詁》曰:『垸以漆和之。今中國言垸,江南言䯘。』」「䯘」爲「垸」之或字,(《集韻》與《唐韻》同。)是此二字注誤淆,不合。當從巾箱本、黎本與元本改正。

腎　段氏改作「掔」。顧氏云:「宋『掔』。」

補釋　曹本作「掔」。燉煌王韻「腕」字云:「正作『掔』。」案:段校本《説文》。《集韻》作「掔」,不誤。

三十三葉

鑵（汲水器） 鑵，段氏改作「罐」。

補釋 燉煌王韻、《唐韻》作「罐」，注云：「汲水器。」《集韻》「鑵」爲「罐」之或字。案：汲水之器，其義以从缶爲長。

⿱䜌豕（絶水渡也） 注「渡」字，顧氏云：「宋『波』，非。」

補釋 注「渡」字，《唐韻》作「度」。

腶（鑯脯） 注「鑯」字，顧氏云：「宋『鐵』。」

補釋 注「鑯」字，元本作「鑯」，燉煌王韻、《唐韻》同。

喚 喚旁之、，顧氏云：「宋無。」下「煥」、「奐」、「渙」、「⿰目奐」並同。

補釋 曹韻各字無、，燉煌王韻同。案：《説文》「奐」字在収部，不當作「奐」。从奐之字同。

祘 惠氏云：「祘，古『算』字，見《墨子》。」

斅（⿰⿱山火攵斅） 斅，顧氏云：「宋『斅』，是。」

補釋 案：「⿰⿱山火攵」「斅」二字，《玉篇》在文部，作「⿰⿱山火攵」「斅」。本書翰韻「⿰⿱山火攵」字云：「⿰⿱山火攵斅，無文章皃。」字从文，不誤，此文當正。從文之字易與文（楷書攵都用作「攴」字）相淆。《集韻》

亦誤作「嶶」「敳」。燉煌王韻作「嶶」「敳」，尤誤，更不易辨矣。

𦓾(不蒔之田也)　注「之」字，顧氏云：「宋無。」

補釋　注「之」字，宋巾箱本、曹本、元本無。黎本「𦓾」字云：「不合時田也。」燉煌王韻云：「不蒔田。」

吺喭失容　顧氏云：「可證前。」

補釋　見上葉四條。

眫(牲之半體)　眫，段氏改作「胖」。

補釋　眫，元本作「胖」。燉煌王韻、《唐韻》作「胖」，注云：「牲半體。」案：《說文》「胖」字云：「半體肉也。」與此相合，段校是也。《集韻》亦作「胖」。（注「牲」字，黎本作「性」，誤。）

冸(冰散)　正文「冸」與注「冰」，顧氏云：「宋『泮』『水』。」

補釋　《唐韻》「泮」字云：「水散。」案：《詩・邶風》云：「迨冰未泮。」毛傳云：「泮，散也。」是當作「泮」字，然本切下已有「泮」字，一紐中不當重出。《集韻》「冸」字云：「冰釋，通作『泮』。」「冸」「泮」相通，此文仍當以「冸」字爲是。（《淮南子・俶真訓》云：「夫水嚮冬則凝而爲冰，冰迎春則泮而爲水。」則注當以作「冰散」爲是。）

○三十諫

三十四葉

白虎通曰鷙用鴈者取其隨時　鷙，段氏改作「摯」。

補釋　案：文見《白虎通·嫁娶篇》，「鷙」作「贄」，當從。「摯」與「贄」同。

䤄（面曲皃）　注「皃」字，顧氏云：「宋無。」

補釋　曹本無「皃」字。

𨻰（羊相閒也）　顧氏云：「宋『𨻰』在紐末。」

補釋　曹本與宋本同。此注下「初雁切三」四字在「鏟」字下。

鏟（削木器又初限切）　顧氏云：「宋『鏟』（削木器，初雁切，又初限切，三）。」

補釋　曹本與宋本同。

○三十一襇

蕳（草餘）　注草字，顧氏云：「宋『堇』。」

補釋　注「草」字，宋巾箱本、元本作「堇」，燉煌王韻作「莖」，《唐韻》作「莁」。案：「蕡」字又見平聲山韻户瞯切下，注云：「莖餘。」顧氏校《集韻》改作「莝」。

采　惠氏云：「古文『辨』字。」

補釋　説見《説文》。

○三十二霰

説文曰霰積雪也　積，段氏改「稷」。

補釋　積，宋巾箱本、黎本、元本作「稷」，與《説文》合，當從。

芊蒨草木相雜皃　蒨，段氏改作「蒨」，云：「『芊蒨』見《江賦》。」

補釋　蒨，宋巾箱本、黎本作「蒨」。案：《文選·江賦》云：「涯灌芊蒨，潛會葱蘢。」李注云：「芊蒨葱蘢，皆青盛皃也。」段校是。

諓（諓散）　惠氏云：「未詳。」

補釋　案：《集韻》「諓」爲「諯」之或字，注云：「相責也。一曰數也。」《説文》「諯」字云：「數也。一曰相讓也。」此注「散」字疑爲「數」之譌。

絢絃（上同）　惠氏云：「『弦』下引《五經文字》有云『作絃者，非』。此可證彼。」

補釋　見下平聲先韻「弦」字注。《集韻》「絢」字注云：「通作『絃』。」别出「絃」字，注云：「繩也。」

夐（又求娉切）　注「求」字，顧氏云：「宋『休』，是。」

補釋　注「求」字，宋巾箱本、黎本、元本作「休」。案：「夐」字又見勁韻休正切下。「求」與「休」聲不同類，顧校是。（燉煌王韻「夐」字云：「又詡政反。」「詡」「休」同聲相通。《唐韻》云：「又休嫂反。」「嫂」爲「娉」之譌。）

三十五葉

涏（美好皃）　涏，惠氏云：「疑即『涏』。」

補釋　案：《集韻》「涏」字云：「涏涏，光澤皃。」光澤與美好義近。「涏」義不合，惠説疑非。

顛　段氏改作「顛」。顧氏云：「宋『顛』，是。」曹亦改『顛』，謬極。」

補釋　宋巾箱本作「顛」。案：段校本《説文》，是。

𧖣（奥鼄）　注「奥」字，惠氏云：「《玉篇》『篼』。」

補釋　案：《集韻》「𧖣」字云：「鼄篼。」

爾雅云麢絶有力豣　豣，顧氏改作「豜」，云：「宋『豜』。」

補釋　犽，宋巾箱本、黎本作「豣」，曹本、元本作「豜」。案：《爾雅・釋獸》作「豜」。

親四方之賓客　客，顧氏云：「宋無。」

補釋　客，曹本、元本無。案：《周禮・春官・大宗伯》有「客」字。

[燕/日]（星無雲出説文）　注「星」字，段氏云：「姚姬傳曰：『星』乃『姓』之誤。」　顧氏云：「未確，疑是『昷』。」

補釋　《説文》「[燕/日]」字段氏注引姚氏説與此同。又云：「一説星無雲，謂星而無雲，如雨部云：『風雨土。』謂風而雨土也。《詩》『星言夙駕』，韓云：『星，晴也。』」「姓」即「晴」字。「昷」爲古「温」字，《史記・封禪書》云：「曣[日昷]有黄雲蓋焉。」（《漢書・郊祀志》作「晏温」）「曣」即「[燕/日]」，「[日昷]」即「昷」，顧氏蓋以「星」與「姓」形不相似，故疑爲「昷」字之譌。（張文虎孟彪云：「『曣』『[燕/日]』同字，而單文則爲無雲，爲清濟。其連『[日昷]』字則爲氤氲，氤氲者和合之氣也。」《舒藝室隨筆》三）

三十六葉

漢書音義云上功曰最下功曰殿　惠氏云：「似曹憲《音義》。」

補釋　案：《文選・答賓戲》云：「猶無益於殿最也。」李注云：「《漢書音義》曰：上功曰最，下功曰殿。」與此文相同。

⿰口殿（亦作⿰口殿戻經典又作⿰𡱂欠屎） 注「戻」字，顧氏改作「屄」，云：「宋『屄』。」⿰𡱂欠，顧氏云：「宋『殿』。」

補釋 注「戻」字，宋巾箱本、曹本、元本作「屄」。「⿰𡱂欠」字，宋巾箱本、黎本、元本作「殿」。《爾雅·釋訓》云：「殿屎，呻也。」《釋文》云：「或作『敎吹』，又作『殿脲』，《說文》作『唸吚』。」「吹」疑爲「⿸尸欠」字之譌，「⿸尸欠」與「屄」同。唸吚，《說文》作「唸叩」。「吚」當是「叩」之譌（《集韻》亦作「叩」）。此注「戻」字當從宋本作「屄」，「⿰𡱂欠」字從《爾雅》作「殿」。顧校是。

○三十三線

憸（思憸） 注「憸」字，顧氏云：「宋『念』。」

補釋 注「憸」字，曹本作「念」。

襌（圭襌） 注「圭」字，段氏改作「封」。

補釋 襌，宋巾箱本作「襌」，誤。案：《集韻》「襌」字云：「王侯功不敢當，故讓於山。」即封襌義。（「襌」字又見下平聲仙韻以然切下，注云：「靜也。」）

廣雅曰繁緫鮮支縠絹也 繁緫，段氏改作「綮繐」。

補釋 案：繁緫，《廣雅·釋器》作「綮繐」。段校據之。王懷祖云：「《廣韻》『繐，細絹也』。《衆經音義》卷十三引《通俗文》云：『輕絲絹曰總。』『總』與『繐』同。」

偭(説文曰鄉也禮少儀云)　注「禮」上，顧氏云：「宋有『引』。」

補釋　注「禮」上，宋巾箱本、元本有「引」字。元本無「説文曰」三字，誤。案：本書引《説文》轉引各書，皆直録其文，不注明「引」字，此亦當同，不必有「引」字。

騴(馬上浴)　注「上」字，顧氏改作「土」，云：「宋『土』。」

補釋　注「上」字，宋巾箱本、曹本作「土」。案：《玉篇》二十三「騴」字云：「馬轉臥土中。」與此注義近，「土」字是也。《唐韻》作「馬土浴」，「土」爲「土」之譌。

式戰切四　四，顧氏云：「宋『六』。」

補釋　宋巾箱本、曹本、元本作「六」，與本切下字數合，是也。

勬(勤也)　注「勤」字，顧氏云：「宋『勳』。」

補釋　案：《集韻》亦作「勤」。

三十七葉

饕(七戀切)　注「七」字，段氏改作「士」。顧氏云：「宋『士』。」

補釋　注「七」字，黎本、元本作「士」。案：《集韻》「饕」字作「雛戀切」。「士」「雛」聲同類，「七」字當誤，段校是也。

衍(水也溢也) 注「溢」字，顧氏云：「宋『益』。」

補釋 案：《集韻》「衍」字云：「水溢也。」

延(曼延不斷其莚也) 注「莚」字，顧氏云：「宋『筵』。當再考。」

補釋 注「莚」字，元本作「筵」。案：上文「莚」字云：「蔓「莚」不斷。」又下平聲仙韻「莚」字注云：「草名。」蔓、莚均屬草名，滋生繁殖，故引伸爲不斷義，通轉爲「曼延」。此注「莚」字，當不誤。

罺(罺網) 注「罺」字，顧氏云：「宋『巢』。」

補釋 注「罺」字，宋巾箱本、元本作「罺」。案：效韻「罺」字云：「小網也。」顧氏所據宋本之「巢」字，疑當作「罺」，殆迻寫者之譌。从巢之字《説文》作「巢」，此注「罺」字不誤。

○三十四嘯

鱐(切肉食粿) 注「食」字，顧氏云：「宋『合』。」

補釋 注「食」字，宋巾箱本、黎本、元本作「合」。按：《集韻》「鱐」字注作「合」，《倭名類聚抄》四引《唐韻》亦作「合」。作「合」是也，當從改正。

薛琮云低頭聽 琮，段氏改作「综」。

補釋　案：薛琮見《三國志·吴志》本傳。《文選·西京賦》云：「伏檽檻而頫聽。」薛注云：「頫，低頭也。」與此文合。段校是也。

窅窱深邃皃　窅，段氏改作「窅」。顧氏云：「宋『叫』。」又云：「《魯靈光殿賦》『叫窱』，注引《西京賦》。今《西京賦》作『窅窱』。觀善注音窱，不音窅，當本作『叫』。此書叫紐不收『窅』字，亦一證也。」

補釋　窅，宋巾箱本、黎本原、元本作「叫」，《唐韻》同。案：本韻「窅」字注云：「窅窱，幽深皃。」與此文相同。「窅」字《説文》作「窅」，段校據之。窅窱，《説文》「窱」字作「杳窱」，《廣雅·釋詁》作「窈窱」，《集韻》作「窅窱」，皆一聲之轉。

佛儅不當皃　當，惠氏云：「疑。『儅』下云『不中』。」

補釋　案：《玉篇》亦云：「佛儅，不常也。」《集韻》宕韻「儅」字注同，「當」疑「常」字之譌。「不常」與「不中」義近。（《集韻》「佛」字注作「不當」，疑亦誤。）

三十八葉

窅（窅窱）　二「窅」字，段氏改作「窅」。

補釋　段校本《説文》。

歒　惠氏改作「歒」。

補釋　《唐韻》作「歒」。案：《説文》在欠部作「歒」，《集韻》同。惠校據之，是也。

○三十五笑

肖(似也小也) 注「小」字，顧氏云：「宋『何』。」

補釋 案：《方言》十二云：「肖，小也。」《廣雅・釋詁》同，爲此注所本。「何」字非。

轎(輣車也) 注「輣」字，惠氏云：「軻，見《四十一漾》。」

補釋 案：《廣雅・釋詁》云：「轎，軻也。」《集韻》同，又云：「一曰小車。」本書漾韻「軻」字云：「轎軻。」(「轎」又見下平聲宵韻巨嬌切下，注云：「小車。」)是此注「輣」字當爲「軻」之形譌，惠校是。

彯(彯盡) 注「盡」字，顧氏云：「宋『畫』。」

補釋 注「盡」字，曹本、元本作「畫」，燉煌王韻同。案：「盡」爲「畫」之俗作。

哨 惠氏云：「哨見《投壺》。」

補釋 案：《禮記・投壺》云：「某有枉矢哨壺。」鄭注云：「枉、哨，不正貌。」《釋文》云：「王肅云：枉不直，哨不正也。」

賌(凡從尞者作賌同) 注「賌」字，顧氏云：「宋『賫』。當作『尞』。」

補釋 案：從尞之字《說文》作「賌」，今皆作「尞」。此注當作「凡從賌者作『尞』，同」。

鶟（爾雅云鶟一名鶨其雄曰䳄）　注「䳄」字，段氏改作「䳄」。

補釋　段校本《爾雅・釋鳥》。

廟（周有守禮之官）　注「禮」字，段氏改作「祧」。顧氏云：「宋『祧』。」

補釋　注「禮」字，曹本、元本作「祧」。案：《周禮・春官・守祧》云：「掌守先王先公之廟祧。」段校是也。

三十九葉

○三十六效

恔（快也出孟子）　惠氏云：「今《孟子》作『恔』。」

補釋　《孟子・公孫丑下》云：「於人心獨無恔乎。」《集韻》「恔」爲「恔」之或字。

廣志曰狐死首丘豹死首山　山，顧氏云：「宋『止』。」

補釋　案：《御覽》八九二引《廣志》亦作「山」，「止」字疑非。希麟《音義》九引《廣志》作「守山」，「守」疑「首」之音誤。

奅（起釀）　注「釀」字，顧氏云：「宋『䃶』。」

補釋　注「釀」字，宋巾箱本、曹本作「䃶」，元本作「穫」。敦煌王韻、《唐韻》作「釀」，與此注同。

趠(丑教切)　注「丑」字，顧氏云：「宋『知』。」

補釋　注「丑」字，元本作「知」。《唐韻》作「褚教反」。陳蘭甫云：「『趠』字同音有『踔』字，二徐知教切。可知『趠』字知教切是也。」(《切韻考》五)案：「趠」字《類篇》《韻會》作「敕教切」(《集韻》作「此教切」。「此」字疑誤)，《玉篇》十作「丑孝切」，「敕」「丑」同聲。「丑」字疑不誤，陳説似未允。

淖　顧氏云：「宋『淖』在紐末。」

補釋　曹本與宋本同。

抓(爪刺也)　注「剌」字，顧氏云：「宋『刺』。」

補釋　注「剌」字，宋巾箱本、曹本、黎本、元本皆作「刺」。

癄(縮也)　注「縮」字，顧氏云：「宋『繀』。」

補釋　案：《集韻》「癄」字注亦作「縮」。

觘(角匕也)　顧氏云：「『𦨖(舟上浪也)』(疑當作「觘，角上浪也」。此殆迻録者以形似而誤)，宋如此。」

補釋　注文，宋巾箱本、曹本、黎本作「角上浪也」。《倭名類聚抄》七引《唐韻》亦作「角上浪也」。燉煌王韻「觘」字云：「角上。」《集韻》「觘」云：「角上皃。」此注「匕」字當改作「上」。

巢（七稍切）　注「七」字，顧氏云：「宋『士』。」（原書作「士」，今正。）

補釋　注「七」字，宋巾箱本作「士」。案：《集韻》作「仕教（原作「落」，誤。今據《類篇》正）切」。「仕」「士」聲同類，是也。「七」爲「士」之形譌，當正。

四十葉

○三十七号

謚也　謚，顧氏云：「宋『謚』。」

補釋　謚，宋巾箱本、曹本、元本作「謚」。

號（又乎刀切）　注「乎」字，顧氏云：「宋『呼』。」

補釋　曹本作「呼」。案：「號」又見下平聲豪韻胡刀切下。「胡」「乎」聲同類，是也。「呼」字非。

砉（或作謷）　注「謷」字，顧氏云：「宋『敼』。」

補釋　注「謷」字，宋巾箱本、黎本作「砉」，與正文無別，當誤。燉煌王韻、《唐韻》作「䜊」。案：《集韻》作「謷」，與此注同。

受　顧氏云：「宋『受』。」

補釋　元本作「受」。案：《集韻》作「受」，《古今姓氏書辨證》三十三同。

晉有高昌長郜玖　玖，顧氏云：「宋『政』。」

補釋　玖，黎本作「玫」。案：《姓解》一、《通志·氏族略》、《古今姓氏書辨證》三十三皆作「郜玖」，與此文同。

告（報也說文作𠰌）　正文「告」及注「𠰌」，顧氏云：「宋『告（告）』。」

補釋　「告」與注「𠰌」，宋巾箱本、黎本原作「告」與「告」，元本作「告」與「告」。案：《集韻》正文作「告」。《說文》篆𠰌。

傲（說文作敖餘倣此）　注「敖」字，顧氏改作「傲」，云：「宋主『傲』（案：謂宋本「傲」字从主作「傲」）。下同。《六豪》云：『《說文》作「敖」。』」下「嫯」、「嶅」、「鰲」、「鷔」、「謷」、「驁」等字，顧據宋本皆从敖。

補釋　傲，曹本、黎本作「傲」，下與張本同。《唐韻》作「傲」，下从敖之字均作从敖。案：「傲」字《說文》作「傲」，云：「从人敖聲。」（「敖」字《說文》在放部與出部均作「敖」。）此注「敖」字，當據作「傲」。下平聲豪韻五勞切下「敖」字注云：「《說文》作『敖』。」與此例同，可證。「餘倣此」者，下文从敖之字，《說文》皆作从敖，猶「傲」之與「傲」，不別出也。

鷔（鷔鳦魚鳥狀也）　段氏云：「『聱耴，見《吴都賦》。』」顧氏云：「宋『聱（聱鳦）』」，是。《廿幽》作『聱』。」

補釋　宋巾箱本、黎本作「⿱敖身(⿱敖身⿺乚身)」。案：下平幽韻「聱」字注作「聱耴」(原作「取」，今正)，入聲質韻「耴」字注作「贅(「贅」爲「聱」之譌)耴」。《集韻》此字作「聱」，云：「聱耴，魚鳥狀。」與此注同。「聱」爲「鷔」之或字。「鷔⿺乚鳥」「⿱敖身⿺乚身」與「聱耴」相同，皆一聲之轉。

旄(狗足旄尾)　注「尾」字，顧氏云：「宋『毛』。」

補釋　注「尾」字，宋巾箱本、曹本、黎本、元本皆作「毛」，《唐韻》同。案：《爾雅·釋獸》云：「麔大麕，旄毛狗足。」郭注云：「旄毛猥長。」是作「毛」是也，「尾」字當正。

⿰米旁(又施絞于編也)　注「絞」與「編」，顧氏云：「宋『烄』、『⿰革扁』。」

補釋　注「編」字，宋巾箱本、黎本作「⿰革扁」，燉煌王韻同。案：《玉篇》米部「⿰米旁」字云：「施絞於⿰革扁。」(「⿰革扁」字注云：「履底⿰革扁。」)爲此注所本，當從作「⿰革扁」。宋本「烄」字譌。

暴(又作㬥)　顧氏云：「『又』作『例』。」

補釋　謂本書之例也。

裦(又簿高切)　注「簿」字，顧氏云：「宋『薄』。」

補釋　注「簿」字，宋巾箱本、曹本、元本作「薄」。案：「裦」字又見下平聲豪韻薄褒切下。「薄」「簿」聲同類相通。

燠(以水添釜)　注「釜」字，顧氏云：「宋『釜』。」

補釋 注「釜」字，宋巾箱本、曹本、黎本、元本皆作「釜」。

埽（説文棄也） 注「棄」字，顧氏云：「宋『弃』。」

補釋 注「棄」字，曹本、元本作「弁」。案：《説文》作「棄」，與此注同。「弃」「棄」同字。

四十一葉

好（亦壁孔也見周禮） 注「壁」字，惠氏改作「璧」。

補釋 注「壁」字，曹本作「璧」，《唐韻》作「璧」。案：《周禮·考工記·玉人》云：「璧羡度尺，好三寸以爲度。」鄭注云：「鄭司農云：『好，璧孔也。』《爾雅》曰：『肉倍好謂之璧。』」惠校是也。「《周禮》」當作「《周禮》注」。

腦（優皮也） 注「優」字，顧氏云：「宋『瀀』。」

補釋 注「優」字，宋巾箱本作「瀀」。「皮」字，曹本作「澤」。案：《集韻》「腦」字云：「瀀澤也。」

○三十八箇

後漢侍中慶純避安帝諱改爲賀氏 「帝」下，顧氏云：「脱『父』字。」

補釋 案：《元和姓纂》九慶姓云：「避漢安帝父諱，始改賀氏。」安帝父爲清河孝王慶，顧説是也。慶純當即《後漢書・黄瓊傳》之會稽賀純。

胡箇切 箇，顧氏云：「宋『个』。」

補釋 箇，曹本作「个」。「箇」「个」同字。

則箇切 箇，顧氏云：「宋『个』。」下「奴箇切」、「蘇箇切」、「呼箇切」同。

補釋 曹本均作「个」。

馱（負馱） 二「馱」字，段氏改作「駄」。

補釋 案：「馱」字《説文》新附字作「駄」，《集韻》同。段校是也。

○三十九過

髁（髀骨也） 注「髀」字，顧氏云：「宋『髁』。」

補釋 注「髀」字，宋巾箱本、曹本作「髁」。案：《説文》「髁」字云：「髀骨也。」爲此注所本，是「髀」字不誤。

播（説文掩也） 注「文」下，顧氏云：「宋有『曰』。掩，『撞』。」

補釋 注文，宋巾箱本、黎本原作「《説文》曰撞也」。曹本作「《説文》曰種也」。案：《説文》

「播」字云：「穜也。」《集韻》引同。「穜」即「種」。「撞」蓋「穜」字之譌。此注「掩」字譌，當正。

播武殷賢人　惠氏云：「即播鼗武耳。」

補釋　案：《論語·微子篇》云：「播鼗武入於漢。」《集解》云：「孔曰：播，摇也。武，名也。」《元和姓纂》九播姓云：「《風俗通》：播鼗武，殷末之賢人也。」是播本非姓，後乃以藝名氏。

龘卧切　龘，顧氏云：「宋『麄』。」

補釋　龘，元本作「麄」。曹本作「麁」，爲「麄」之譌。

堧（沙土）　注「沙」字，顧氏云：「宋『波』。」

補釋　堧，《唐韻》作「壖」。注同。案：此字見下平聲仙韻而緣切下作「堧」，當是「堧」之譌，注云：「江河邊地，又廟垣。或從需。」又見上聲獮韻而兖切下作「暝」，注云：「城下田也。」《集韻》「暝」「堧」「壖」爲一字，注云：「城下田。」又别出「堧」字，注云：「沙土。」與此同。

後魏書有北境賊破六汗拔陵　汗，顧氏云：「宋『扞』。」

補釋　案：破六汗拔陵見《魏書·肅宗紀》，「汗」或作「韓」。「汗」、「扞」、「韓」字音同，通。

四十二葉

○四十禡

癟(説文曰目病一日惡气著身也)　注文，段氏改作「《説文》曰：『目病。一曰惡气著身也。』」注「曰」「日」「气」，顧氏云：「宋『目』『曰』『氣』。」

補釋　注文，宋巾箱本、黎本作「《説文》曰：『目病。一曰惡气著身也』」，與《説文》合。段校是也。此注當正。(元本作「《説文》曰：『病。又惡气著身。』」亦誤。)「氣」與「气」同。

駕(説文曰馬在軶中也)　注「軶」字，顧氏云：「宋『輗』。」

補釋　案：《説文》作「軛」，《集韻》引同。此注不誤。

醡(壓酒具也出證俗文)　醡，段氏改作「醉」。

補釋　案：《集韻》作「醉」，段校據之。《韻會》亦作「醉」，引《廣韻》云：「壓酒具也。」又《證俗文》：打油具。」與此注稍異，《玉篇》三十有「醡」字，云：「側射切，造酒也。」「醉」爲「醡」之同字。

褯(小兒褯)　注「褯」字，段氏改作「衣」。

補釋　案：《玉篇》二十八「褯」字云：「小兒衣。」《集韻》同，段校據之。

⿰⿱林日阝(亭名在貝丘)　⿰⿱林日阝，段氏改作「䣢」。

補釋　《集韻》《類篇》作「䣢」，段校據之。案：「䣢」字从昔聲，於諧聲爲合，「⿰⿱林日阝」字當譌。「䣢」字又見入聲昔韻祥易切下，注云：「鄉名。」

四十三葉

借(假借)　惠氏云：「孔穎達《春秋正義》曰：『取者，假爲上聲，借爲入聲；與者，假、借皆爲入聲。』」

補釋　案：《漢書・文帝本紀》云：「常假借用焉。」注云：「蘇林曰：假音休假，借音『以物借人』之『借』。」

射　惠氏云：「『射』與『榭』，古字通。《春秋》『成周宣榭』，《公羊》作『謝』，古文作『射』。」

補釋　案：宣榭見《春秋・宣公十六年》，《左氏傳》《穀梁傳》作「榭」。

周禮有五射白勻參遠剡注讓尺井儀　遠，惠氏改作「連」。讓，段氏改作「襄」，又云：「『讓』不必改。」

補釋　勻，宋巾箱本、黎本原、元本作「矢」。遠，黎本原、元本作「連」。案：《周禮・地官・保氏》云：「三曰五射。」鄭注云：「鄭司農云：『五射，白矢、參連、剡注、襄尺、井儀也。』」此文「勻」與「遠」字，當據改作「矢」與「連」。《周禮》注「襄」字，《釋文》云：「音讓，本作

『讓』。」故段氏繼以爲不必改。

國語曰霸把也把持諸侯之權　惠氏云：「《中候》『霸免』注曰：『霸猶把也，把天子之事也。』」

補釋　案：「國語」下當有「注」字，此賈逵注也。文見玄應《一切經音義》二引，與此同。《詩譜序》云：「五霸之末。」孔疏云：「《中候》『霸免』注云：『霸猶把也。把天子之事也。』」惠校據之。

絮（絲結亂也）　絮，惠氏云：「疑『挐』。」

補釋　絮，燉煌王韻作「挐」，注云：「結亂。」案：「絮」字又見御韻息據切，注云：「《説文》曰：『敝綿也。』又抽據、尼恕二切。」同韻抽據切下云：「和調食也。」尼據切下云：「姓也。」與此注不同。（《玉篇》二十七絮字云：「思據切，敝緜也。又丑慮切，調和食也。」與御韻絮字音義皆同。）《玉篇》二十七「絮」字云：「女於切，緼也，塞也。或作『袽』。又女下切，縿絮相着皃。」本書上聲馬韻奴下切「絮」字，無注。上平聲魚韻女余切作「袽」，注云：「《易》曰：繻有衣袽。」《易釋文》云：「袽，女居反，絲袽也。王肅音如。《説文》作『絮』，云：『緼也。』《廣雅》云：『絮，塞也。』子夏作『茹』，京作『絮』。」今《説文》「絮」字引《易》作「需有衣絮」。《集韻》「絮」爲「絮」之或字，「絮」疑當作「絮」字。（又有「縿」字，疑因「縿絮」而譌。縿，《玉篇》音竹下切，本書上聲馬韻竹下切下作「傪」。）「絮」又見下平聲麻韻女加切下云：「絲亂曰絮。」本書麻韻作「挐」，云：「絲絮相牽。」（魚韻女余切下「挐」字云：「牽引。〕)與此注相合，是「絮」「挐」「拏」「袈」皆一聲之轉，相通。(麻韻字古音半同歌、戈一類，半同魚、虞一類。)

〇四十一漾

亮　顧氏云：「宋『亮』。」

補釋　曹本作「亮」，《唐韻》同。

鍞亮切　亮，顧氏云：「宋『亮』。」

補釋　亮，曹本作「亮」。

四十四葉

宋文公支子向文盱盱孫戌　惠氏云：「疑。」

補釋　案：《元和姓纂》九向姓云：「宋桓公向父肸，肸孫戌。」《古今姓氏書辨證》三十三云：「宋文公赤生子曰肸，字向父。其孫以王父字爲氏。春秋向戌食邑於合，謂之合左師。」(向父，《姓解》三亦誤作「向文」。)此文「文盱盱」三字當作「父肸肸」。

許亮切　亮，顧氏云：「宋『亮』。」下文「知亮切」、「直亮切」、「女亮切」、「疾亮切」、「之亮切」、

「側亮切」、「於亮切」、「尺亮切」、「初亮切」、「敷亮切」、「丘亮切」、「七亮切」等之「亮」字，宋本皆作「亮」。

補釋　曹本皆作「亮」。

陳留風俗傳曰暢氏出齊　曰，顧氏云：「宋無。」

補釋　曹本無「曰」字。

仗（又持也）　注「持」字，顧氏云：「宋『拚』。」

補釋　元本注無「也」字。曹本「持」作「拚」。

鷗（郭璞云工雀今謂之巧婦也）　注「之」字，顧氏云：「宋無。」

補釋　案：《方言》八云：「桑飛，自關而東謂之工爵，或謂之女鷗。」郭注云：「今亦名爲巧婦。」爲此注所本。

泔米入甑　顧氏云：「宋無『入甑』二字。」

補釋　注「入甑」，宋巾箱本、曹本、黎本、元本皆無，《唐韻》同。案：《玉篇》十九「泔」字云：「泔米入甑也。」《集韻》云：「實米於甑也。」是「入甑」二字不當無。

倡（導引先）　顧氏云：「宋無『引』。」

補釋　曹本注無「引」字。

滄（寒也）　「滄」字，段氏改作「滄」。顧氏云：「宋『滄』。」

補釋 曹本、元本作「滄」，《唐韻》同。案：《説文》在仌部作「滄」，段校據之。《集韻》「滄」爲「滄」之或字，疑非。

說文作醬 醬，段氏改作「醬」。

補釋 段校本《説文》。

南越食蒙蜀蒟醬 蒟，段氏改作「蒟」。顧氏云：「宋『蒟』。」

補釋 蒟，曹本作「蒟」。案：《文選·蜀都賦》云：「蒟醬流味於番禺之鄉。」劉注引《南越傳》云：「使唐蒙諷曉，南越食蒙以蒟醬。」今《漢書·南越傳》作「枸醬」，段校是也。

邡（邑名） 惠氏云：「又謀也，義與『訪』同。」

補釋 説見二卷二十三葉一條。

朢（説文曰月滿與日相朢以朝君也） 注「朢」字，段氏改作「望」。以，改作「似」。

補釋 案：《説文》與此注同。《韻會》引《説文》作「與日相望如朝君也」。段氏據之改《説文》「朢」、「以」二字爲「望」、「似」，注云：「月望日如臣朝君於廷，此釋从臣从壬之意也。」此校與之同。

四十五葉

𢸱（陳桓子名） 段氏云：「未詳。」

補釋 《集韻》云：「陳桓公子𧟰。」

○四十二宕

「埌」上之「○」，段氏删。顧氏云：「宋無。」

補釋 曹本、元本「埌」上無「○」。案：魯浪切下凡五字，此非另紐，不應有「○」。

鍚（工人治木器） 鍚，惠氏云：「疑『錫』。」

補釋 鍚，元本作「錫」。案：《集韻》亦作「錫」。

纊（又細緜也） 注「緜」字，顧氏云：「宋『絲』。」

補釋 案：《韻會》引《廣韻》此文同。《左傳・宣公十二年》云：「三軍之士皆如挾纊。」杜注云：「纊，綿也。」《小爾雅・廣服》云：「纊，緜也。絮之細者曰纊。」玄應《音義》一引作《説文》，疑誤。是「絲」字非也。

禹貢豫州厥貢厥篚纖纊 厥貢，惠氏云：「當衍。」

壙（坱壙塵） 注「坱壙」，顧氏云：「宋無。」「塵」下有「也」。

補釋 注「塵」下，宋巾箱本、元本有「也」字。曹本注作「塵也」，與《集韻》同。

潢（釋名曰染書也） 注「名」，顧氏云：「宋『古』。」

補釋 元本注無「釋名曰」三字。案：《集韻》云：「《釋名》：染㡀也。」「古」字當非。（《唐韻》亦作「釋名」，與此注同。）

○四十三映

映 顧氏云：「宋『敬』。『敬』在前。」

補釋 顧氏所據之宋本敬紐在映紐之前。韻目亦作「敬韻」。

詇（早知也） 注「早」上，顧氏云：「宋有『説文云』三字。」

補釋 注「早」上，曹本有「説文云」三字，元本有「説文」二字。

四十六葉

獍（獸名食人） 注「人」字，段氏改作「父」。

補釋 案：段校本《漢書·郊祀志》注引孟康説。

隋爲慶州州立嘉名也 下「州」字，顧氏云：「宋無。」

補釋 曹本「州」字不重。

潢 段氏改作「瀇」。顧氏云：「宋『瀇』。」

補釋　宋巾箱本、曹本、元本作「瀇」，燉煌王韻同。案：《說文》作「瀇」，段校據之。

又胡郎胡浪胡庚三切五　五，顧氏云：「宋『三』。」

補釋　宋巾箱本、曹本、黎本、元本皆作「三」，與本切下字數合，是也。

瀴（瀴瀙泠也）　注「泠」字，段氏改作「冷」。

補釋　注「泠」字，宋巾箱本、曹本、黎本、元本皆作「冷」。案：下文「瀙」字注云：「冷也。」此注「泠」字當據改正。

趟趟行皃　趟，顧氏云：「宋『趟』。」

補釋　案：本書下平聲肴韻陟交切下「趟」字注作「趟趟」。「趟」又見下平聲庚韻竹盲切下，注亦作「趟趟」。《集韻》同。宋本重「趟」字，當非。

瞠（他孟切）　注「他」字，段氏改作「池」。

補釋　案：《集韻》「瞠」字作「恥孟切」。陳蘭甫云：「明本、顧本『池孟切』，與『鋥』字『除更切』音同，誤也。」（《切韻考》）

瞜（住視）　注「住」字，顧氏云：「宋『往』。」

補釋　案：《集韻》「瞜」字注作「定視」，「定視」與「注視」義同。

鼪（鼪鼠）　注「鼪」字，顧氏云：「宋『鼬』。」

補釋　宋巾箱本、曹本、元本注作「鼬鼠」。案：《集韻》「鼪」字云：「鼬鼠，别名。」《爾雅·

釋獸》云：「鼬鼠。」郭注云：「今鼬似鼦，赤黄色，大尾，啖鼠，江東呼爲鼪。」是此注「鼪」字當從作「鼬」。

○四十四諍

○四十五勁

鄭重殷懃　殷，顧氏云：「宋『慇』。」

補釋　殷懃，宋巾箱本、曹本、黎本作「慇懃」，元本作「殷勤」。

四十七葉

靗（覗也）　惠氏云：「疑。」

補釋　黄録段氏校本此字改作「靗」。案：《玉篇》先部「靗」字云：「丑鄭切，覗也。」與此字音義全合，段校據之，是也。《集韻》亦誤作「靗」。

淨瀙（古文）　瀙，段氏改作「瀞」。

補釋　《唐韻》「淨」字云：「古作『瀞』。」案：《説文》作「瀞」，《集韻》同，段校據之。「瀙」見映韻楚敬切下，注云：「冷也。」與此注不同。慧琳《音義》七十六引《韓詩外傳》云：「瀞，清也。」又引《考聲》云：「潔也。」

後漢西羌傳有北海太守盛苞　海，段氏改作「地」。

補釋　北海，《唐韻》作「北地」。案：《後漢書·西羌傳》作「北地太守盛包」，段校據之，是也。

盛(承正切)　注「正」字，顧氏云：「宋『政』。」

補釋　注「正」字，宋巾箱本、曹本、元本作「政」。「正」「政」相同。

○四十六徑

釋名曰脛莖也　也，顧氏云：「宋無，非。」

補釋　文見《釋名·釋形體》，有「也」字。

豆有足曰錠無足曰鐙　惠氏云：「呂靜《韻集》『豆』作『鐙』。」

補釋　案：《白氏六帖》四引呂靜《韻集》云：「無足曰鐙，有足曰錠。」《翻譯名義集》一引《聲類》云：「有足曰錠，無足曰燈。」與此文同。《急就篇》云：「鍛鑄鉛錫鐙錠鐎。」顏注云：「有柎者鐙，無柎者曰錠。柎謂下施足也。」與此文又互易。

汀侹并注　顧氏云：「宋倒轉。」

補釋　曹本與宋本同。

○四十七證

四十八葉

陸本作眙　□氏云：「陸本前有。」

凝（又牛凌切）　注「凌」字，顧氏云：「宋『陵』。」

補釋　注「凌」字，曹本作「陵」，《唐韻》同。案：「凝」字又見下平聲蒸韻魚陵切。「陵」「凌」同音相通。

○四十八嶝

磴（巖磴）　注「巖」字，顧氏云：「宋『嵒』。」

補釋　注「巖」字，元本作「嵒」，「巖」「嵒」同字。

○四十九宥

四十九葉

禮注曰在牀曰尸在棺曰柩　注，惠氏云："衍字。"

補釋　案：文見《禮記·曲禮》。"注"字當是"記"字之譌。平聲脂韻"屍"字注引此文作"《禮記》曰"，可證。

鍬(鐵生鍬)　注"生"字，顧氏云："宋『姓』。疑『鉎』。"

補釋　注"生"字，宋巾箱本作"姓"，元本作"鉎"。燉煌王韻云："鐵鉎鍬。"案：本書下平聲庚韻"鉎"字注云："鐵鉎。"《玉篇》十八"鉎"字云："鍬也。"是此注"生"字當作"鉎"，顧説是也。("鍬"字又見平聲侯韻速侯切下，注云："刻鏤。"又見去聲蘇奏切下，注云："鍽利。"《集韻》"鍬"字云："利也。一曰鐵上衣。")

爾雅曰藚藚大葉白華根如指白可食　藚，顧氏云："宋『藚』(當是"藚"字之誤)，當改。上作『藚』，見一屋。"

補釋　藚藚，元本作"藚藚"。案："藚藚"倒誤，當作"藚藚"。入聲屋韻"藚"字注云："《爾雅》曰：藚藚。"《爾雅·釋草》作"藚藚"，郭注云："大葉白華，根如指，正白可啖。"可證。

左傳云與之石窌之田　之田，惠氏云：「疑衍。」

補釋　案：文見《左傳·成公二年》，無「之田」二字。

僇（癡行皃）　注「皃」字，顧氏云：「宋無。」

補釋　曹本無「皃」字。

就（又姓）　惠氏云：「《後漢》有太常就眈，見《律曆（○原書作「術」，今正）志》及《無極山碑》。」顧氏云：「《無極山碑》眈者，陳眈也。《律志》亦陳眈，今本《後漢書》就字非姓，惠先生偶失檢而取入補注，當正之。」

補釋　案：惠氏《後漢書補注》二十一引此注及《無極山碑》以釋《律志》「太常就眈」，故顧氏正其譌。

後漢書菟賴氏改爲就氏　顧氏云：「此《後魏書》也，謂《官氏志》，餘字下引者甚多，皆可互證。」又云：「宋『魏』，極是。曹板反依此改爲『漢』，大謬。」

補釋　《唐韻》作「《後魏書》」。案：《元和姓纂》九就姓下作「《後魏書·官氏志》」，顧校是也。

狃（又狐狸也）　注「也」字，顧氏云：「宋『迹』。」

補釋　案：《玉篇》二十三「狃」字云：「狐狸等獸迹也。」「狃」與「𠃢」同。《爾雅·釋獸》云：「狸狐貒貈醜，其足蹯，其迹𠃢。」𠃢，《釋文》云：「古文爲『蹂』。《字林》或作『狃』。」是此注「也」字當從宋本作「迹」。

五十葉

廣志曰城都柚大如斗　城，惠氏云：「疑『成』。」

補釋　案：《藝文類聚》八十七、《太平御覽》九七三引《廣志》此文皆作「成都」，此「城」字當從改正。

綬(綵衣皃)　惠氏云：「未詳。」

○五十候

鬣(郭璞注山海經云形如車文青黑)　注「車」字，段氏改作「惠」。

補釋　車文，《唐韻》作「惠文」。案：段校本《山海經》注，是也。

雺(天氣下地不應)　注文顧氏改作「地氣發，天不應」，云：「宋如此。」

補釋　宋巾箱本、黎本注作「地氣發，天不應」。案：雺字又見上平聲東韻莫紅切下，平聲尤韻莫浮切、去聲送韻莫貢切下(正文作「霿」)皆云：「天氣下，地不應。」與此注相同。《爾雅·釋天》云：「天氣下，地不應，曰雺。地氣發，天不應，曰霧。」(「霧」見遇韻亡遇切下，注云：「《爾雅》曰：地氣發，天不應曰霧。」）是此注不誤。雺，《説文》作「霿」，説同《爾雅》。霧，《説文》作「霚」，籀文作「雺」，與此「雺」字相同，或淆爲一字，遂以《説文》「雺」字解爲此字注，不悟籀文「雺」即「霧」字，而與此「雺」字不同也。

物理論云菽者衆荳之名也　荳，顧氏云：「宋『豆』。」

補釋　荳，元本作豆。

梪（籩豆或作裋）　注「裋」，顧氏云：「宋『梪』。」

補釋　注「裋」字，宋巾箱本、黎本作「梪」。燉煌王韻「梪」字云：「籩梪或作『豆』。」《唐韻》云：「邊梪亦作『豆』。」案：此文以「籩豆」之「豆」字或作「梪」，故「豆」下别出「梪」字，訓爲古食肉器也（本《説文》「豆」字解）。《集韻》「梪」爲「豆」之或字，《漢韓勅造孔廟禮器碑》云：「鹿相梪籩。」梪籩即籩梪也。此注「裋」字誤，當正。王韻、《唐韻》以「籩梪」爲本字，「豆」爲或字，疑非。

鬥（説文曰兩士相對兵仗在後）　注「仗」字，段氏改作「杖」。

補釋　段校據《説文》。

𧲣（𧲣尾張衡東京賦云日月會於龍𧲣）　三「𧲣」字，顧氏云：「宋『犹』。」

補釋　案：《文選·東京賦》作「龍狵」，李注云：「《國語》云：『日月會於狵，國家於是乎蒸嘗也。』賈逵曰：『狵，龍尾也。』」《楚語下》作「龍𧲣」，與此同。《集韻》亦作「𧲣」，注云：

「尾星名。」

斣(角力走也)　注「角」字，顧氏云：「宋『用』。」

補釋　注「角」字，宋巾箱本、元本作「用」。案：《玉篇》十六「斣」字云：「角力競走也。」是「角」字不誤。《集韻》「斣」字云：「物等也。」

槈(纂文曰耨如鎒)　注「耨」字，顧氏云：「宋『槈』。」

補釋　注「耨」字，元本作「槈」。案：「槈」「耨」爲同字，見「耨」字注。

五十一葉

齁(綿齁)　惠氏云：「疑即『綿駒』。」

補釋　案：綿駒爲齊之善歌者，見《孟子·告子篇》下。此書之例，人名必標識時代或國別，惠氏説疑非。《集韻》「齁」字云：「緐數也。」

説文曰漏以銅受水　漏，顧氏云：「宋無。」

補釋　曹本無「漏」字。

茼(姓也)　惠氏云：「未詳。」

補釋　案：「茼」又見襇韻亡莧切下，注云：「人姓。」《姓解》二茼姓云：「音漏，出姓書。」《集韻》云：「《埤倉》：姓也。」《元和姓纂》九作「莔」，音亡莧切，云：「《姓苑》云：人姓。」

《古今姓氏書辨證》三十二同。

○五十一幼

蹎　惠氏云：「《大人賦》有赳蹎。」

補釋　案：《大人賦》云：「沛艾赳螑仡以佁儗兮。」注云：「張揖曰：『赳螑，申頸低卬也。』師古曰：『螑，火幼反。』」本韻巨幼切「䟫」字注云：「䟫蹎，醜行之皃。」《集韻》云：「䟫蹎，行不正也。」本切下《集韻》有「螑」字，注云：「赳螑，龍申頸行皃。」（古幼切下有「赳」字，注同。）「赳螑」與「䟫蹎」音義相同，其實一也。故惠說云然。

○五十二沁

雄名運目雌名陰諧　目，顧氏云：「宋『日』。」

補釋　目，宋巾箱本、黎本作「日」，《唐韻》同。案：《淮南子·謬稱訓》云：「運日知晏，陰諧知雨。」《廣雅·釋鳥》云：「鴆鳥，其雄謂之運日，其雌謂之陰諧。」爲此注所本，當據改正。（《集韻》「鴆」字注亦作「運日」。）

論語曰飲水曲肱枕之　「枕」上，顧氏云：「宋有『而』。」

補釋　「枕」上，宋巾箱本、曹本、元本有「而」字，與《論語・述而篇》合。

五十二葉

郭璞云今之作罧者聚積柴木於水中魚得寒入其裏藏隱因以簿圍捕取之　尾「之」字，顧氏云：「宋無。」

補釋　尾「之」字，宋巾箱本、曹本、黎本、元本皆無。今之，元本作「今人」。案：《爾雅・釋器》郭注尾有「之」字，「罧」字作「槮」。「槮」與「罧」同。《淮南・説林訓》云：「釣者靜之，罛者扣舟。」高注云：「罛者，以柴積水中以取魚。扣，擊也。魚聞擊舟聲，藏柴下，壅而取之。罛，讀沙糝。今兖州人積柴水中捕魚爲罛，幽州名之爲涔也。」王懷祖以「罛」爲「罧」字之誤。「罧」又與「涔」同，《詩・周頌》「涔有多魚」，毛傳云：「涔，槮也。」又作「橬」，《小爾雅・廣獸》云：「魚之所息謂之橬。橬，槮也，積柴水中而魚舍焉。」

顪（顪齡切齒怒皃）　注「齡」字，段氏改作「齘」。

補釋　案：怪韻胡介切下「齘」字云：「顪齘，切齒怒。顪，于禁切。」與此相合。《玉篇》五「齘」字云：「噤齘，切齒怒也。」可證此注「齡」字之譌，段校是也。

鼕（鼓聲見兵書）　惠氏云：「似不應入此韻。」

○五十三勘

灨（亦作贑） 注「贑」字，顧氏云：「宋『贛』。」

補釋 注「贑」字，曹本、元本作「贛」。案：《集韻》「灨」字云：「通作『淦』。」

憛㥏懷憂 㥏，段氏改作「悇」。顧氏云：「宋『悇』，不誤。」又云：「此未的。」

補釋 㥏，宋巾箱本、黎本、元本作「悇」，燉煌王韻同。案：御韻「悇」字云：「憛悇，憂也。」《玉篇》八「憛」字注云：「憛悇，懷憂也。」（《廣雅·釋訓》云：「悇憛，懷憂也。」「悇憛」即「憛悇」。《楚辭·七諫》云：「心悇憛而懷憂兮。」王注云：「悇憛，憂愁皃也。」）與此文相同，段校據之。本韻蘇紺切下有「㥏」字，注云：「憛㥏失志。」與此文亦合，故顧氏疑「悇」字未的。案：《集韻》「㥏」爲「憛」之或字，是「慄」「㥏」一字，不得爲連緜詞。蘇紺切下無「㥏」字，有「悿」字，注云：「憛悿，憂惑也。」則本韻蘇紺切之「㥏」字疑是「悿」字之譌，此文「憛㥏」當從段校作「憛悇」爲是。「憛悇」爲雙聲詞，或作「憚悇」。《淮南子·脩務訓》云：「無不憚悇癢心而悅其色矣。」高注云：「憚悇，貪欲也。『憚悇』讀爲『慘探』之『探』也。」

馾（冠幘一曰馬步近前） 注「一曰馬步」，顧氏云：「宋無四字。」

補釋 注文，宋巾箱本、黎本無「一曰馬步」四字，燉煌王韻同。曹本、元本無「冠幘一曰」四字。

〇五十四闞

嚂（俗作從水）　注「俗」字，顧氏云：「宋『又』。」

補釋　注「俗作」下，元本有「濫」字。

五十三葉

𪉰（無味）　注「無」字，顧氏云：「宋『鹹』。」

補釋　案：《集韻》「𪉰」爲「䤷」之或字，注云：「䤷䤷，無味也。」本書本韻本切下「䤷」字注同。

䁡（乞戲物或作歛）　注「歛」字，顧氏云：「宋『歛』。」

補釋　注「歛」字，曹本、元本作歛。案：「歛」字《説文》在攴部，作「歛」是也。豔韻「歛」字不誤。下平聲談韻作「歛」，《集韻》同。从欠，蓋俗作也。「䁡」字又見談韻呼談切下，注云：「戲乞人物。」此注疑倒誤，當作「戲乞物」。

〇五十五豔

瞼（證也）　惠氏云：「疑。」

補釋 案：「瞼」字《集韻》在五十七驗韻，爲「譣」之或字，注云：「《博雅》證也。通作『驗』。」

○五十六桥

穖(禾草不實穛穖之皃) 注「草不」，顧氏云：「宋『朝下』。」

補釋 案：《集韻》「穖」字云：「穛穖，禾不實皃。」

五十四葉

○五十七釅

釅韻 顧氏云：「宋在五十九，梵同用。」李子仙云：「福案：釅部中所用『欠』『劍』等字，俱在梵部，疑兩部本通用也。」顧氏云：「此是。」

補釋 案：「欠」「劍」等字《集韻》在五十七驗韻中，梵韻無之。本書梵韻有「欠」「劍」等字，本韻無之。是可證兩部本相通，故李説云然。而《集韻》之「栝」「驗」與豔韻相通，本書之「桥」「釅」與豔韻同用爲誤也。説見一卷一頁一條(朱彝尊序)。

○五十八陷

陷韻　顧氏云：「宋在五十七，鑑同用。」

補釋　説見一卷一葉一條，下同，不重。

涅(出活州記)　惠氏云：「未詳。」

補釋　涅，宋巾箱本作「沍」，《集韻》作「沮」(《類篇》作「涅」，「沮」字疑誤)，注云：「江岸地名。」《活州記》未聞，疑或爲《涼州記》之誤。

○五十九鑑

鑑韻　顧氏云：「宋在五十八。」

彨(出字譜)　注「譜」字，顧氏云：「宋『諟』。」

補釋　注「字譜」，宋巾箱本、黎本、元本作「字諟」。案：平聲東韻「倲」字注云：「儱倲，儜劣皃，出《字諟》。」則「字諟」是也。

涅(深泥也)湴(上同)　惠氏云：「《唐六典》：『凡禄命之義六，五曰湴河。』沈括曰：『蓋謂陷運，如今之空亡也。』」

補釋 案：説見《夢溪筆談》三。慧琳《音義》七十三「泏」字云：「又作『淜』，同。(卧)〔排〕咸、白監二反。無舟渡河也。《説文》：涉渡水。」(「淜」字見本書下平聲蒸韻扶冰切下。)

續漢書云盜伏於甏下　惠氏云：「《王渙傳》。」

○六十梵

純鋼　鋼，段氏ㄴ其旁。

補釋 《唐韻》作「純鈞」。案：《廣雅·釋器》作「醇鈞」。《淮南子·脩務訓》云：「夫純鈞、魚腸之始下型。」王懷祖云：「『鈎』當爲『鈞』字之誤也。」

廣韻三家校勘記補釋卷五

惠定宇棟　先生校本
段若膺玉裁先生校本　後學范祥雍補釋
顧千里廣圻先生校本

入聲

一　葉

○韻目

(他協)帖第三十　帖，段氏改作「㡇」。

補釋　曹本作「㡇」。案：本韻「㡇」爲首字，是韻目亦當作「㡇」，方合。《集韻》韻目與韻(目)(首)皆作「帖」。

〇一屋

二　葉

隫(説文曰通溝以防水)　段氏云：「此與小徐本合。」

補釋　《集韻》引《説文》作「通溝也」，與大徐本同。

穀(今經典省作穀餘從𣪊者並同)　惠氏云：「《釋天》曰：『東風謂之谷風。』孫炎曰：『谷之言穀。穀，生也。谷風，生長之風。』」

補釋　《釋天》文見《爾雅》，孫炎注見《詩·谷風》孔疏引。

文字音義云蒼頡出見禿人伏於禾中因以制字　惠氏云：「今《説文》有之，當是後人增入。」顧氏云：「廣圻案：此不然也。凡《説文》所有，此書引之，不必稱《説文》。如四十一漾『就』下引《字統》云：『有不善言就薄。』(〇案：此文當依漾韻『就』字作「事有不善曰就薄」。此殆爲迻寫之脱譌。)亦《説文》，是其例也。餘不悉數。」

補釋　案：《唐韻》「禿」字注無此文，《集韻》引作《説文》。

誘(詆説狡猾)　注「説」，顧氏改作「誘」。

補釋　注「説」字，宋巾箱本、曹本、元本作「誘」，《唐韻》同。切三「誘」字注云：「詆誘。」《集韻》亦作「詆誘」。此當從改正。

三　葉

𡕧　段氏云：「《說文》《玉篇》皆作『㞜』。」

補釋　《集韻》亦作「㞜」。

獛鉛南極之夷尾長數寸巢居山林出山海經　段氏云：「《爾雅》：南至於濮鉛。」

補釋　案：今《山海經》無此文。《唐韻》「獛」字注同。《集韻》亦云：「《山海經》：獛鈆，南極之夷。」《爾雅》文見《釋地》。

鳥鷃水鳥似鶂而短頸腹翅紫白背上緑色　首「鳥」字，惠氏改作「鳥」。

補釋　首「鳥」字，黎本、元本作「鳥」。案：《爾雅·釋鳥》云：「鴗，鳥鷃。」郭注與此文同。《集韻》亦作「鳥鷃」。惠校是也。

㓟（㓟桑）　惠氏云：「未詳。」

補釋　黎本原注作「切桑」，「切」當是「㓟」字之誤。案：《集韻》「㓟」字云：「刀治桑也。」《玉篇》刀部「㓟」字云：「莫鹿切，㓟桑也。」木部亦有「㭌」字，注云：「都勞切，木心。」本書下平聲豪韻都牢切下「㭌」字注與之同，是二「㓟」字形體無別，音義判然不同，實爲二字。此注「㓟桑」猶「劊桑」也，與刀治桑義同。

⿱敄巾(轅上絲也) 注「絲」字，段氏云：「誤。」

補釋 案：「⿱敄巾」字，《説文》云：「車衡上衣。」此注「絲」字疑爲「衣」之誤。《集韻》「⿱敄巾」字云：「桼布。」

四葉

䈏(實竹) 注「實竹」，段氏改作「竹實」，又云：「乙未是。」

補釋 䈏，切三作「⿱⺮複」，《唐韻》作「⿱⺮複」，注皆作「竹實」，《集韻》同。

伏(歷也釋名曰伏者何金氣收藏之日) 注「歷也釋名」，顧氏改作「歷忌釋」，云：「《藝文類聚》引《初學記》《北堂書鈔》《史記・封禪書》索隱亦同。」

補釋 案：《韻會》引《廣韻》云：「歷也。」與此注同。

五葉

禮云卺曰以椈 曰，段氏改作「臼」。

補釋 案：《禮記・雜記上》作「臼」，段校據之，是也。

麴(又姓) 惠氏云：「《後漢・方術傳》有河南麴聖卿。」

光武破虜將軍叔壽 惠氏云：「載見建武元年。」

補釋 叔壽見《後漢書·光武本紀》。

後漢有犍爲叔先雄　雄，段氏改作「雒」。

補釋 案：叔先雄《華陽國志》三、《水經注》三十三作「先絡」，爲符縣吏先尼和之女。《後漢書·列女傳》作「叔先雄」，《元和姓纂》無叔先複姓，范書疑誤。「雒」與「絡」相同，與「雄」形似，故段氏以爲「雒」之譌。錢辛楣云：「常璩書與范史皆作『先』，而史又多『叔』字，《廣韻》亦以叔先爲複姓，則此女本姓叔先，或單稱先，猶諸葛之稱葛也。『雄』當是『雒』字之譌。『雒』與『絡』同音，《國語》『王孫雒』今本亦譌爲『雄』，此其證也。」（《二十二史考異》十二）

倏（倏忽）　二「倏」字，段氏改作「倐」。

補釋 段校據《説文》。

六　葉

漢有鄐熙爲東海太守　惠氏云：「今有鄐（○原書作「鄐」，今正）君碑。」

後漢擬陽侯竺晏本姓竹報怨有仇以謂始名賢不改其族乃加二字以存夷齊而移於琅邪莒縣也　「謂始」二字，段氏改作「胄姓」。

補釋 謂，宋巾箱本作「胄」。案：《古今姓氏書辨證》三十五云：「東莞竺氏，後漢擬陽侯竹晏之後，報怨有仇，以其仇爲名士，不改其姓，乃加『二』字，以存夷齊，而移於琅邪莒縣。」（《姓解》二竺姓云：「即竹晏也。避仇加『二』爲『竺』。」）與此文相同，惟「以謂始名賢」作「以其仇爲名士」，義亦不順，疑誤。愚意竹氏爲東莞望族，名賢之後，子孫不忘舊，故加「二」以爲「竺」。段氏改「謂始」爲「胄姓」，可從。

㖮（說文嘆也） 注「嘆」字，惠氏改作「嗼」。

補釋 注「嘆」字，宋巾箱本、黎本、元本作「嗼」。案：《說文》作「嗼」。《集韻》「㖮」字云：「嘆也。」《唐韻》引《說文》亦作「歎」。

𪚺 惠氏云：「《玉篇》以爲昌歜字。」

補釋 案：《玉篇》九「𪚺」字云：「又俎敢切，菖蒲葅也。」本書上聲敢韻無此字。

簪（笸也） 簪，段氏改作「籫」，云：「《玉篇》。」

補釋 簪，燉煌王韻作「簮」，誤。案：《廣雅・釋器》作「籫」。《集韻》「簪」爲「籫」之或字。

肭（朔而月見東方謂之縮肭） 肭，段氏改作「朒」。顧氏云：「亭林刻亦是『肭』字，改非。」

補釋 燉煌王韻「肭」字云：「月朔見東方。」案：《說文》作「肭」，云：「朔而月見東方謂之縮肭，从月内聲。」段氏改「肭」爲「朒」，「内聲」爲「肉聲」，注云：「《尚書五行傳》：『朔而月見東方謂之側匿，側匿則侯王其肅。』『側匿』與『縮朒』疊韻雙聲。」此校與之同。《玉篇》二十作「朒」，《集韻》作「朒」。

隋分福禄縣置肅州　「福禄」二字，段氏改作「禄福」。

補釋　案：禄福縣見《漢書·地理志》，晉時改爲福禄縣，《隋》《唐》二志並作「福禄」。此標當代地名，殆爲孫愐原文。（今《唐韻》殘本無之。）不必改也。

七　葉

漢有潚河　惠氏云：「未詳。」

補釋　案：《元和姓纂》十潚姓云：「漢雁門太守潚河。」

風俗通云漢有越巂太守牧稂　惠氏云：「《西漢書》皆作『枚根』，未詳。」

補釋　牧稂，《唐韻》作「牧根」。案：《元和姓纂》十作「牧根」，《姓解》二同。

苗（又他六徒歷二切）　注「他」字，段氏改作「池」。

補釋　案：本韻他谷切、殊六切下皆無「苗」字。是「他」「池」二字疑皆非。本切下字多别出許竹切紐，惟無「苗」字，疑脱去，《集韻》許六切下有「苗」字可證。則「他」字殆爲「許」字之誤。《玉篇》十三、《説文》大徐音均作「他六、徒歷二切」，「他」字疑亦誤。燉煌王韻「苗」字云：「又徒歷反。」無「他六反」。

〇二沃

八　葉

〇三燭

世本曰石季倫以蠟燭炊　惠氏云：「此摯虞所撰《世本》也。」

補釋　案：摯虞《世本》隋唐二志及《晉書》本傳皆未見，惠氏當有所本。然虞爲晉初人，與石崇同時，其書恐未必載其事。此《世本》當是《世説》之誤。《世説新語·汰侈篇》云：「石季倫用蠟燭作炊。」與此文合，當據正。又，摯氏《世本》見《世説新語·言語篇》劉孝標注引，據文，似非虞撰，蓋摯氏之譜牒類也。

瓙（玉瓙）　惠氏云：「疑即《爾雅》『玉燭』。」

補釋　案：《集韻》「瓙」字云：「玉也。」此文「玉瓙」疑倒誤，當做「瓙玉」，即玉也。《爾雅·釋天》云：「四氣和謂之玉燭。」邢疏云：「《尸子·仁意篇》述太平之事云：燭於玉燭，四時和正光照，此之謂玉燭。」與此義不侔，惠説疑未是。

逯（又姓）　惠氏云：「逯並見前書，又《説文》引逯安説。」

補釋　逯並爲新莽著〔武〕將軍，見《漢書·王莽傳》，逯安見《説文》「匄」字引。

九葉

○四覺

較（說文曰車輢上曲銅也）　注「銅」字，惠氏改作「鈎」。段氏云：「《西京賦》注引作『曲鈎』。」

補釋　注「輢」字，宋巾箱本、曹本作「騎」。案：《說文》「較」字云：「車騎上曲銅也。」段氏依《西京賦》《七啓》二注引改「騎」作「輢」，「銅」作「鉤」。此校與之同。

十葉

駮（鋸牙食虎豹）　注「鋸」字，段氏改作「倨」。

補釋　案：《爾雅·釋畜》云：「駮如馬，倨牙食虎豹。」《說文》「駮」字亦作「倨牙」，段校據之。

雹　靁（古文）　靁，段氏改作「靁」。

補釋　宋巾箱本、曹本、元本作「靁」。案：《說文》「雹」古文作「靁」，段校據之。

㬥（說文作㬥云大呼自冤也）　注「冤」字，段氏改作「免」。

補釋　注「㬥」，黎本原作「暑」，誤。案：「㬥」字又見本韻匹角切下，注云：「自冤。」《說文》「暑」字作「自勉」，「免」與「勉」同，形與「冤」相似，故段氏據之改作「免」。段氏本《説文》，又據此注改「勉」爲「冤」，注云：「自冤者，自稱已冤枉也。」是段氏晚年以此注爲是也。原本《玉篇》「暑」字云：「《説文》：『大嘑也，自冤也。』野王案，《漢書》『郭舍人不勝痛呼暑』是也。」亦作「冤」。此注「冤」字不誤，段校已自正。

⿰隺欠(至也高也)　惠氏云：「疑。」

補釋　黄録段氏校本云：「《説文》：『隺，高至也。』『⿰隺欠』乃『隺』之誤。」案：《集韻》本切下無「⿰隺欠」字，有「隺」字，注云：「隺然心志高也。」與此注義近，可證「⿰隺欠」爲「隺」字之誤。「隺」與「確」字同，《説文》引《易》云：「貞乾隺然。」今《易·繫辭》作「確然」。

圁(鞕聲)　注「鞕」字，顧氏改作「鞭」。

補釋　注「鞕」字，宋巾箱本、曹本、元本作「鞭」。

濁(又姓)　惠氏云：「後漢有濁惠，見《東觀記》。」

十一葉

〇五質

十二葉

⿰日欠(辟也)　惠氏云：「疑即『⿰目欠』(原書作『⿰日欠』，當誤，今正)字，見聿紐。」

補釋　案：術韻聿紐「⿰日欠」字云：「詞也。」與此注同，字亦作「⿰日欠」，當爲「欥」字之譌。《說文》「欥」字云：「詮詞也。《詩》曰：『欥求厥寧。』」欥，今《詩·大雅》作「遹」。「欥」與「遹」「聿」爲同字。原本《玉篇》「⿰日欠」字云：「尤出反。《說文》云云。野王案：今並爲『聿』字，在聿部也。《蒼頡篇》喜皃也。」「欥」亦誤作「⿰日欠」。

栗（又姓）　惠氏云：「後漢有中常侍栗嵩。」

補釋　案：《元和姓纂》十栗姓云：「栗陸氏之後，漢有高士栗融字客卿。」栗嵩見《後漢書·宦者列傳·張讓傳》。

喹咄吐呵也　吐，顧氏改作「叱」。

補釋　吐，曹本作「叱」。案：「喹」字又見屑韻丁結切下，注云：「喹咄。」没韻「咄」字注云：「呵也。」《漢書·東方朔傳》云：「朔笑之曰：咄。」顏注云：「咄，叱咄之聲。」是「叱呵」似較「吐呵」義長。（《集韻》屑韻「喹」字云：「喹咄，語無節。」）

喉（就喉）　注「就」字，段氏改作「啾」。

補釋　案：《玉篇》五「喉」字注云：「啾喉。」《集韻》「喉」字云：「啾疾（當是『喉』字之誤）聲也。」段校據之。

汔（水潛）　注「潛」字，段氏改作「潰」。

補釋　切三、燉煌王韻「汔」字云：「潰水。」《唐韻》云：「汔水，潰水。」注「潛」字，黎本作

「濱」，誤。案：《玉篇》二十「氿」字云：「水出也。」《集韻》：「灑也。」「潰」與「灑」同義，段校是。

十三葉

觱（羌人所吹角署觱以驚馬也）　注「署」字，段氏改作「屠」。

補釋　注「署」字，宋巾箱本、黎本作「屠」，與《說文》合，段校是也。元本作「曰」，誤。

乙玄鳥也齊魯謂之乙　二「乙」字，段氏改作「乚」。

補釋　段校本《說文》。案：「乚」與「甲乙」之「乙」不同。

贅耴魚鳥狀也　贅，段氏改作「聱」。

補釋　贅，《唐韻》作「聲」，誤，惟下「耳」字尚不誤。說見四卷四十葉八條。

十四葉

茁肸暨　顧氏云：「曹刻無此三字。茁（黠、薛）、肸（迄）、暨（迄）。」

補釋　謂：楝亭本質韻無此三字，别在黠、薛、迄韻。

○六術

述（風俗通云魯大夫仲述之後）　惠氏云：「仲述蓋即仲遂。」

補釋　案：仲遂即魯公子遂。《史記·魯世家》云：「東門遂殺適立庶。」「遂」字，《索隱》云：「《世本》作『述』。」惠氏《左傳補註》五據之，云：「『述』與『遂』古字通。」（案：「述」「遂」一聲之轉。）此説與之同。（「遂」亦别出爲姓，見去聲至韻「遂」字注云：「出《姓苑》。」）

鮮（儵鮪别名）　注「儵鮪」，段氏改作「儵魚」，云：「見《廣雅》。」

補釋　《廣雅·釋魚》云：「鮮，儵也。」案：《集韻》「鮮」字云：「魚名，儵也。（「儵」當是「鯈」之譌，《廣雅》「儵」字本亦誤作「鯈」。）一曰：鮪别名。」《龍龕手鑑》「鮮」字云：「鮛鮪别名也。」是此注「鮪」字不當改。

○七櫛

十五葉

○八物

説文作尉从𡰥火持火　「火持」之「火」，惠氏改作「又」。

補釋　上「火」字，宋巾箱本、黎本作「又」，與《説文》合，是也。

烼（火煨起皃）　烼，段氏改作「㷐」。

補釋　案：《集韻》「烼」「㷐」同字，在迄韻，注云：「《博雅》：曝也。煨也。或从彖。」今

《廣雅・釋詁》云：「煨、燺，煴也。」又云：「烼，乾也。」《玉篇》二十一「烼」字云：「許勿切。煴也。烼炢火煨。」與此相同。是「烼」字可不必改。

十六葉

○九迄

○十月

蚏（蟚蚏似蟹而小）　二「蚏」字，惠氏云：「疑。《十四黠》作『蛸』。」

補釋　蚏，宋巾箱本、元本作「蛆」。案：《玉篇》二十五「蛆」字云：「音曰。蟲名。」《集韻》亦作「蛆」，注云：「蟚蛆，水蟲，似蟹而小，或作蛸蠘。」此「蚏」字當是「蛆」之譌。黠韻「蛸」字注、下平聲庚韻「蟚」字注皆作「蟚蛸」。（宋本《古今注》中云：「蟚蚏，小蟹也。」「蚏」字各明本作「蜞」。是「蚏」字衍誤已久。）

瓛（劍鼻玉）　瓛，段氏改作「璏」。

補釋　案：「璏」字又見去聲祭韻于歲切、直例切下，説見四卷十九葉五條。

漢賜衡山王妾厥氏　顧氏云：「『衡山王賜』誤倒。」

補釋　《姓解》三云：「《姓苑》：漢文以宫人賜衡山王，一曰厥氏。」《古今姓氏書辨證》三十七云：「漢衡山王賜妾厥氏，謂之厥姬。《姓苑》曰：京兆人。」以本書例證之，此文當從顧説作「衡山王賜」爲是。

乚（从反乚） 乚，段氏改作「亅」。

補釋 段校本《説文》。

㰌（㰌株山名） 惠氏云：「當考。」

補釋 㰌，宋巾箱本、黎本、元本作「橛」，燉煌王韻、《唐韻》同。注「名」字，曹本作「兒」。案：《集韻》亦作「㰌」，《玉篇》十二作「橛」，注均與此同。《莊子·達生篇》云：「吾處身也若厥株拘。」《列子·黄帝篇》「厥」作「橜」，「拘」作「駒」。張注引崔譔云：「橜株駒，斷樹也。」《莊子音義》引李熙云：「厥，豎也。豎若株拘也。」皆與此注不同，疑別有所本。《山海經·東山經》「樕螽之山」，郭注云「速、株二音」，郝蘭皋疏云：「《廣韻》云：『㰌株山名。』疑即『樕螽』之異文。」

乚（説文曰鉤逆者謂之乚） 二「乚」字，段氏改作「亅」。

補釋 二「乚」字，宋巾箱本、曹本、黎本、元本皆作「亅」。燉煌王韻亦作「亅」，注云：「鉤逆。」案：段校本《説文》，是也。《集韻》作「亅」，不誤。

十七 葉

風俗通云漢有汝南謁渙 惠氏云：「謁渙，《華陽國志》作『焕』。」

補釋 案：謌焕見《華陽國志》十二，云：「江州人也，見《汝南紀》。」《古今姓氏書辨證》三十七云：「《風俗通》云：『古謌者以官爲姓。』後漢汝南太守謌瓊，一名焕，見《獨行・廖扶傳》。名世曰：『漢東平王后謌，亦當爲氏，師古以爲名謌，誤矣。』」

○十一没

脖（胦臍）　注「胦」字，惠氏改作「肤」。

補釋 注「胦」字，宋巾箱本作「肤」。黎本原作「肰」，誤。燉煌王韻「脖」字云：「肱齊。」「肱」字誤，「齊」與「臍」同。案：《玉篇》七「脖」字云：「脖胦，肤臍。」惠校據之。《集韻》「脖」字在没韻，注云：「脖胦齊也。」「齊」上疑脱「肤」字。（本書下平聲陽韻於良切下「胦」字注云：「脬胦。」「脬」當是「脖」字之誤。）

十八葉

後漢改樂安王元覽爲亢氏　「漢」、「覽」二字，顧氏云：「當改『魏』、『鑒』，今見《北史》。」

補釋 見《北史・文成五王列傳》。（傳云：「改姓亢氏。」「亢」當爲「亢」字之譌，此文可證。《韻會》「亢」字注「後漢」作「後魏」，「元覽」同。）

頌（皃禿）　皃，惠氏乚其旁。

補釋　注「皃秃」，宋巾箱本、黎本原、元本作「白秃」，《唐韻》同。切三「頌」字云：「曰秃。」「曰」當爲「白」字之譌。案：《説文》「頌」字云：「秃也。」《集韻》同。此注疑是「秃皃」之倒誤。（《周禮·考工記·梓人》云：「作其鱗之而。」鄭注云：「之而，頰頌也。」《釋文》云：「頰頌，許慎口忽反，云：『秃也。』」賈疏云：「鱗之而謂動頰頌，此皆可畏之貌。」）

户骨切十一　一，顧氏删。

補釋　宋巾箱本、曹本、元本作「十」，與本切字數合，是。

黖（耳黧）䎀（耳聲）　「（耳黧）䎀」，顧氏云：「曹刻無。」

補釋　宋巾箱本、黎本、元本作「黖（耳聲）」，無「（耳黧）䎀」三字。燉煌王韻同。曹本無「䎀（耳聲）」，顧氏偶誤。案：《玉篇》四「黖」字云：「胡骨切，耳聲。」「䎀」字云：「胡没切，耳聲。」《集韻》「黖」「䎀」二字注與此文同。

○十二曷

十九葉

暍（埶皃）　埶，惠氏改作「熱」。

補釋　注「埶」字，宋巾箱本、曹本、黎本、元本皆作「熱」。案：《玉篇》二十「暍」字云：「中熱也。」慧琳《音義》七十六引顧野王云：「暍，暴傷熱煩悶欲死也。」玄應《音義》十八引《字林》云：「暍，傷熱也。」惠校是。(「暍」亦作「㾑」。《玉篇》十一「㾑」云：「於歇切，中熱。亦作『暍』。」)

囋(或作啐)　注「啐」字，段氏改作「㖾」。(○案：「㖾」字《説文》云：「語相訶歫也。」與「囋」字義不侔，疑當作「⿰口卉」，爲迻寫之誤。)

補釋　注「啐」字，宋巾箱本、黎本原作「啈」，元本作「達」。案：《玉篇》五「囋」字云：「嘈囋也。」「⿰口卉」字云：「五葛、才曷二切，嘈嘈⿰口卉⿰口卉。」與「囋」字音義合。《廣雅・釋詁》云：「嘈⿰口卉，聲也。」王懷祖云：「⿰口卉者，嘈之轉也。《荀子・勸學篇》云：『問一而告二謂之囋。』『囋』與『⿰口卉』同，合言之則曰『嘈⿰口卉』。」「⿰口卉」字又見本韻五割切下。(《集韻》「囐」「⿰口卉」「啐」皆爲「囋」之或字。「⿰口卉」字下「囐」「啐」爲或字。)

⿰口卉(毀讀曰⿰口卉)　惠氏云：「未詳。」

補釋　案：「毀」字當譌，疑是「囋」字，説見上。

廣雅云苑童寄生葛也一名寓木又名寄屑　段氏云：「『葛』乃『蔦』之誤。今《廣雅》作『樢』。」

補釋　黄録段校本並删此十七字。案：《廣雅・釋木》云：「宛童，寄生樢也。」《釋草》云：「寄屑，寄生也。」《爾雅・釋木》云：「寓木，宛童。」郭注云：「寄生樹，一名蔦。」苑童即苑童，是宛童、寓木、寄屑皆寄生蔦，非葛，不應出「葛」字下，故段氏删之。《韻會》「葛」字云：「寄生葛。《廣雅》云：『宛童，寄生葛也。』」與此文同。

後漢潁川太守葛興　惠氏云：「見《韓稜傳》。」

二十葉

○十三末

音義云　惠氏云：「即《釋文》。」

沬（又武泰切）「又武泰切」，顧氏删，云：「似『沬』誤耳。」

補釋　案：去聲泰韻莫貝切下作「沬」，與此字不同，故顧説云然。説見四卷二十三葉二條。

苦（説文曰苦蔞果蓏也）　注「蔞」字，段氏改作「婁」。

補釋　案：《説文》作「苦婁果蓏也」。段校據之。蓏，《繫傳》本作「蓏」，疑爲「蓏」之譌。

鴸（韓詩云孔子渡江見之異衆莫能名孔子嘗聞河上人歌曰鴸兮鶻兮逆毛衰兮一身九尾長兮）　注「鴸」與「鶻」，顧氏改作「鴒」與「鴸」。

補釋　案：今《韓詩外傳》無此文。《繹史·孔子類記》四引《衝波傳》云：「有鳥九尾，孔子與子夏見之。人以問，孔子曰：『鴒也。』子夏曰：『何以知之？』孔子曰：『河上之歌云：鴒兮鴒兮，逆毛衰兮，一身九尾長兮。』」

⿰舀斗(欱水)　注「欱」字，段氏改作「舀」。

補釋　燉煌王韻「⿰舀斗」字云：「抒。」《唐韻》云：「欱水，出《廣雅》。」案：「欱」字於義不合。舀，抒臼也。舀水即抒水。《集韻》「⿰舀斗」字云：「《博雅》：抒也。」段校是。(「⿰舀斗」又見本韻烏括切下，與「捾」同字。)

二十一葉

○十四黠

⿰歹乚(癘疾)　⿰歹乚，段氏改作⿰歹夂。

補釋　⿰歹乚，切三、《唐韻》作「⿰歹止」。案：此字薛韻姊列切下作「⿰歹夂」，注云：「夭死。」《集韻》亦作「⿰歹夂」，不誤，段校據之。《玉篇》十一「⿰歹乚」字云：「夭⿰歹乚也。癘病也。」與此同，「⿰歹乚」字亦誤。(「⿰歹夂」與「札」同。《周禮·天官·膳夫》云：「大札則不舉。」鄭注云：「大札，疫癘也。」《國語·周語》云：「然則無夭昏札瘥之憂。」韋注云：「疫死曰札。」義與「⿰歹夂」同。又見本卷二十七葉四條。)

二十二葉

漢書有頡羹侯　頡羹，段氏改作「羹頡」。

補釋 頡羹，宋巾箱本、黎本、元本作「羹頡」。案：《漢書·王子侯表》作「頡羹侯」。《楚元王傳》作「羹頡侯」。（《史記·楚元王世家》同。）顏注云：「頡音戛，言其母戛羹釜也。」《史記正義》引《括地志》云：「羹頡山在嬀州懷戎縣東南。」段校據之。

䶜（五骨切） 注「骨」字，段氏改作「滑」。

補釋 切三作「女滑反」，燉煌王韻、《唐韻》作「五滑反」。案：「骨」在没韻，於例不合，當譌。《集韻》作「五滑切」，段校是也。

○十五鎋

二十三葉

○十六屑

先結切十一 一，顧氏改作「二」。

補釋 曹本、元本作「十二」，與本切字數合，是。

説文曰瑞信也凡從卪今作卩 「凡」下，段氏疑有脱文。顧氏云：「無脱。」

補釋 案：《説文》「卪」字云：「凡卪之屬皆从卪。」故段氏疑有脱文。顧氏以「凡」字下文不屬《説文》，知爲無脱，顧説爲是。

䳏鴂鳥名關西曰巧婦關東曰鸋鴂春分鳴則衆芳生秋分鳴則衆芳歇　顧氏删「關西曰巧婦關東曰鸋鴂」十字。

補釋　切三「鴂」字云：「䳏鴂，鳥名，春分鳴。」燉煌王韻「䳏鴂」作「鷤鴂」，注與切三同。案：《爾雅·釋鳥》云：「鴟鴞，鸋鴂。」郭注云：「鴟類。」邢疏引陸機《疏》云：「鴟鴞似黄雀而小，幽〔州〕人謂之鸋鴂，或曰巧婦，或曰女匠，關東謂之過羸，關西謂之桑飛，或謂之韤雀，或曰巧女。」郝蘭皋云：「陸《疏》『鸋鴂』以下悉本《方言》，《玉篇》亦同。唯《廣韻》以鸋鴂即䳏鴂爲誤。」《說文》「鴂」字云：「寧鴂也。」段氏注云：「《離騷》『恐鵜鴂之先鳴』，揚雄作『鷤鳺』，或釋爲子規，或釋爲伯勞，未得其審。而《廣韻》乃合鸋鴂、䳏鴂爲一物，凡物名因一字相同，而溷誤之類如此。」是巧婦、鸋鴂爲一物，䳏鴂又爲一物，此文合之，誤也。（段〔顧〕氏删「關西」下十字，汰去「鸋鴂」注，是也。切三、王韻猶不誤，可證。《韻會》「鴂」字注與此文同，惟「䳏鴂」引《說文》作「鸋鴂」，亦誤。

二十四葉

⿱艹頡（蘢⿱艹頡草也）　惠氏云：「疑。」

補釋　注「⿱艹頡」字，宋巾箱本、黎本作「古」。案：上平聲東韻「蘢」字注云：「蘢，古草名。」「葒」字注云：「水草。一名蘢古。《詩》曰：『隰有游龍。』傳曰：『龍即紅草也。』字或从艹。」《廣雅·釋草》云：「葒、龍頡，馬蓼也。」王懷祖云：「《玉篇》云：『龍，馬蓼也。』『蓼』

與『蓼』同。又謂之鴻藹，『鴻』與『葒』同，『藹』與『蘋』同。《名醫别録》云：『一名鴻蘋，似馬蓼而大，生水傍。』」《集韻》云：「龍蘋，草名，馬蓼也。」竊疑東韻之「古」字當爲「吉」字之誤，「吉」與「蘋」同。龍吉、龍頡、蘢蘋、鴻藹、鴻蘋皆聲之轉，實爲一物，即馬蓼也。

𡚁 段氏改作「𡚁」。

補釋 黎本作「𡚁」，燉煌王韻作「𡚁」，《唐韻》作「𡚁」。案：段校本《説文》。《集韻》不誤。

涅 段氏、顧氏皆改作「涅」。此下从𡈼之字皆改作从𡈼。

補釋 宋巾箱本、黎本、元本作「涅」，下從𡈼之字均作「𡈼」，燉煌王韻同。與《説文》合，是也。《集韻》不誤。

二十五葉

𦉥(𦉥瓶受一升也) 注「升」字，顧氏乚其旁。

補釋 注「一升」，宋巾箱本、曹本、黎本、元本皆作「一斗」。切三、燉煌王韻「𦉥」字注作「一升」，與此注同。案：《玉篇》十六「𦉥」字云：「瓶受一斗。」《集韻》云：「器受一斗。北燕謂瓶爲𦉥。」《左傳·昭公七年》云：「人有言曰：雖有挈瓶之知，守不假器，禮也。」杜注云：「挈瓶汲者，喻小知。」案：挈瓶即是𦉥瓶，以喻小知，非挈瓶汲也，杜注疑非。）

榥(反手擊也) 榥，段氏改作「㨪」。

補釋　梶，曹本作「捤」。案：段校本《説文》、《集韻》作「捤」，不誤。（「捤」與「批」同。《淮南子·説林訓》云：「在於批伉。」高注云：「批，擊也。」亦與「㧑」同。《方言》十云：「㧑，推也，南楚凡相推搏曰㧑。」）

○十七薛

渫子古賢者出韓子　惠氏云：「當考。」

補釋　案《姓解》一「渫子」不云出《韓子》，宋本《古今姓氏書辨證》云：「《韓子》曰：古賢有渫子。」渫姓當即泄姓，亦作「洩」。

二十六葉

栵（楚呼爲茅栗也）　注「茅」字，惠氏云：「疑『芧』。」

補釋　案：《詩·大雅·皇矣》傳、《説文》、《爾雅》注、陸機《疏》、《釋文》皆無此文。

蜇（亦作蛆）　注「蛆」字，段氏改作「蛆」。

補釋　《唐韻》「蜇」字云：「或作『蛆』。」「蛆」即「蛆」之俗寫。案：《左傳·僖公二十二年》孔疏引《通俗文》云：「蠍毒傷人曰蛆，字或作『蜇』。」《集韻》作「蛆」，段校據之。切三、《玉篇》亦誤作「蛆」。

楬（說文桀也）　注「桀」字，顧氏改作「櫫」。

補釋　注「桀」字，宋巾箱本、曹本、黎本作「櫫」，元本作「橥」。「橥」爲「櫫」之誤。案：《說文》「楬」字云：「楬，桀也。」桀，段氏改作「櫫」，注云：「今按作『桀』不可通。桀自訓磔，雖杙有呼榤者，然頗迂遠。楬櫫見《周禮》注，《職金》：『楬而璽之。』注曰：『楬，書其數量以著其物也。今時之書有所表識，謂之楬櫫。』《廣韻》云（○見上平聲魚韻『櫫』字注）：『楬櫫，有所表識也。』」顧校據之。

讞（說文作獻議辠也）　注「獻」字，段氏改作「讞」。

補釋　注「獻」字，宋巾箱本作「讞」，與《說文》合。

獻（上同）　獻，段氏改作「讞」。

補釋　宋巾箱本、曹本、元本作「讞」，與《說文》合。《集韻》作「讞」，不誤。

⿱山旨（說文作⿱屮旨）　注「⿱山旨」字，段氏云：「有誤。」顧氏改作「⿱屮旨」。

補釋　注「⿱山旨」字，黎本作「⿱屮旨」。案：《說文》此字从屮，不當作从山。顧校是也。

⿰扌耎（括也）　注「括」字，段氏改作「搵」。

補釋　注「括」字，黎本作「拈」。案：《集韻》「⿰扌耎」爲「擩」之或字，注云：「撋也。」同書平聲脂韻儒佳切下「⿰扌耎」字云：「搵也。」（本書脂韻作「擩」，注云：「染也。」）與段氏此校合。《說文》「擩」字云：「染也，从手需聲。」段氏改「擩」作「⿰扌耎」，「需」作「耎」，注云：「古音耎聲在十四部，需聲在四部，其音畫然分别。後人乃或淆亂其偏旁，本从耎者譌而从需，而音由是亂矣。郭璞『而沿反』，李善『而緣反』，劉昌宗『而玄反』，陸德明『而泉反』，皆耎聲之正音也。杜子春讀如『虞芮』之『芮』，郭璞『而悦反』，劉昌宗『而誰反』，顔師古『如閲反』，陸德明『而劣反』，皆耎聲之音轉也。古音十四、十五部最相近之理也。今則《周禮》《禮經》《漢書》《子虚賦》注皆誤从需。《玉篇》：『撋，而主切。』《廣韻》麌韻作『撋』，切『而主』；薛韻作『擩』，切『如劣』。不知其本爲一字。」

二十七葉

釋名曰説者述也宣述又意也　者，顧氏云：「無。」又，段氏改作「之」，顧氏改作「人」。

補釋　「又」字，宋巾箱本、曹本、黎本、元本皆作「人」。案：《釋名·釋言語》云：「説，述也，序述之也。」

吶（女劣切一）　注「一」上，顧氏云：「『又女鬱切』，曹刻有。」

補釋　「女劣切」下，宋巾箱本、曹本、元本有「又女鬱切」四字，切三亦有。

殧　顧氏改作「𣧑」。

補釋　宋巾箱本、元本作「𣧑」，《集韻》同。

殀（天死）　注「天」字，段氏云：「疑『大』。」又云：「『殀』是。《字林》夭札字，見《左傳釋文》。」

補釋 𣦸，宋巾箱本、黎本、元本作「殀」，誤。注「夭死」，宋巾箱本誤作「木死」。案：「𣦸」與「札」同。《左傳・昭公四年》云：「民不夭札。」杜注云：「短折爲夭，夭死爲札。」《昭公十九年傳》云：「寡君之二三臣札瘥夭昏。」杜注云：「大死曰札。」《釋文》云：「札，側八反，一音截，大死也。《字林》作「𣦸」，壯列反，云：『夭死也。』」此注本《字林》，不誤。說又見本卷二十一葉一條。

鬊（說文曰束髮少小也） 注「少」字，段氏改作「𡮐」。

補釋 案：今《說文》作「束髮少也」。少，段氏改作「𡮐小」，注云：「『𡮐小』二字，各本作『少』。《廣韻》十六屑、十七薛引作『少小』二字，『少』乃『𡮐』之誤，今正。『𡮐』與『鬊』疊韻，面小亦謂之𪙊𡮐。」此校與之同。

𤺋癡小兒病 癡，段氏改作「瘲」。

補釋 癡，曹本、元本作「瘲」，與《說文》合，《玉篇》《集韻》同，段校是也。

二十八葉

○十八藥

後漢有南陽太守河内藥崧 惠氏云：「見《鍾離意傳》。」

瀹 顧氏改作「瀹」。

補釋　曹本作「灆」。案：《集韻》與此同。

屵　顧氏改作「屵」。

補釋　宋巾箱本、元本作「屵」，《集韻》同。

説文作屵　屵，段氏改作「屵」。顧氏改作「屵」。

補釋　屵，宋巾箱本作「屵」。曹本此文作「又作屵」。案：《説文》作「屵」，段校是也。顧校「屵」字，疑爲「屵」之誤。

⿰女樂(⿰女樂媄之皃)　注文，顧氏改作「⿰女樂，美好皃」。

補釋　曹本注作「⿰女樂，美好皃」，顧校據之。切三「⿰女樂」字云：「美好。」案：「⿰女樂」又見本韻書藥切下，注云：「美好也。」《集韻》⿰女樂字云：「美皃。」《玉篇》三⿰女樂字云：「《桂苑》云：⿰女樂媄皃也。」此注「之皃」疑當作「皃也」。

韓子有古賢者約續　惠氏云：「當考。」

補釋　案：《元和姓纂》十與此同，作「《韓子》」。《姓解》二云：「《姓苑》：古賢者有約續。」

⿰矍阝(地名在河東)　惠氏云：「疑即『⿰矍阝』。見後。」

補釋　本韻具矍切下「⿰矍阝」字云：「鄉名。」《集韻》「⿰矍阝」字云：「鄉名，在聞喜縣。」説見二卷七葉二條。

⿰石脣(大脣皃又音綽)　段氏云：「《集韻》：『⿰石岸，逆約切。⿰石岸⿰石脣，大脣皃。』今按正文當作

『屵』，注當作『屵𥗋，大脣皃。』」

補釋　切三「𥗋」字云：「大脣屵。」案：「𥗋」字又見本韻昌約切下，注云：「大脣，屵𥗋皃。屵，魚偃切。」上聲阮韻語偃切「屵」字云：「屵𥗋，大脣皃。𥗋音綽。」（《玉篇》二十二「𥗋」字云：「赤略切，大唇皃。」）「屵」字與本切「𥗋」字讀爲雙聲，是此文「𥗋」字不誤。

辵（說文云乍行乍止从彳止聲）　注「止聲」，段氏改作「从止」。

補釋　段校本《說文》。

二十九葉

籰（亦作篗）　注「篗」字，段氏改作「籰」。

補釋　段校本《說文》。

○十九鐸

說文本模故切日旦冥也　旦，段氏改作「且」。

補釋　旦，黎本作「且」。案：段校本《說文》。

莫（亦姓）　惠氏云：「後漢有益州從事莫嗣，見《續漢·五行志》。」

三十葉

圜(見文) 惠氏云:「未詳。」

補釋 《玉篇》二十九、《集韻》《類篇》皆同,其義未詳。

盧各切三十三 下「三」字,惠氏改作「四」。

補釋 宋巾箱本、曹本、黎本、元本皆作「三十四」,與本切字數合,是也。

䧿(太白) 惠氏疑。

補釋 宋巾箱本、元本注作「大白」。案:《集韻》「䧿」爲「䨊」之或字,注云:「鳥之白也。」

鼫(儀禮注云王棘鼫鼠) 惠氏云:「鼫(○原書作『叱』,誤,今依《史記》正),即『磔』字,見《史記》。漢時以王棘磔鼠。司馬君實不考其義,所作《類篇》遂以爲王棘一名磔鼠,失之遠矣。」

補釋 案:《儀禮·士喪禮》云:「決用正王棘若檡棘。」鄭注云:「王棘與檡棘善理堅刃者。」胡氏《正義》引惠氏棟云:「王棘鼫鼠,言王棘可以鼫鼠也。鼫,古『磔』字,《史記·李斯列傳》云:『十公主鼫死于杜。』張守節云:『鼫音貯格反。』司馬貞云:『鼫音宅,與磔同,古今字異耳。』磔鼠見《張湯傳》。司馬公《類篇》云:『王棘一名鼫鼠。』劉昌宗音鼫爲托,皆失之。」此校與之同。《類篇》説本之《集韻》。《玉篇》二十二「鼫」字云:「竹格切,磓也。」「磓」與「硾」同。《集韻》陌韻「磔」字云:「通作『鼫』。」「鼫」即「鼫」字之譌。又,惠説見

《九經古義》十二。

錯（說文云金涂也）　注：「涂」字，顧氏改作「塗」。

補釋　注「涂」字，宋巾箱本、元本作「塗」。案：《說文》作「涂」，《集韻》同。

急就章有閣并訢　訢，段氏改作「訢」。

補釋　《元和姓纂》十閣姓云：「周之閽人，守王宫者，所以止扇扉，謂之閣，以爲氏。《急就章》有閣并訢。漢有閣并儒。」與此文同作閣姓，「訢」字不誤。案：《急就章》作「閎并訢」，顔注云：「閎氏之先本周之閎人。閎所以止扉，今之門枤是也。職典其事，遂爲姓焉。漢有閎孺。」王伯厚注云：「按《爾雅》『衖門謂之閎』注：『《左傳》云：盟諸僖閎。』『所以止扉謂之閎。』注：『門辟旁長橛也。《左傳》曰：「高其閈閎。」』閎，長杙，即門橛也。《左傳》釋文：『《爾雅》本止扉之名。或作「閣」字，讀者因改。《左傳》皆作各音。』顔注引《爾雅》『閎所以止扉』，又引漢有閎孺，當爲『閎』無疑。」「閎」見下平聲庚韻，注云：「又姓，漢有閎孺。」《姓纂》之「閣并儒」亦即「閎孺」之誤。是《姓纂》與本書皆誤，此姓當删。

三十一葉

薄　惠氏云：「毛萇《詩傳》曰：『薄，辭也。』鄭箋曰：『薄猶甫也。甫，始也。』」

矐（重目又光明也）　注「重」字，顧氏云：「當作『熏』。」光，顧氏改作「失」。

補釋　注「光」字，宋巾箱本、黎本、元本作「失」。案：《集韻》「矐」字云：「失明也。」《史記·荊軻傳》云：「乃矐其目。」《索隱》云：「以馬矢熏令失明。」顧説據之。（「矐」字又見本韻虚郭切下，注云：「目開。」《集韻》忽郭切，「矐」爲「瞜」之或字，注云：「駭視也。」與此注不同。）

騹（説文曰死名）　注「死」字，惠氏、段氏皆改作「苑」。

補釋　注「死」字，元本作「苑」，與《説文》合。《集韻》引《説文》不誤。

蘄（地名在蜀）　蘄，段氏改作「蘄」。顧氏云：「後有『蘄』。」

補釋　案：《集韻》本切下「蘄」「蘄」二字皆有。「蘄」字云：「地名。」「蘄」爲「稭」之或字，云：「鄉名，在臨邛。」本書昔韻秦昔切下有「蘄」字，注云：「地名，在蜀。」與此注同。《説文》「蘄」字云：「蜀地也。」大徐音秦昔切，小徐音自即切。《玉篇》二「蘄」字注同，音慈夕切。「蘄」與「蘄」疑當爲一字，或作「郜」。本書昔韻祥亦切下「郜」字云：「鄉名。」《集韻》「郜」字云：「鄉名，在臨邛。」與本切之「蘄」字注同，皆聲之轉也。

三十二葉

彍（説文曰弩滿也）　注「弩滿」，段氏改作「滿弩」。

補釋　案：《説文》作「弩滿」，段氏本作「滿弩」，注云：「滿弩者，張而滿之，或作『弩滿』，非也。」此校同。《集韻》「彍」字云：「張弩也。」與「滿弩」義近。

〇二十陌

窬　段氏改作「窬」。顧氏同。

補釋　曹本作「窬」。案：《廣雅·釋宫》《玉篇》皆作「窬」。

伯　惠氏云：「《春秋傳》曰：『五伯之覇也。』服虔曰：『五伯謂夏伯昆吾，商伯大彭、豕韋，周伯齊桓、晉文也。』」

補釋　案：《左傳》文見成公二年。服注見《詩譜序》孔疏引。

韓了有伯夫氏墨家流　顧氏云：「今《韓子·顯學》作『相』。當依此訂。」

補釋　《元和姓纂》十亦引《韓子》云：「伯夫氏墨家流也。」今《韓非子·顯學篇》云：「有相夫氏之墨。」孫仲容(詒讓)云：「唐本『相』或作『伯』，或當作『柏』，與『相』形似。」

瓻(倦瓻)　二「瓻」字，段氏改作「瓻」。

補釋　切三、《唐韻》作「瓻」，注云：「倦瓻。」案：「瓻」字又見昔韻丑亦切下，注云：「瓶也。」與此注不同。倦瓻義不當从瓦，此「瓻」字當誤。《方言》十二云：「瓻，倦也。」「瓻」即「瓻」字。《史記·司馬相如傳》：「徼瓻受屈。」《集解》云：「徐廣曰：『瓻音劇。』郭璞曰：『瓻，疲極也。』」《漢書》注引蘇林云：「瓻音『倦瓻』之『瓻』。」與此音義相合，蓋形似而誤，段校是也。「⿰谷几」又見本韻几劇切下，注云：「相踦。」與《説文》同。《集韻》作「欲」，亦形似而誤。切三、《唐韻》作「㓟」，即「⿰谷几」之俗寫也，不誤。

栅（説文曰堅編木）　注「堅」字，顧氏改作「豎」。

補釋　注「堅」字，宋巾箱本、曹本、元本作「豎」。案：《説文》作「編樹木」。段氏改作「編豎木」，注云：「豎，各本作『樹』，今依《篇》《韻》正。臤部曰：『豎，堅立也。』」

三十三葉

⿰糸屰（紱維）　段氏云：「查。」

補釋　案：《集韻》「⿰糸屰」爲「縌」之或省，不別出。本書「⿰糸屰」「縌」爲二字，同見本切下。《説文》「縌」字云：「綬維也。」此注「紱」字，疑當作「綬」。《唐韻》有「縌」字，無「⿰糸屰」。

格（度也量也）　惠氏云：「格，度也，量也。毛僧開據此以駁《大學》朱註之謬。」

鵅（鵋鶀鳥名）　注「鶀」字，顧氏改作「䳢」。

補釋　注「鵋鶀」，宋巾箱本、曹本作「鵋⿰斯鳥」，「⿰斯鳥」當是「䳢」之誤。元本作「鵅鶀」。案：《爾雅·釋鳥》云：「鵅，鵋鶀。」郭注云：「今江東呼鵂留爲鵋鶀，亦謂之鴝鵅。」（《集韻》「鵅」字云：「鴝鵅，鳥名，鵂鶹也。」即本郭注。）鵅，《説文》作「雒」（鵅字不同），云：「鵋鶀也。」鵋鶀，段氏改作「忌欺」，注云：「今考《爾雅》音義當作『忌欺』。《釋鳥》曰：『鵅，鵋鶀。』玄應引作『忌欺』。」《爾雅》《釋文》「鵙」字作「鶪」，云：「本亦作『欺』。本今作『鵙』。」顧校據之。

戚（擊也鬬也） 戚，段氏改作「者」。顧氏改作「戜」。

補釋 戚，宋巾箱本、曹本、元本作「者」。案：《玉篇》此字在戈部，作「戜」。《集韻》同。段、顧二氏校是也。

鉻（陳公鉤也） 惠氏云：「未詳。」

補釋 《集韻》「鉻」字云：「鉤也。一曰鬄也。」

砉（砉破） 惠氏云：「疑。」

補釋 案：「砉」字疑爲「砉」字之誤，「砉」即「砉」字，《集韻》「砉」字云：「或書作『砉』。」本書「砉」字云：「出《莊子》。」《莊子·養生主》云：「膝之所踦，砉然嚮然。」《釋文》云：「砉然，司馬云：皮骨相離聲。」與破義亦近。（「砉」又見錫韻呼昊切下，云：「砉然物相雜聲。」「雜」疑爲「離」字之譌。）

三十四葉

○二十一麥

脈（説文曰目邪視也） 注「邪」字，顧氏改作「衺」。

補釋　注「邪」字，宋巾箱本、曹本、元本作「䰩」，黎本作「財」。案：《說文》作「財」，段氏注云：「『財』當依《廣韻》作『邪』，『邪』當作『衺』。此與𠂢部『覛』字音義皆同，『財視』非其訓也。《九思》曰：『目眽眽兮寤終朝。』注曰：『眽眽，視皃也。』」段氏以「眽」與「覛」爲同字，是也。《唐韻》此字作「脉」，注云：「亦作『覛』。視𥇠（○疑即『眽』字）。」（燉煌王韻亦作「脉」，注云：「脉，姦人視。」）《爾雅·釋詁》云：「覛，相也。」郭注云：「覛謂相視也。」《釋文》云：「『覛』字又作『眽』。」「眽」即「眽」字之譌，可證。《說文》「覛」字云：「衺視也。」與此注相同。「䰩」「財」殆爲聲之誤。（《玉篇》「眽」字云：「相視也。眽眽，姦人視也。」）

賾　惠氏云：「亦作『嘖』。」

補釋　案：《周易·繫辭傳》云：「聖人有以見天下之『賾』。」《釋文》云：「賾，京作『嘖』。」

債（容尋常人）　惠氏云：「未詳。」

補釋　案：《集韻》「債」爲「𧽝」之或字，注云：「走皃。」本書「𧽝」字見本韻查獲切下，注云：「𧽝，黠皃，出《方言》。」（《集韻》查畫切「𧽝」爲「趚」之或字，注云：「急走也。」皆與此不同。此注未詳。）

漢書曰幘古卑賤執事不冠者所服之　「不冠者所服之」，段氏改作「不冠者之所服」。

補釋　注「所」字，元本無。案：此文不見《漢書》，《後漢書·光武本紀》注引《漢官儀》與此文同，「不冠者所服之」作「不冠者之所服」。《獨斷》有其文，亦同。段校是也。「漢書」下疑脱「注」字。

讀(讀怒説文同上) 注「讀」字，顧氏改作「譴」。

補釋 注「讀」字，曹本作「譴」。

捒(扶捒也) 惠氏云：「當考。」

補釋 案：《集韻》「捒」爲「搡」之或字，注云：「扶也。」本韻山責切下「捒」字，《集韻》亦作「捒」。(黄録段氏校本亦改「捒」爲「捒」。)

鞶(鞕皃) 注「鞕」字，顧氏改作「鞭」。下文呼麥切下「鞶，鞕聲」同。

補釋 注「鞕」字，宋巾箱本、曹本、元本作「鞭」，切三、燉煌王韻同。下文呼麥切下「鞕」字亦皆作「鞭」。

三十五葉

又云㣇犬五尺爲貊 犬，段氏改作「高」。

補釋 犬，宋巾箱本、曹本、元本作「大」。《唐韻》「貊」字云：「豕高五尺曰貊。」案《爾雅·釋畜》云：「㣇五尺爲豟。」郭注云：「《尸子》曰：『大豕爲豟，五尺。』今漁陽呼豬大者爲豟。」「犬」與「大」形似易譌，當作「大」。「貊」與「豟」同，「㣇」當作「彘」。

蛕鳥蠋大如指似蠶 鳥，段氏改作「烏」。

補釋　鳥，元本作「烏」。案：文見《爾雅・釋蟲》，作「烏蠋」，段校據之，是。《集韻》不誤。

棟（木名）　棟，段氏改作「棟」。顧氏云：「『棟』是。」

補釋　案：《説文》新附字「棟」字云：「梜也。从木策省聲。所厄切。」與此字音義合，《集韻》亦作「棟」，注云：「木名，中車輞。《爾雅》『赤棟』『白棟』。」（《爾雅釋文》云：「又作『楝』，同。山厄反。」）段校是也。

○二十二昔

爲一昔之期　「爲」上，段氏補「左傳」二字。

補釋　案：文見《左傳・哀公四年》，《韻會》引此文有「左傳」二字。

腊（乾肉見經典）　惠氏云：「古通作『昔』。」

補釋　案：《周禮・天官・腊人》云：「掌乾肉，凡田獸之脯腊膴胖之事。」鄭注云：「大物解肆乾之，謂之乾肉。腊，小物全乾。」腊，《説文》引作「昔」。

唶（縣在臨邛）　惠氏云：「當考。」籍紐云：「『縣名，在清河。』」

補釋　案：唶，《漢書・地理志》作「唶」，在清河郡。《集韻》資昔、秦昔二切下「唶」字注皆作「在清河」。此注疑爲「鄁」字注之譌。

牛曰齝　齝，段氏改作「齛」。

補釋　齝，元本作「齛」。案：段校本《爾雅·釋獸》。郭注云：「食之已久，復出嚼之。」（《說文》「齝」字云：「吐而噍也。」）

三十六葉

商書曰圛圛者升雲半有半無　「《商書》曰圛」，惠氏云：「當云『《書》曰曰圛』。《說文》亦脱『曰』字。」

補釋　案：《說文》「圛」字作「《尚書》曰圛」，段氏改作「《商書》曰曰圛」，注云：「《商書》謂《洪範》。曰圛，唐衛包改爲『曰驛』，而《尚書》正義、《詩·齊風》正義皆作『曰圛』。」今《洪範》作『曰驛』。《洪範》在《尚書》爲《周書》，故惠氏删「商」字。

韓子云智伯以鍾遺仇繇赤章枝諫仇繇令不受　「赤章」下，惠氏云：「今本有『曼』。」

補釋　案：「赤章枝」今《韓非子·説林下》作「赤章曼枝」。《元和姓纂》十引《韓子》作「赤章蔓枝」。「蔓」與「曼」同，此文當脱「曼」字。

一曰大夫以祏爲主　祏，段氏改作「石」。

補釋　段校本《說文》。

席（亦姓）　惠氏云：「《後漢》有席封、席廣，見《竇融陰興傳》。」

三十七葉

漢書巴郡蠻渠七姓有羅朴督鄂度夕龔也　龔，段氏改作「襲」。顧氏云：「緝韻『襲』下不云姓，又覺韻『朴』下亦然。」

補釋　案：《文選·蜀都賦》注引《風俗通》云：「目所發賨人盧、朴、沓、鄂、度、夕、襲七姓不供租賦。」《華陽國志》一作「羅、朴、昝、鄂、度、夕、龔七姓」。「襲」字姓氏書未見，《文選》注疑誤，「龔」不必改。《後漢書·板楯蠻傳》作「羅、朴、督、鄂、度、夕、龔七姓」，爲此文所據。

蜀有尚書令夕斌　惠氏云：「當考《國志》。」

補釋　案：《元和姓纂》十、《通志·氏族略》五均云：「《蜀志》尚書令夕斌。」

談文曰帝耤千晦也　談，段氏改作「説」。

補釋　談，曹本、元本作「説」。案：文見《説文》「耤」字下，段校是也。

宋書藉田令古官也　藉，顧氏改作「耤」。

補釋　藉，曹本作「耤」。案：見《宋書·百官志》，「藉」同。

漢有富室辟子方又有辟閭彬　惠氏云：「『閭』下已有辟閭複姓。此疑『又』下有脱字。」

補釋　依本書例，「又」下當有「漢複姓」三字。

○二十三錫

三—八葉

⿰酉蠡（⿰酉蠡䤈酪滓）　惠氏云：「《長楊賦》：『熐蠡。』」

補釋　案：《文選·長楊賦》云：「燒熐蠡。」李注云：「張晏曰：熐蠡，乾酪母，燒之壞其養生之具也。」《集韻》「⿰酉蠡」字云：「⿰酉蠡䤈，酪也。」同書本韻莫狄切下「䤈」爲「爆」之或字，注云：「爆蠡，乾酪。」本書莫狄切下無「䤈」字（有「塓」字，疑相通），疑脱去。燉煌王韻莫歷切下有「䤈」字，云：「塗⿰酉蠡酪滓。」⿰酉蠡䤈與䤈⿰酉蠡同，即熐蠡也，爲疊韻連綿詞。

鼰（鼠名）　鼰，段氏改作「鼳」，云：「《玉篇》亦收『鼰』字，以《爾雅》注正之，則『鼳』字之譌。」

補釋　案：《爾雅·釋獸》云：「鼳鼠。」郭注云：「今江東山中有鼳鼠，狀如鼠而大，蒼色，在樹上。」《釋文》云：「郭音覡，户狄反。」段校據之。《玉篇》二十五作「鼰」，云：「似鼠而白。」與此注同。又本韻古闃切下「鼳」與《玉篇》吉役切（「吉」當爲「古」之譌）之「鼳」字同訓爲「鼠身，長須，秦人謂之小驢」。即《爾雅·釋獸》寓屬之鼳，而與此鼠屬之鼳不涉。

國語有晉大夫羅茂　國語，段氏改作「左傳」；茂，改作「茷」。

補釋　案：《元和姓纂》十作「《左傳》晉大夫羅茷」。段校是也。羅茷見《左傳·成公十年》。

他歷切二十　十，惠氏乚其下。

補釋　曹本、元本作「二十一」，與本切字數合，當從。

三十九葉

漢書云攻苦毄淡　毄，段氏云：「今《漢書·叔孫通傳》(○原書無「傳」字，今補。)作『食』。」

補釋　案：《漢書·叔孫通傳》云：「呂后與陛下攻苦食啖。」顔注云：「『啖』當作『淡』，言共擊勤苦之事，而食無味之食也。」此文「毄」當與「噭」同，「噭」即「喫」。《說文》云：「食也。」不應作本訓釋。

⿰山思　段氏改作「峱」，云：「《集韻》：『惕』古文。」

補釋　燉煌王韻「惕」字云：「亦作『⿰山思』。」與此字同。案：《玉篇》八作「峱」。

冂(文字音義云以巾覆从一下垂)　冂，段氏改作「冖」。顧氏乚。

補釋　《說文》「冂」「冖」不同，此爲「冖」字，故段校據之。顧氏以「冖」篆文作八，與此文形合。「冂」篆文作冂，異，不必以今隸「冂」「冖」之不同論之，故以段改爲非。《玉篇》「冖」亦作「冂」。

鼂鼊似龜　鼂，惠氏改作「鼀」，云：「《蜀都》。」

補釋　鼂，切三、燉煌王韻、《唐韻》作「鼀」。案：「蜀都」當作「吳都」，惠氏記憶偶誤耳。

《文選·吴都賦》云：「鼃黿鯖鰐，涵泳乎其中。」劉注云：「鼃黿，龜屬也。」與此文同。《集韻》亦作「鼃」。惠校是也。

澗（澗沐遽也） 注「沐」字，惠氏乚其旁。

補釋 案：《方言》十云：「澗沭（宋本亦誤作『澗沐』，今依戴校）、征伀，遑遽也。江湘之間凡窘猝怖遽謂之澗沭。」《廣雅·釋訓》云：「澗沭，怖遽也。」（《集韻》作「澗沭」，注同。）此注「沐」字爲「沭」之譌，「澗」字當作「澗」，「遽」上疑脱「怖」字。

○二十四職

職（油敗） 段氏云：「《玉篇》：『職，油敗也。』即《考工記》注之『脏』字。」

補釋 案：本韻「脏」字云：「脯長尺有二寸曰脏，《儀禮》作『職』。」《集韻》「昵」字云：「粘也。或作『脏』，通作『職』。」（「職」字與本書「脏」字注同。）《周禮·考工記·工人》注云：「玄謂樴，『脂膏脏敗』之『脏』；脏，不黏也。」「職」與「職」形似易誤，段校是也。

四十葉

檍（木名一名木橿也） 注「木橿」，段氏改作「土橿」。

補釋 段校本《爾雅·釋木》注。

四十一葉

爾雅曰太歲在丑曰玄黓　丑，段氏改作「壬」。

補釋　段校本《爾雅·釋天》。

⿰耒異(耕也)　⿰耒異，惠氏云：「高誘云：⿰耒異，古『耕』字。」

補釋　《廣雅·釋地》云：「⿰耒異，耕也。」與此注同。《五音集韻》作「⿰禾異」。高注見《呂氏春秋·爲欲篇》，字作「⿰木異」。(「⿰耒異」「⿰禾異」「⿰木異」當爲一字。)王石臞校本改高注爲「⿰木異，古耜字」，説詳《讀書雜志》。

稷(俗作稷)　注「稷」字，惠氏改作「禝」。

補釋　案：《集韻》「禝」字云：「通作『稷』。」「禝」之作「稷」，猶「稷」之作「禝」，惠校是。

堛(土田)　注「田」字，段氏改作「凷」。

補釋　注「田」字，《唐韻》作「凷」。案：段校本《説文》，是也。《集韻》亦作「凷」，不誤。

⿰禾狊(一本作此)　顧氏云：「未詳此例。」

補釋　案：上文「稄」字云：「稫稄。」「⿰禾狊」與「稄」同，(《集韻》「⿰禾狊」字云：「禾束也。」「稄」字云：「稫稄，禾密皃。」義相近。)「一本作此」當與「上同」「或作」相似，惟例未前見。

⿺夊稫　糄(上同)　糄，段氏改作「煏」。

補釋　案：《玉篇》火部有「煏」字，云：「火乾也。」音皮逼切，與「㷟」字音義同；米部無「糒」字。段校據之。（《集韻》「糒」「煏」並爲「㷟」之或字。）

四十二葉

○二十五德

㝵（今作㝵同）　注「㝵」字，顧氏改作「得」。

補釋　案：《説文》「㝵」爲「得」之古文。《集韻》「得」字云：「或作『导』『得』。」此注「㝵」字疑當作「导」。

䀹（目强）　注「目」字，顧氏改作「自」。

補釋　注「目」字，曹本、元本作「自」。案：《集韻》「䀹」字云：「一曰自彊也。」顧校是也。

䳰（䳰鵯又徒戴切）　注「鵯」字，顧氏改作「鴨」。又云：「疑『䳰（䳰帽）』。見下。」

補釋　注「鵯」字，元本作「鴨」。《集韻》「䳰」字云：「鴨屬。」又本韻莫北切下「帽」字云：「䳰帽。」與此文相似，故顧氏又疑「䳰」爲「䳰」字之譌。案：去聲代韻徒耐切下無「䳰」字，有「瑇」字，注云：「俗又作『玳』。」「䳰帽」疑即「玳瑁」，或作「瑇瑁」、「蝳瑁」，皆聲之轉也。此文「䳰鵯」與「䳰帽」同，似不必改。

嫛（姓也）　惠氏疑。

補釋　案：《玉篇》三「嫖」字云：「莫勒切。奴也。」與此字音合。《集韻》「嫛」「嫖」爲一字，注云：「怒也。」本書黠韻烏黠切下「嫖」字云：「嫉怒。」是《玉篇》之「奴」字當爲「怒」之譌，「奴」又譌爲「姓」，此注「姓」字疑當作「怒」。

賊（説文作賊則也）　注「賊則」，段氏改作「賊敗」。

補釋　注「則」字，黎本無。案：段校本《説文》。下文「賊」字，亦當改作「賊」。

蜮（蟲名短狐狀如鼈）　注狐字，段氏改作弧。顧氏云：「前有。」

補釋　「蜮」字又見職韻雨逼切下，注云：「短狐蟲。」案：《説文》「蜮」字云：「短狐也，似鼈，三足，以氣射害人。」狐，段氏改作「弧」，注云：「按此因其以氣射害人，故謂之短弧，作『狐』非也。其氣爲矢，則其體爲弧。」此校與之同。《廣雅·釋魚》云：「射工、短狐，蜮也。」王懷祖云：「案：『短弧』之『弧』，諸書多从犬作『狐』，惟《漢書·五行志》及杜預《左傳注》从弓作『弧』。《玉篇》云：『蜮似鼈，含沙射人，爲害如狐也。』則似從犬作『狐』矣。然以射工水弩之名取之，則從弓作『弧』，於義爲長耳。」亦與段氏説同。（《詩》疏引《洪範五行傳》云：「蜮似鼈，三足，生於南越。南越婦人多淫，故其地多蜮。」陸機《疏》云：「一名射影，江淮水皆有之。人在岸上，影見水中，投人影則殺之，故曰射影。」蜮狀皆云似鼈。惟《抱朴子·登涉篇》云：「又有短狐，一名蜮，一名射工，一名射影，其實水蟲也。狀如鳴蜩，狀如三合盃，有翼能飛，無目而利耳，口中有横物如角弩。」與諸説不同。

國（又姓） 惠氏云：「後漢有隗囂將國遊，見袁宏《紀》。」

齊人要術 人，段氏改作「民」。

補釋 說見二卷四十葉六條。

四十三葉

○二十六緝

縶（緊馬） 注「緊」字，段氏改作「繫」。

補釋 切三、《唐韻》「緊」作「繫」。《集韻》「縶」字云：「繫也。」案：《小雅》云：「皎皎白駒，食我場苗。縶之維之，以永今朝。」毛傳云：「縶，絆；維，繫也。」繫馬之義據此。

四十四葉

⿰馬丏（⿰馬丏鶪鳥名） 二「⿰馬丏」字，段氏改作「⿰馬乏」。

補釋 段校本《說文》。《集韻》「⿰馬丏」作「鴔」，从乏。「乏」即「𤴔」字，反正也，與「⿰馬乏」同。

翖（漢有侯翖） 注「侯翖」，段氏改作「翖侯」。

補釋 案：《漢書·張騫傳》云：「傅父布就翖侯抱亡置草中。」注云：「李奇曰：翖侯，烏孫官名也。」《集韻》云：「西域諸國官名有翎侯。」段校是也。翎侯非漢官名，此注「漢」下當脱「書」字。

駉（駉鴟）　二「駉」字，段氏改作「駔」。

補釋　説見前。

○二十七合

欱（合會也）　欱，段氏改作「欱」，顧氏同。

補釋　欱，曹本作「欱」，與《説文》合，段校是也。《集韻》不誤。

四十五葉

説文云卅三十也今作卅直爲三十字　「直」下，段氏補「以」字。

補釋　《唐韻》「直」下有「以」字。案：緝韻「廿」字下注云：「今作『廿』，直以爲『二十』字。」「卌」字下注云：「今直以爲『四十』字。」文例相同，段補是也。

㕎（山左右有岸）　惠氏云：「《爾雅》作『㕎』。」顧氏改作「㕎」。

補釋　㕎，曹本作「㕎」。（顧校「㕎」字疑爲「㕎」之譌。）切三作「㕎」，注云：「山左右有岑。」

（《唐韻》同，惟「岑」字作「峯」。）《爾雅・釋山》云：「左右有岸厒。」《釋文》云：「厒，口閣反。」「閣」當是「閤」字，與此字音義同，惠說是。《集韻》作「⿸厂盇」，爲「厒」之或字。《龍龕手鑑》二作「⿸厂丛」。

出郭調字指　惠氏云：「郭顯卿，後漢中庶子，撰《字指》。」

補釋　《隋書・經籍志》作「《雜字指》一卷」。

○二十八盇

四十六葉

奎（惡也）　段氏云：「《玉篇》『奜』，在非部。」

補釋　切三作「奜」，下「⿰扌奎」字作「⿰扌奜」。《集韻》此字作「奜」。案：下从奎之字亦當从奜。

○二十九葉

吴志孫堅傳有都尉葉雄　惠氏疑。

補釋　案：《吴志・孫堅傳》無葉雄（有都督華雄，當非）。《元和姓纂》十亦作「《吴志》有都郡葉雄」，不云出《孫堅傳》，「郡」字當爲「尉」字之誤，《通志・氏族略》三亦作「都尉葉雄」。

四十七葉

說文云長狀㒞㒞也 狀,段氏改作「壯」。

補釋 狀,元本作「壯」,《唐韻》同。燉煌王韻「㒞」字云:「㒞㒞,長壯皃。」案:段校本《說文》。《集韻》亦作「壯」,不誤。

韀(韀馬鉏也) 注「鉏」字,段氏改作「鞋」。

補釋 案:上聲姥韻「鞋」字云:「鞋勒名。」《集韻》「鞋」字云:「馬鞨也。」是「馬鞋」義亦通,不必改。

䜌(又孤䜌縣名在清河) 注「孤」字,段氏○其旁。

補釋 案:《漢書·地理志》作「狐䜌縣」。「狐」字,《功臣侯表》作「瓡」,顔注云:「『瓡』讀與『狐』同。」燉煌王韻、《唐韻》皆作「孤䜌」,與此同。切三作「沠」,誤。

獵(梁之良豕) 段氏云:「《廣雅》『梁獵』。」

補釋 見《廣雅·釋畜》。王懷祖云:「《初學記》引《纂文》云:梁州以豕爲獵。」

怗(怗休也出字書) 注「休」字,惠氏改作「怵」。

補釋 元本注作「休也。字書」。案:「怗」字又見本韻叱涉切下,注云:「佔怗,小人皃。」《集韻》尺涉、勑涉二切下皆云:「佔怗,黠皃。」佔怗爲疊韻,怗怵爲雙聲,惠校殆是。(《玉篇》「愂」字云：「心動皃。」）

駉（駉鴄）　二「駉」字，段氏改作「駓」。

補釋　説見前。

四十八葉

○三十怗

貼（以物之質錢）　注「之」字，段氏云：「衍。」

補釋　注「之」字，元本無。切三「貼」字云：「以物徵錢。」案：《説文》「貼」字云：「以物爲質也。」此注不當有「之」字，段校是也。

籋（小箱）　注「箱」字，段氏改作「箝」。

補釋　案：「籋」字亦見葉韻尼輒切下，注云：「箝也。」與《説文》同，（《唐韻》葉韻「鑷」字云：《説文》：箝也。」「箝」亦「箝」字之譌。）《集韻》二韻「籋」字皆云：「箝也。」「箝」與「箱」形似易誤，段校是也。

○三十一洽

四十九葉

⿸广夾（廦也）　⿸广夾，顧氏改作「㕒」。

補釋　⿸广夾，曹本、黎本作「㕒」。案：《說文》在厂部作「㕒」，云：「廦也。」《集韻》同。顧校是也。此注「廦」字亦當作「廦」。廦，仄也。「㕒」與「陜」相同。

偺（偺⿸厂至忽觸人也）　顧氏云：「見五質窒紐。」

補釋　質韻窒紐下「⿸厂至」字注云：「偺⿸厂至，愛觸忤人也。」《集韻》「偺」字與此注同，「⿸厂至」字云：「偺⿸厂至，牴牾也。」「偺⿸厂至」爲雙聲字。

○三十二狎

左傳鄭大夫甲石甫　惠氏云：「今《左傳》作『石甲父』。」

補釋　案：《元和姓纂》十甲姓云：「一云：鄭大夫石甲父之後，以王父字爲氏。」此文「甲石甫」當作「石甲甫」，「甫」下疑脱「之後」二字。石甲父見《左傳·僖公二十四年》。

五十葉

○三十三業

䮕　顧氏改作「䮕」，下文从業之字皆改作从業。

補釋　曹本、黎本、元本作「䮕」，下从業之字皆从業。

說文曰人欲劫以力脅止曰劫　上「劫」字，段氏改作「去」。

補釋　上「劫」字，黎本、曹本、元本作「去」，與《說文》合，《集韻》同。段校是也。

或曰以力止去曰劫　力，惠氏△其旁。

補釋　此文與《説文》相同，惟《韻會》作「以力去曰劫，从力去」，無止字。

○三十四乏

附録甲

顧氏跋語（依據年月前後排列）

惠松崖先生閲本，乾隆乙卯小門生顧廣圻録。原書附《更定四聲稿》，以别爲一書，故不具。閏月十二日敬識。（在卷五末）

段若膺先生較尤精確，五月五日借録，爰並録焉。廣圻又識。（同上）

嘉慶乙丑再讀，覺舊校多未妥。廣圻又記。（同上）

乙丑三月以《集韻》勘，彼不載者，△其旁爲識。澗薲。（在卷一標目下）

嘉慶乙丑三月重讀，在邗江郡齋。廿四日，所居藝學軒五閒拉然而壞，急走得免。此帙從瓦礫中取出，亦未破損，安知非神物護持耶？澗薲記。（在卷一末）

道光辛巳再閲，千里。（在卷一朱序眉端）

道光元年歲在辛巳，用洪鈐庵殿撰所藏曹楝亭家宋小字本略校一過。千里記。（在卷四末）

小字本缺入聲，以他本節注文者補完。曹刻仍之，與此本大不同也。又記。（在卷五標目下）

附録乙

書宋槧《廣韻》後

（文亦見《思適齋集》十四）

世所行《廣韻》有三，其本各不同。家亭林先生刻，節注本也；吾郡張氏刻，足本也；而揚州書局所刻，平上去皆足，入聲則節注。其兩節注本又不相同。今年於洪鈐庵殿撰（集作詩，是也，當正）家獲見所收宋槧有曹楝亭圖記者，第五册乃別配又一宋本，正揚州本之所自出。證以潘稼堂爲張氏作序言：「見宋録本於崑山徐相國家，借録以歸，張子士俊得舊刻於毛氏，而缺其一帙，予乃畀以寫本。」雖潘未舉所缺何帙，然此無子晉斧季父子圖記，決非一本可知。張曹不同之故，及節注又不同之故，則見此而皆了然矣。長夏無事，粗讀一過，又知局刻校讎不精，多失宋槧佳處。即如去聲豔第五十五，㮇同用；陷第五十七，鑑同用；鑑第五十八，釅第五十九，梵同用。次序分合，猶存《廣韻》之舊，視張刻之依《禮部韻略》豔與㮇、釅同用，陷與鑑、梵同用，而移釅於陷、鑑前，改爲釅五十七，陷五十八，鑑五十九者迥勝。乃曹重刻時反依張轉改，何歟？且其轉改實在刻成之後，故於目録僅將「釅」「陷」「鑑」三大字鑿補，而小字任其牴牾。近時戴東原撰《聲韻考》，目之爲景祐後塗改，不知出曹氏手，失在未見此耳。戴所見世行三刻及明大板外，僅有盧侍講藏舊本，鈐庵家亦有之，即明大板及亭林本之所自出節注之祖也，係元代坊板，遜宋槧遠甚固宜。然則宋槧誠至寶矣。其餘曹依張改字處，殊復不少。不知張氏刻書，好爲點竄，如《玉篇》，如《群經音辨》，以舊本勘之，往往失真，非獨《廣韻》也。安得傳是樓完本一旦再出，盡刊潘氏轉寫張氏意改之誤，且更與此本添一重印證也？道光元年歲次辛巳處暑後十日，元和顧千里記於環翠山房。

補釋引用書目

戴東原集（經韻樓本）
十駕齋養新録（《四部備要》本）
聲韻考（《貸園叢書》本）
説文段氏注（經韻樓本）
説文解字（《四部叢刊》景北宋本）
爾雅注疏（元刊明修本）
集韻考正（萬有文庫本）
龍龕手鑑（《四部叢刊》景宋本）
集韻（《四部備要》本）
古今姓氏書辨證（《叢書集成》本）
後漢書（涵芬樓景宋本）
舊唐書（涵芬樓景宋配明本）
春秋左傳注疏（脈望館石印本）

類篇（曹楝亭刻本）
玉篇（澤存堂本）
禮部韻略（《四部叢刊》景宋本）
古今韻會舉要（淮南書局本）
元和姓纂（金陵書局本）
文選（胡克家覆宋本）
匡謬正俗（秦選之校注本）
史記（涵芬樓景黄善夫本）
蔡中郎集（海源閣刻本）
尚書（《四部叢刊》景宋本）
山海經箋疏（《四部備要》本）
廣雅疏證（學海堂本）
大戴禮記（《四部叢刊》景明本）

方言疏證（武英殿聚珍本）
原本玉篇卷子（《古逸叢書》本）
毛詩注疏（脈望館石印本）
淮南鴻烈集解（萬有文庫本）
漢書（涵芬樓景宋本）
吕氏春秋（《四部叢刊》景明本）
禮記（《四部叢刊》景宋本）
華陽國志（《四部叢刊》景明鈔本）
風俗通（《四部叢刊》景元本）
白氏六帖（傅增湘景宋本）
三國志（涵芬樓景宋本）
玄應一切經音義（同治重刊莊校本）
廣韻校勘記（周祖謨校本）
荀子（明世德堂本）
釋名（《四部叢刊》景明本）
晉書（吴士鑑斠注本）
通志（《十通》本）
齊民要術（《四部叢刊》景明鈔本）
潛夫論箋（《四部備要》本）
周禮（《四部叢刊》景明覆宋本）
周禮漢讀考（學海堂本）
經義攷（《四部備要》本）
水經注（武英殿聚珍本）
國語（徐元誥集解本）
古本竹書紀年（廣倉學君本）
經典釋文（通志堂本）
楚辭（《四部叢刊》景明覆宋本）
太玄經（《四部叢刊》景明本）
春秋公羊傳（《四部叢刊》景宋本）
古今注（《四部叢刊》景宋本）
元和郡縣志（《叢書集成》本）
切韻考（《東塾叢書》本）
顔氏家訓（抱經堂刊本）
説文繫傳（《四部叢刊》景景宋鈔本）

詩毛氏傳疏（道光原刊本）
薛氏鐘鼎彝器款識（古書流通處景舊鈔本）
路史（四部備要本）
通典（《十通》本）
太平寰宇記（乾隆刻本）
讀書雜志（金陵書局本）
爾雅義疏（學海堂本）
儀禮（《四部叢刊》景明覆宋本）
春秋穀梁傳（《四部叢刊》景宋本）
漢書補注（石印本）
藝文類聚（明覆宋小字本）
戰國策（士禮居刊本）
鹽鐵論（明張之象本）
吴越春秋（《四部叢刊》景明本）
韓詩外傳（《四部叢刊》景明本）
韓非子（吴鼒覆宋本）
抱朴子（《四部叢刊》景明本）
柳宗元文集（明嘉靖刻本）
孟子（《四部叢刊》景宋本）
卷施閣文集（《洪北江全集》本）
列子（《四部叢刊》景北宋本）
隋書（涵芬樓景宋本）
世説新語（《四部叢刊》景明覆宋本）
金石録（《四部叢刊》景舊鈔本）
隸釋（乾隆汪刻本）
名賢氏族言行類稿（四庫珍本）
説苑（《四部叢刊》景明本）
尚書今古文注疏（學海堂本）
白虎通（《四部叢刊》景元本）
急就篇（《四部叢刊》景舊鈔本）
後漢書補注（《國學基本叢書》本）
夢溪筆談（《四部叢刊》景明本）
北史（涵芬樓景元本）
周禮注疏（脈望館石印本）

繹史(浙江書局刊本)
儀禮正義(《國學基本叢書》本)
急就篇注(《玉海》附刻本)
墨子閒詁(涵芬樓景印本)
小爾雅義證(《四部備要》本)
莊子(《續古逸叢書》本)
漢官儀(《四部備要》本)
獨斷(抱經堂刊本)
廿二史攷異(《叢書集成》本)
舒藝室筆談(同治刻本)
北户録(《湖北先正遺書》本)
慧琳一切經音義(頻伽精舍石印本)
太平御覽(嘉慶鮑崇城刊本)
姓解(《古逸叢書》本)
左傳補註(學海堂本)
倭名類聚鈔(狩谷望之箋注本)
佩觿(鐵華館本)

後記

本書爲作者二十餘年前舊稿，不甚成熟，原擬陸續增補，以臻完善。不意三十年間，初忙於教學，後又遭「浩劫」，所有圖書資料，捲席而去，所著《山海經補疏》《東坡志林廣證》等稿本同遭厄滅，至今下落不明，惟本書手稿及《戰國策箋證》幸得劫後餘生。忻逢盛時，本應詳加增補，不負讀者，無奈歲月蹉跎，人至耄耋，况一目完全失明，一目痼疾不治，斗大之字尚難辨清，近復患有腦血栓病，影響思維，增訂修改之事實力不從心，祇能以此舊稿付梓，錯訛漏誤之處肯定不少，切望讀者諒鑒並指正！繼成之作，有俟來者！

范祥雍

一九九〇年十二月

補記

先父是書原吉林文史出版社計劃於一九九一年出版，然時事多遷，未能如約。今欣承上海古籍出版社厚愛，收入《范祥雍古籍整理匯刊》，仍保留原作後記，以存原貌。

范邦瑾

二〇一一年九月